CHRISTOPH HACK

Probleme des Tatbestands Subventionsbetrug, § 264 StGB

Strafrechtliche Abhandlungen · Neue Folge

Herausgegeben von Dr. Eberhard Schmidhäuser
ord. Professor der Rechte an der Universität Hamburg

in Zusammenarbeit mit den Strafrechtslehrern der deutschen Universitäten

Band 46

Probleme des Tatbestands Subventionsbetrug, § 264 StGB,

unter dem Blickwinkel allgemeiner strafrechtlicher Lehren

Von

Dr. Christoph Hack

DUNCKER & HUMBLOT / BERLIN

Zur Aufnahme in die Reihe empfohlen
von Prof. Dr. Hans Joachim Hirsch, Köln

Gedruckt mit Unterstützung der Förderungs- und Beihilfefonds
Wissenschaft der VG WORT GmbH, Goethestraße 49, 8000 München 2

Gedruckt 1982 bei Berliner Buchdruckerei Union GmbH., Berlin 61
Printed in Germany
ISBN 3 428 05054 1

Meinem Sohn, Jan Daniel

Vorwort

Die Abhandlung ist im August 1980 abgeschlossen worden und hat im Wintersemester 1980/81 der Rechtswissenschaftlichen Fakultät der Universität zu Köln als Dissertation vorgelegen.

Herrn Professor Dr. Hans Joachim Hirsch danke ich für die wertvolle Förderung der Arbeit bis hin zur Drucklegung.

Für die Hilfe bei der Erstellung der Reinschrift und der Korrekturen bin ich Herrn Referendar Hubert Schmitz und vor allem Frau cand. iur. D. Elisabeth Sta. Maria zu besonderem Dank verpflichtet.

Herrn Professor Dr. Eberhard Schmidhäuser gebührt wegen der Aufnahme der Arbeit in die Schriftenreihe „Strafrechtliche Abhandlungen, Neue Folge" mein Dank. Der Druck wurde durch großzügige Zuschüsse der Rechtswissenschaftlichen Fakultät der Universität zu Köln und der Förderungs- und Beihilfefonds Wissenschaft der Verwertungsgesellschaft WORT GmbH gefördert. Auch dafür danke ich verbindlichst.

Köln, im November 1981

Christoph Hack

Inhaltsverzeichnis

Einleitung

Durch das Erste Gesetz zur Bekämpfung der Wirtschaftskriminalität vom 29. Juli 1976[1] wurde unter anderem die Vorschrift „Subventionsbetrug", § 264 StGB, in den 22. Abschnitt des Besonderen Teils des Strafgesetzbuchs eingeführt. Dieser gesetzlichen Maßnahme gingen nach einer Zeit der aufmerksamen Beobachtung des Ausgangs von Ermittlungs- und Strafverfahren in Fällen von Subventionserschleichungen durch die Praxis[2] eingehende Überlegungen voran.[3] Dennoch findet das Ergebnis dieses Meinungsbildungsprozesses nicht ungeteilte Zustimmung,[4] obwohl auch die Kritiker des neuen Tatbestandes durchweg der Bewältigung von Subventionsdelinquenz durch eine neue Straf-

---

[1] BGBl. I, S. 2034.

[2] Vgl. nur *Zirpins/Terstegen*, Wirtschaftskriminalität, S. 59, 71, 100 f., 385, 404 f.; *Niggemeyer*, BKA 1963, S. 7 (9); *Lach*, BKA 1963, S. 75 (91 f.); *Werner Klein*, Die Polizei 1963, 134 ff.; *Habenicht*, Grundlagen Bd. 2, S. 383 (384); *Körner*, Sachverständigengutachten, S. 31 ff.; *ders.*, Subventionskriminalität, S. 1 ff.; vgl. ferner aus dem umfangreichen Schrifttum zur Erschleichung von Aktien im Rahmen der Privatisierung von Bundesvermögen exempl. *Hoppenz*, Struktur, S. 1 f. und passim mit umfangreichen weiteren Nachweisen.

[3] Die zu treffenden Maßnahmen zur Unterbindung von Subventionsdelinquenz waren Gegenstand einer Reihe von Untersuchungen und Beratungen. Aus den vielzähligen Erörterungen zur strafrechtlichen Bekämpfung der Subventionsdelinquenz seit Beginn der siebziger Jahre sind insbesondere hervorzuheben: *Tiedemann*, Subventionskriminalität, S. 13 ff.; *ders.*, Tagungsberichte, Anlage 1, S. 1 ff.; *ders.*, Wirtschaftsstrafrecht Bd. 2, S. 76 ff.; *ders.*, Gutachten, S. C 72 f., C 49; *ders.*, ZStW 86 (1974), 897; *Götz*, Subventionserschleichung, S. 50 ff.; *ders.*, Tagungsberichte, Anlage 2, S. 1 ff.; *Franzke*, Tagungsberichte, Anlage 3, S. 1 ff.; *Baumann*, NJW 1974, 1364 f.; *Sachverständigenkommission*, Tagungsberichte, S. 63 ff.; *Sonderausschuß*, Prot., S. 2467 ff., 2637 ff., 2663 ff., 2691 ff., 2717 ff., 2843, 2845. Vgl. auch zu den richtungsweisenden Beschlüssen der strafrechtlichen Abteilung des 49. Deutschen Juristentages *Wax*, DRiZ 1973, 37 ff. Zu den im einzelnen vorgeschlagenen Fassungen eines Straftatbestandes zur strafrechtlichen Ahndung von Subventionserschleichungen siehe insbesondere (in zeitlicher Reihenfolge) *Tiedemann*, Subventionskriminalität, S. 369; *Göhler*, Tagungsberichte, Anlage 14; Referentenentwurf, S. 2 ff.; RegE, S. 4; § 201 AE; *Sonderausschuß*, Bericht, S. 26 ff.

[4] Vgl. *Dreher/Tröndle*, § 264 Rdn. 3; *Lackner*, vor § 263 Anm. 1 b; *Samson* in SK, § 264 Rdn. 16 ff.; *Schönke/Schröder/Lenckner*, § 264 Rdn. 1 ff.; *Lenckner*, Tübinger Juristenfakultät-Festschrift, S. 239 (257 Anm. 67); *Dahs jr.*, NJW 1974, 1538 (1541); *Haft*, ZStW 88 (1976), 365 (367 f.); *Löwer*, JZ 1979, 621 ff.; *Schubarth*, ZStW 92 (1980), 80 (100 ff.); *Tiedemann*, ZStW 87 (1975), 253 (292 f.); *Lampe, Lenckner, Stree, Tiedemann, Weber* zu § 201 AE; vgl. ferner *Blei*, Prot., S. 2505 ff.; *Ostman von der Leye*, Prot., S. 2657, 2659, 2477; *Gössel*, Prot., S. 2613 ff.; *Lampe*, Prot., S. 2510 ff.; *Wirtschaftsverbände*, Prot., S. 2621.

vorschrift nicht grundsätzlich ablehnend gegenüberstehen.[5] Jedoch wecken Zweifel an der von der Praxis lebhaft bekundeten kriminalpolitischen und dogmatischen Notwendigkeit der Schaffung eines so weitreichenden besonderen Tatbestandes zur effizienten strafrechtlichen Erfassung von Subventionserschleichungen das Interesse an der Überprüfung der dogmatischen Vereinbarkeit der Neuschöpfung unter dem Blickwinkel allgemeiner strafrechtlicher Lehren. Denn zu groß ist stets die Gefahr, auf wiederkehrend praktische Schwierigkeiten bei Tatermittlungen und beim Nachweis eines bestimmten Tatvorsatzes durch eine Änderung der materiellen Regelungen zu reagieren.[6] Materiell-rechtliche Änderungen haben sich jedoch nicht nur an kriminalpolitischen Bedürfnissen zu orientieren, sondern müssen sich darüber hinaus in die bestehende Legalordnung einfügen lassen.[7] Das sich daraus ergebende Erfordernis einer Übereinstimmung der neugeschaffenen Strafvorschrift mit der strafrechtlichen Dogmatik ist nicht eine Attitüde der Ästhetik, sondern ein Erfordernis der Rechtsstaatlichkeit und der daraus folgenden Grundprinzipien für das Strafrecht.[8] Dementsprechend geht diese Arbeit nur am Rande auf den Problemkreis der kriminalpolitischen Notwendigkeit eines Tatbestands Subventionsbetrug und dessen Ausgestaltung ein. Im Vordergrund steht dagegen der Gesichtspunkt der Vereinbarkeit des § 264 StGB mit den allgemeinen strafrechtlichen Lehren und damit die Frage nach der systematischen Stellung des Tatbestands, dem Rechtsgut sowie der Vereinbarkeit der Regelung mit dem Schuldprinzip und dem Bestimmtheitsgrundsatz.

---

[5] Vgl. exempl. die Vorschläge von *Gössel*, Prot., S. 2617; *Lampe*, Prot., S. 2512.

[6] Vgl. *Arzt*, Recht, S. 146 ff., 162 f., 167 f. Vgl. ferner die zu dieser Frage geleisteten Diskussionsbeiträge auf dem 49. Deutschen Juristentag 1972 von *Grünwald*, Sitzungsbericht, S. M 113 f., M 118 f.; *Noll*, Sitzungsbericht, S. M 115 f.; *Franzheim*, Sitzungsbericht, S. M 109 ff., M 117; *Kuhnert*, Sitzungsbericht, S. M 111 ff.; *Tiedemann*, Sitzungsbericht, S. M 114 f.

[7] Zur Bedeutung der Dogmatik im Verhältnis zu kriminalpolitischen Forderungen und Zeitanschauungen vgl. eingehend *Welzel*, Maurach-Festschrift, S. 3 (4 ff.) mit weiteren Nachweisen; vgl. ferner auch *Tiedemann*, ZStW 86 (1974), 303 (304) und aus dem älteren Schrifttum insbesondere zu systematischen Aspekten *Zimmerl*, Aufbau, S. 1 f.

[8] Vgl. *Welzel*, Maurach-Festschrift, S. 3 (4); *Tiedemann*, ZStW 86 (1974), 303 (304). Zu den verfassungsrechtlich geschützten strafrechtlichen Grundsätzen vgl. neben Art. 103 GG auch bei *Maunz/Dürig/Herzog/Scholz*, Art. 1 Rdn. 32.

1. Abschnitt

Die systematische Stellung des § 264 StGB in der Legalordnung des Besonderen Teils des Strafgesetzbuches

I. Die Bedeutung der Systematik einer Legalordnung. Die Systematik des Besonderen Teils des Strafgesetzbuches

Die Vorschrift „Subventionsbetrug“, § 264 StGB, stellt in drei Tatbestandsalternativen a) unrichtige oder unvollständige und b) unterlassene subventionserhebliche Angaben gegenüber dem Subventionsgeber sowie c) den Gebrauch von durch unrichtige oder unvollständige Angaben erlangten Bescheinigungen über eine Subventionsberechtigung oder über subventionserhebliche Tatsachen in einem Subventionsverfahren unter Strafe. Von den Betrugsmerkmalen, die man im Hinblick auf die Bezeichnung der Strafvorschrift als Subventions*betrug* erwarten müßte, setzt der Tatbestand lediglich eine Täuschungshandlung[1] voraus, während die weiteren betrugstypischen Merkmale wie Irrtumserregung, Vermögensverfügung, Vermögensschaden und Vermögensvorteilsabsicht zwar im Einzelfall vorliegen können[2], jedoch zur Begründung der Strafbarkeit nicht erforderlich sind.[3] Angesichts einer solchen Verkürzung des Betrugstatbestandes auf nur ein mit diesem übereinstimmendes Tatbestandsmerkmal fragt sich, ob nicht schon die systematische Zuordnung des § 264 StGB zum Betrug, wie

---

[1] In § 264 Abs. 1 Nr. 1 StGB durch positives Tun, in § 264 Abs. 1 Nr. 2 StGB durch Unterlassen. Auch § 264 Abs. 1 Nr. 3 StGB enthält stets eine Täuschungshandlung, die in der durch positives Tun oder Unterlassen erfolgenden Begründung oder Aufrechterhaltung des Anscheins der materiellen Rechtmäßigkeit der Bescheinigung liegt. In der Regel erfüllt ein solches Verhalten deshalb bereits die Voraussetzungen des § 264 Abs. 1 Nr. 1 oder 2 StGB, wodurch für einen Anwendungsbereich der Nr. 3 kaum noch Raum bleibt; vgl. *Tiedemann* in LK, § 264 Rdn. 79; *Lackner*, § 264 Anm. 5 c; *Dreher/Tröndle,* § 264 Rdn. 22; *Schönke/Schröder/Lenckner,* § 264 Rdn. 58; *von Schoeler*, Prot., S. 2681; *Wilts*, Prot., S. 2682. Zu § 264 Abs. 1 Nr. 3 StGB vgl. ferner unten 1. Abschnitt, IV.

[2] So ausdrücklich Bericht, S. 6, wonach § 264 StGB als eine dem § 263 StGB vorgehende Sonderregelung auch die Fälle erfaßt, in denen eine Subvention unter Verwirklichung der Voraussetzungen des allgemeinen Betrugstatbestandes erlangt oder belassen wird; vgl. auch *Göhler*, Prot., S. 2691 f., 2660; *Dreher/Tröndle,* § 264 Rdn. 5; *Tiedemann* in LK, § 264 Rdn. 134, 116.

[3] Bericht, S. 4.

dies durch seine Stellung in unmittelbarer Nähe zu § 263 StGB und seine Bezeichnung als Subventionsbetrug zum Ausdruck kommt, der Systematik[4] des Besonderen Teils[5] des Strafgesetzbuches widerspricht.[6]

Die systemgerechte Einordnung von Straftatbeständen in eine bestehende Legalordnung folgt nicht aus einem Postulat der Ästhetik,[7] sie hat vielmehr unmittelbare praktische Auswirkungen.[8] Genannt werden in diesem Zusammenhang etwa die Erleichterung der Orientierung über einen Regelungskomplex, die Erkennbarkeit und gedankliche Speicherung von Norminhalten und nicht zuletzt die kriminalpolitisch wünschenswerte plakative Exposition einzelner Regelungsbereiche, etwa auch bei der Bekämpfung der Wirtschaftskriminalität[9].[10] Es wird

---

[4] Der Begriff der Systematik enthält nach herkömmlicher Auffassung zwei Komponenten: die innere und die äußere Systematik. Vgl. dazu *Engisch*, Studium generale 1957, 173 (180); *Larenz*, Methodenlehre, S. 432 ff., 458 ff.; *Noll*, Gesetzgebungslehre, S. 206 ff.; ferner *Canaris*, Systemdenken, S. 19. Die Terminologie ist auf *Heck*, Begriffsbildung, S. 188 f. zurückzuführen.

[5] Wenn die Systematik des Besonderen Teils des StGB auch unvollkommen ist (vgl. nur *Maurach/Schroeder*, BT 1, S. 7; *Maurach*, Materialien Bd. 1, S. 231; *Engisch*, Studium generale 1957, 173 (181); *Wach*, VDA Bd. 6 (1908), S. 1 (20 ff.), so läßt sich doch als leitender Gesichtspunkt die Bildung von Tatbestandsgruppen nach den zugrundeliegenden Rechtsgütern feststellen: *Welzel*, LB, S. 278; *Maurach/Schroeder*, a. a. O., S. 4; *Maurach*, a. a. O.; *Blei*, Strafrecht II, S. 5; *Oehler*, Wurzel, S. 208 f.; *Schneidewin*, Materialien Bd. 1, S. 173, 174; *Engisch*, a. a. O., S. 180; *Wach*, a. a. O., S. 55 f. Zu von der Legalordnung des Besonderen Teils abweichenden Systematisierungsversuchen von *v. Liszt/Schmidt*, *Sauer* und *Maurach* vgl. *Engisch*, a. a. O., S. 181.

[6] Der Alternativentwurf ordnet den darin vorgeschlagenen Straftatbestand Subventionserschleichung, § 201 AE, der dem § 264 StGB ähnelt, einem gesonderten Abschnitt „Straftaten gegen die Wirtschaft" unter dem Titel „Straftaten gegen die öffentliche Finanzwirtschaft" zu.

[7] Zutreffend bezeichnet *Noll*, Gesetzgebungslehre, S. 205 die Befriedigung von ästhetischen und moralischen Bedürfnissen durch eine Systematik als sekundär. Vgl. ferner jedoch auch *Schneidewin*, Materialien Bd. 1, S. 173 (174), der in seine Überlegungen zur Systematik eines neuen Strafgesetzbuches auch die Ästhetik einbezieht.

[8] *Engisch*, Studium generale 1957, 173 (188): „Das Recht und seine Erkenntnisse dienen dem ‚Leben'. Auch das System hat Lebenswert, nicht nur Darstellungswert oder didaktischen Wert."; vgl. ferner zu den Vorzügen der Systematik schon *Ihering*, Geist, S 383 ff. sowie *Wach*, VDA Bd. 6 (1908), S. 1 (9).

[9] Dieser Gesichtspunkt wurde immer wieder bei der Frage der Lozierung wirtschaftsstrafrechtlicher Tatbestände hervorgehoben. Als Grund für die Bagatellisierung des Unwerts wirtschaftskriminellen Verhaltens in der gesellschaftlichen Bewertung wird die Verteilung der entsprechenden Strafvorschriften in zahlreichen Nebengesetzen gesehen. Vgl. nur *Tiedemann*, ZRP 1970, 260; *ders.*, Verbrechen, S. 11 f.; *Franzheim*, GA 1972, 357. Zur Kritik am Begriff „Nebengesetze" *Noll*, Gesetzgebungslehre, S. 205; *R. Lange*, Strafrechtsreform, S. 39. Auch für die Überlegungen der Konzentration des Umweltstrafrechts im StGB war die Vorstellung entscheidend, daß dadurch der sozialschädliche Charakter solcher Taten verstärkt in das Bewußtsein der Allgemeinheit gebracht werden könne; vgl. *Möhrenschlager*, ZRP 1979, 97 (98), der allerdings die Auswirkungen des Standorts auf die Wirksamkeit einer Vorschrift bezweifelt.

darauf verwiesen, daß manche systemwidrige Einordnung einzelner Normen zu Irrtümern über den Norminhalt und unnötigen Meinungsstreitigkeiten geführt habe.[11] Die gesetzliche Einordnung eines Tatbestandes in eine bestimmte Deliktsgruppe bestimme nämlich zugleich den materiellen Gehalt der Norm mit, so daß eine falsche Lozierung Grund für irrige Erkenntnisse des Norminhalts sein könne.[12] Schließlich resultiert die Forderung der systemgerechten Zuordnung gesetzlicher Regelungen in eine bestehende Legalordnung auch aus den möglichen schwerwiegenden Folgen von Systemwidrigkeiten für den Rechtsunterworfenen unter dem Gesichtspunkt der Gleichbehandlung.[13] Mit dem Erfordernis der systemgerechten Zuordnung ist in der Terminologie von *Heck*[14] in erster Linie eine Übereinstimmung der Vorschrift mit der inneren Systematik der Legalordnung gemeint, also eine widerspruchslose, prinzipiengerechte, harmonische Wertung durch die Normen. Wegen der aufgezeigten Auswirkungen der Anordnung und Gestaltung der Vorschriften, also der äußeren Systematisierung auf das Verständnis der Rechtssätze, sind aber auch gesetzestechnische Entscheidungen des Gesetzgebers[15] von materieller Bedeutung.

Für die Beantwortung der Frage, ob der Straftatbestand § 264 StGB zutreffend dem 22. Abschnitt des Besonderen Teils zugeordnet ist, kommt es darauf an, ob § 264 StGB die gleichen Merkmale beinhaltet, die die Tatbestände dieses Abschnitts als zusammengehörig kennzeichnen. Es handelt sich somit um die Frage nach der Übereinstimmung der äußeren Systematisierung durch den Gesetzgeber mit der inneren Systematik des Besonderen Teils.

---

[10] Vgl. exempl. *Engisch*, Studium generale 1957, 173 (188); *Noll*, Gesetzgebungslehre, S. 204 ff.; *Oehler*, Wurzel, S. 210 f.

[11] *Zimmerl*, Aufbau, S. 3 meint wohl überbewertend: „Mindestens die Hälfte aller Probleme, welche immer wieder die höchstrichterliche Instanz und die Theorie beschäftigen, sind solche auf Systemwidrigkeiten des Gesetzgebers zurückgehende Scheinprobleme."

[12] *Oehler*, Wurzel, S. 207.

[13] Zur Bindung des Gesetzgebers an das System des bisherigen Gesetzes unter dem Gesichtspunkt des Gleichheitsgrundsatzes nach Art. 3 Abs. 1 GG vgl. BVerfGE 7, 129 (153); 9, 20 (28); 12, 264 (273); 13, 31 (38); 18, 315 (334); 24, 112 (117 f.); 174 (180); 30, 59 (63); 46, 97 (107); 49, 260 (275, 279). Vgl. ferner *Canaris*, Systemdenken, S. 125 f. mit Hinweis auf Nichtigkeit von systemwidrigen Normen bei schwerwiegenden Verstößen. Zu den Postulaten an die Gesetzgebung ferner *Noll*, Gesetzgebungslehre, S. 203; *Engisch*, Studium generale 1957, 173 (177).

[14] Begriffsbildung, S. 188. Die von *Heck* geprägte Terminologie hat allgemeine Anwendung gefunden; vgl. exempl. *Engisch*, Studium generale 1957, 173 (188).

[15] *Noll*, Gesetzgebungslehre, S. 207: „Ergebnis der Gesetzgebungstechnik kann ... immer nur äußere Systematik sein."

Der Besondere Teil des Strafgesetzbuches ist in seiner Legalordnung an einer Rechtsgüterordnung orientiert.[16] Die dadurch entstandenen Rechtsgütergruppen sind in Abschnitte zusammengefaßt. Deren Reihenfolge richtet sich nach dem Leitgesichtspunkt, zunächst Straftaten gegen den Staat und seine Einrichtungen, dann Straftaten gegen Einzelne und schließlich im Amt begangene Straftaten aufzuführen. Dabei ist jedoch die Reihenfolge der Abschnitte untereinander nicht in jedem Fall zwingend.[17] Während in der Abfolge der Abschnitte zwar die Verwirklichung einer äußeren Ordnung, nicht dagegen eine Rangfolge von Wertungen, die die Auslegung von Tabeständen beeinflussen darf, gesehen wird,[18] sollen in die jeweiligen Abschnitte nur solche Rechtsgüterangriffe aufgenommen werden, die vom Rechtsgüterschutz miteinander verbunden sind.[19] Daher kann sich die Frage der systemgerechten Zuordnung des § 264 StGB auf die Berechtigung der Einordnung dieses Tatbestandes in den 22. Abschnitt des Besonderen Teils des Strafgesetzbuches beschränken. Dieser Abschnitt ist dadurch gekennzeichnet, daß er als gemeinsames Rechtsgut das Vermögen als Ganzes enthält.[20] Gegenüber den Strafvorschriften, die gleichfalls das Vermögen als Ganzes schützen,[21] grenzen sich der Betrug und die übrigen in diesem Abschnitt enthaltenen Tatbestände mit Ausnahme der Untreue[22] durch das Merkmal der Täuschung, des Erschleichens ab.[23]

---

[16] Siehe dazu die Nachweise oben S. 5 Anm. 4. *Maurach*, Materialien Bd. 1, S. 231 weist darauf hin, daß diese Systematik als so selbstverständlich angesehen werde, daß der Begriff „Legalordnung" vielfach mit dem Begriff „Rechtsgüterordnung" gleichgesetzt werde.

[17] Vgl. dazu *Schneidewin*, Materialien Bd. 1, S. 173 (174) sowie die von ihm gemachten Ordnungsvorschläge, a. a. O., S. 180.

[18] Vgl. exempl. *Schneidewin*, Materialien Bd. 1, S. 173 (174) sowie die Beratungen der Großen Strafrechtskommission, Niederschriften Bd. 5, S. 137 ff. u. passim. Insbesondere *Dreher*, Niederschriften Bd. 5, S. 146 warnte vor „Auslegekünsten", die aufgrund der Reihenfolge der einzelnen Abschnitte versucht werden könnten.

[19] *Schneidewin*, Materialien Bd. 1, S. 173 (174) hielt denn auch die „Insichordnung der Abschnitte" für die Hauptaufgabe bei der Systematisierung des Besonderen Teils des StGB.

[20] Herrschende Meinung, vgl. exempl. *Maurach*, Materialien Bd. 1, S. 231, 240.

[21] Hier ist insbesondere an Erpressung, §§ 253 ff. StGB und Wucher, § 302 a StGB zu denken.

[22] Der Untreuetatbestand bildet in diesem Abschnitt einen Fremdkörper. Er ist zwar durch das gleiche Rechtsgut mit den übrigen Tatbeständen verbunden, die Begehungsart — sowohl täter- wie opferbezogen — unterscheidet ihn jedoch von den übrigen wesentlich (*Schneidewin*, Materialien Bd. 1, S. 173, 209). Die große Strafrechtskommission sah in den von ihr unterbreiteten Vorschlägen konsequent auch eine Auflösung der Verbindung von Betrug und Untreue vor (vgl. Umdruck J 102, Niederschriften Bd. 10, S. 485 ff., 376; vgl. ferner die verschiedenen Gesetzentwürfe, z. B. E 1960 und E 1962; zuvor schon *Schneidewin*, Materialien Bd. 1, S. 173, 216).

[23] Vgl. nur *Schneidewin*, Materialien Bd. 1, S. 173 (209).

Fraglich ist jedoch bereits, ob § 264 StGB nicht schon deshalb zu Unrecht dem Abschnitt „Betrug und Untreue“ zugeordnet ist, weil das durch diesen Tatbestand geschützte Rechtsgut nicht ebenso wie bei den übrigen Vorschriften dieses Abschnitts das Vermögen als Ganzes ist. Zur Klärung dieser Frage bedarf es mithin der Feststellung, welches Rechtsgut von § 264 StGB geschützt wird.

II. Das Rechtsgut des § 264 StGB

Es lassen sich vier Meinungen zum Rechtsgut des § 264 StGB unterscheiden, die im wesentlichen auf folgende Aussagen zu reduzieren sind:

— Rechtsgut des § 264 StGB ist das Vermögen,[1]

— Rechtsgut des § 264 StGB ist in erster Linie das Vermögen, darüber hinaus auch die Institution der Subvention als wichtiges Instrument staatlicher Wirtschaftslenkung und die mit ihr verfolgten wirtschaftspolitischen Zielsetzungen als solche,[2]

— Rechtsgut des § 264 StGB ist zwar auch das Vermögen, jedoch in erster Linie der dem Subventionszweck entsprechende Einsatz der staatlichen Mittel im Allgemeininteresse,[3]

— Rechtsgut des § 264 StGB ist die staatliche Planungs- und Dispositionsfreiheit im Wirtschaftsbereich.[4]

Damit stellen sich die beiden Meinungen, Rechtsgut des § 264 StGB sei allein das Vermögen und Rechtsgut des § 264 StGB sei allein die staatliche Planungs- und Dispositionsfreiheit im Wirtschaftsbereich, als konträre Standpunkte dar, zwischen denen die beiden weiteren Meinungen als vermittelnde Auffassungen stehen.

Gössel[5] begründet seine Auffassung, § 264 StGB schütze einzig das Vermögen des Staates, im wesentlichen mit dem Hinweis darauf, daß

---

[1] *Maurach/Schroeder*, BT 1, S. 401; *Schmidhäuser*, BT, S. 123; *Gössel*, Prot., S. 2614 f.; so wohl auch *Göhler*, Prot., S. 2661, 2684.

[2] *Schönke/Schröder/Lenckner*, § 264 Rdn. 4.

[3] *Lackner*, § 264 Anm. 1; *Preisendanz*, § 264 Anm. 2 b; *Wessels*, BT 2, S. 110 f.; *Jung*, JuS 1976, 757 (758); *Schmidt-Hieber*, NJW 1980, 322 (324); ebenso bereits die *Sachverständigenkommission*, Tagungsberichte, S 65, 67. Vgl. ferner *Tiedemann*, ZStW 86 (1974), 897 (919); *ders.*, ZStW 87 (1975), 253 (274), der jedoch nunmehr das Vermögen als zusätzliches eigenständiges Rechtsgut ausschließt, so in LK, § 264 Rdn. 10. Mit unklarer Stellungnahme *Göhler/Wilts*, DB 1976, 1609 (1610): Rechtsgut ist nicht oder nicht in erster Linie das Vermögen.

[4] Bericht, S. 5; *Tiedemann* in LK, § 264 Rdn. 10; *Dreher/Tröndle*, § 264 Rdn. 3; *Blei*, Prot., S. 2504; *ders.*, JA 1976, 741 (744); *Diemer-Nicolaus*, Schmidt-Leichner-Festschrift, S. 31 (42); *Heinz*, GA 1977, S. 225 f.; *Lohmeyer*, Wirtschaftskriminalität, S. 55.

die Vorschrift einen Spezialfall des Betruges erfasse und in Übereinstimmung mit der Begründung des Regierungsentwurfs[6] der unberechtigten Inanspruchnahme staatlicher Finanzhilfen, also einer unberechtigten Vermögenseinbuße entgegenwirke. *Schroeder*[7] sieht den Grund für einen alleinigen Vermögensschutz ebenfalls darin, daß die Verfehlung des mit der Subventionshingabe verfolgten Zwecks stets einen Vermögensschaden beinhalte. Gegen eine solche Zweckverfehlung und damit Vermögensschädigung richte sich § 264 StGB. Auch *Lenckner*[8] verweist auf die Parallelität der Schutzrichtung des Betrugstatbestandes, § 263 StGB, und des § 264 StGB. Bei § 264 StGB finde lediglich eine Vorverlagerung des strafrechtlichen Schutzes statt. Die Rechtsgüter der beiden Vorschriften könnten im übrigen untereinander kein aliud darstellen, da beide Strafvorschriften zweifelsfrei Subventionserschleichungen strafrechtlich erfaßten. *Andere*[9] halten zwar gleichfalls das Rechtsgut Vermögen durch § 264 StGB für geschützt, meinen jedoch, entscheidend sei der Schutz des Rechtsguts Planungs- und Dispositionsfreiheit des Staates im Wirtschaftsbereich. Wesentlich sei, daß Subventionserschleichungen zu der staatlichen Planung und Disposition zuwiderlaufenden Vermögenseinsätzen führten. Deshalb werde durch § 264 StGB vor allem der zweckgerechte Einsatz der staatlichen Mittel im Allgemeininteresse geschützt.

Zu diesen zuvor dargestellten Auffassungen steht die Ansicht, durch § 264 StGB werde das Rechtsgut Vermögen überhaupt nicht geschützt,[10] vom dogmatischen Ansatz ihrer Überlegungen her in grundlegendem Gegensatz.[11] Aus dem von den Vertretern dieser Meinung in Anspruch genommenen Verständnis des Wesens von staatlichem Vermögen folgt, daß das staatliche Vermögen als solches nicht Rechtsgut eines Deliktstatbestandes sein kann. Stellt sich diese Auffassung als zutreffend heraus, so bedarf es keiner Erörterung der übrigen Ansichten zum Rechtsgut mehr, da diese alle, wenn auch zum Teil lediglich als zusätzlichen Bestandteil, das staatliche Vermögen als solches als Rechtsgut des § 264 StGB ansehen. Deshalb soll zunächst die Richtigkeit der Auffassung, das staatliche Vermögen als solches sei nicht Rechtsgut des § 264 StGB, untersucht werden.

---

[5] Prot., S. 2614.

[6] S. 15.

[7] *Maurach/Schroeder*, BT 1, S. 401.

[8] *Schönke/Schröder/Lenckner*, § 264 Rdn. 4.

[9] Vgl. die Nachweise oben Anm. 3.

[10] Siehe oben Anm. 4.

[11] Zu den Erklärungsversuchen der daraus entstehenden Friktionen mit solchen Subventionserschleichungen, die der strafrechtlichen Ahndung durch § 263 StGB unterliegen, wenig überzeugend *Tiedemann* in LK, § 264 Rdn. 9 f.

1. Die Auffassungen des Ausschlusses des staatlichen Vermögens als Rechtsgut des § 264 StGB

a) Während überwiegend[1] die Auffassung, Rechtsgut des § 264 StGB sei allein die staatliche Planungs- und Dispositionsfreiheit im Wirtschaftsbereich mit dem Hinweis auf die Zweifelhaftigkeit der Vermögensschadensbegründung durch die Zweckverfehlungslehre unter Bezugnahme auf den Bericht des Sonderausschusses begründet wird, hat insbesondere *Tiedemann*[2] eingehend auseinandergelegt, warum nicht das Vermögen Rechtsgut sein könne. Seine Auffassung folgt aus der These, daß dem äußerlich einheitlichen Vermögensbegriff inhaltlich zwei verschiedene Bedeutungen zukommen. Das Vermögen Privater müsse anders definiert werden als das Vermögen der öffentlichen Haushalte.[3]

Ausgangspunkt dieser These ist die Begründung des Vermögensschadens beim Betrugstatbestand durch die herrschende Meinung. Die Frage, ob sich ein Verhalten auf das Vermögen des Betroffenen nachteilig ausgewirkt hat, also ob ein Vermögensschaden eingetreten ist, wird durch den Vergleich des Vermögenswertes vor und nach den strafrechtlich relevanten Handlungen ermittelt. Hat eine Vermögensverfügung zu einer nicht durch einen gleichzeitigen Zuwachs ausgeglichenen Minderung des Gesamtwertes des Vermögens geführt, so liegt ein Vermögensschaden vor.[4] Die herrschende Meinung[5] nimmt die danach erforderlichen Bewertungen des Vermögens nach dem sogenannten wirtschaftlichen Vermögensbegriff vor.[6] Diesem entsprechend sind dem

---

[1] Vgl. etwa *Lohmeyer*, Wirtschaftskriminalität, S. 55; *Heinz*, GA 1977, S. 225 f.; *Diemer-Nicolaus*, Schmidt-Leichner-Festschrift, S. 31 (42); *Dreher/Tröndle*, § 264 Rdn. 3; vgl. auch Bericht, S. 3, 5.

[2] In LK, § 264 Rdn. 9 f.; *ders.*, Subventionskriminalität, S. 314 f.; *ders.*, ZStW 86 (1974), 897 (910 ff.) zugleich Wirtschaftsstrafrecht Bd. 2, S. 98 f.; *ders.*, ZStW 87 (1975), 253 (274) zugleich Wirtschaftsstrafrecht Bd. 1, S. 86.

[3] *Tiedemann*, ZStW 86 (1974), 897 (912).

[4] Vgl. dazu exempl. RGSt. 16, 1 (3); 74, 124 f.; BGHSt. 3, 99 (102); 16, 220 (221); 321 (325); *Dreher/Tröndle*, § 263 Rdn. 30; *Lackner* in LK, § 263 Rdn. 143 f.; *Maurach/Schroeder*, BT 1, S. 419; *Schönke/Schröder/Cramer*, § 263 Rdn. 99; *Welzel*, LB, S. 374.

[5] Vgl. exempl. RGSt. 44, 230 (233) (Vereinigte Strafsenate); BGHSt. 1, 262 (264); 2, 364 (365); 3, 99 (102); 15, 83 (86); 16, 220 (221); *Blei*, Strafrecht II, S. 203; *Dreher/Tröndle*, § 263 Rdn. 27; *Maurach/Schroeder*, BT 1, S. 415; *Preisendanz*, § 263 Anm. V 1; *Wessels*, BT 2, S. 92 f. jeweils mit weiteren Nachweisen.

[6] In dem hier interessierenden Zusammenhang führen die der wirtschaftlichen Vermögenslehre vorzuziehenden sogenannten juristisch-ökonomischen Vermittlungslehren zu keiner abweichenden Beurteilung der Ausgangslage. Zu diesen juristisch-ökonomischen Vermittlungslehren vgl. *Lackner* in LK, § 263 Rdn. 123; *Schönke/Schröder/Cramer*, § 263 Rdn. 82; *Samson* in SK, § 263 Rdn. 112 f.; *Kohlrausch/Lange*, § 263 Anm. V 1; *Sauer*, BT, S. 85 f.; *Welzel*, LB, S. 373; *Cramer*, Vermögensbegriff, S. 100 ff.; *Nagler*, ZAkDR 1941, 294 (295);

Vermögen alle Güter zuzurechnen, die wirtschaftlichen Wert haben. Der Wertansatz findet dabei nach einem objektiv-individuellen[7] Wertmaßstab statt. Das bedeutet, daß die individuellen Belange des Vermögensinhabers bei der Bewertung insofern Berücksichtigung finden, als im Einzelfall zu prüfen ist, ob der objektive Wert eines Vermögensgegenstandes gerade unter Einbeziehung der konkreten wirtschaftlichen Verhältnisse des Vermögensträgers abweichend zu beurteilen ist.[8] Es handelt sich dabei um die Fälle des individuellen Schadenseinschlags. Eine weitere Abweichung vom Prinzip der streng objektiven wirtschaftlichen Betrachtung des Vermögens enthält die Zweckverfehlungslehre.[9] Danach soll die zweckgerichtete einseitige Hingabe von Vermögenswerten, eine eindeutige Vermögensminderung, dann keine zu berücksichtigende Vermögenseinbuße darstellen, wenn der Zweck der Hingabe erfüllt wird.[10] Da die Einbeziehung solcher subjektiven Zwecksetzungen letztlich eine Loslösung von den objektivierbaren Umständen einer wirtschaftlichen Bewertung bedeutet, wird diese Lehre teilweise[11] für mit dem an den wirtschaftlichen Gegebenheiten orientierten Vermögensbegriff unvereinbar gehalten.

Franzheim, GA 1960, 269 (277); *Gutmann*, MDR 1963, 3 (5); *Hirsch*, ZStW 81 (1969), 917 (945); *Lenckner*, JZ 1967, 105 (107).

[7] Diesen legt sowohl die wirtschaftliche Vermögenslehre wie auch die juristisch-ökonomischen Vermittlungslehren der Wertbemessung zugrunde, *Lackner* in LK, § 263 Rdn. 149. Zum objektiv-individuellen Wertmaßstab vgl. ferner grundlegend BGHSt. 16, 321 (325); aus neuerer Rspr. OLG Köln NJW 1979, 1419 f. st. Rspr.; vgl. darüber hinaus *Dreher/Tröndle*, § 263 Rdn. 35; *Lackner*, § 263 Anm. 6 b; *Samson* in SK, § 263 Rdn. 133, 140, 142; *Schönke/Schröder/Cramer*, § 263 Rdn. 108; *Blei*, Strafrecht II, S. 206; *Maurach/Schroeder*, BT 1, S. 421; *Welzel*, LB, S. 374 f.; *Wessels*, BT 2, S. 93.

[8] Bei der Durchführung der Bewertung von Leistung und Gegenleistung wird zunächst — soweit feststellbar — ein allgemeiner Marktwert ermittelt. Erst wenn sich bei dieser Gegenüberstellung keine Wertdifferenz ergibt, muß gefragt werden, ob individuelle, in der Person des Vermögensinhabers liegende Umstände die Gegenleistung für diesen abwerten. Vgl. BGHSt. 16, 220 (222); OLG Köln NJW 1976, 1222; *Lackner* in LK, § 263 Rdn. 156; *Samson* in SK, § 263 Rdn. 140; *Maurach/Schroeder*, BT 1, S. 421.

[9] Zum Inhalt dieser Lehre und zum Meinungsstand vgl. die Darstellungen bei *Lackner* in LK, § 263 Rdn. 164 ff.; *Schönke/Schröder/Cramer*, § 263 Rdn. 100 ff.; *Cramer*, Vermögensbegriff, S. 202 ff., 210 ff. jeweils mit umfangreichen weiteren Nachweisen. Ferner siehe unten 2 b) bb).

[10] Die dogmatische Begründung der Zweckverfehlungslehre ist nicht abschließend geklärt. Es besteht nicht einmal Einvernehmen darüber, ob die Zweckerfüllung als Wertfaktor im Rahmen der Vermögensbilanz zu berücksichtigen ist und somit die Vermögenshingabe kompensiert oder ob zwar ein Vermögensschaden vorliegt, es jedoch an dem Erfordernis eines tatbestandlich nicht ausdrücklich erwähnten funktionalen Zusammenhangs zwischen Täuschung und Vermögensschaden fehle.

[11] Vgl. *Arzt*, LH 3, S. 165; *Bockelmann*, NJW 1952, 896 f.; *Maurach*, NJW 1961, 625 (628 ff.); *Maurach/Schroeder*, BT 1, S. 422 f.; *Tiedemann*, ZStW 86 (1974), 897 (908 f.).

Während *Tiedemann* auf der Grundlage der herrschenden Meinung eine über den individuellen Schadenseinschlag und die Zweckverfehlung hinausgehende Berücksichtigung von Zwecksetzungen bei der Bewertung des Vermögens von Privaten ablehnt,[12] hält er andererseits für die öffentlichen Haushalte die Einbeziehung der Dispositionen und Pläne in die Beurteilung, ob das staatliche Vermögen beeinträchtigt worden ist, nicht nur für geboten, sondern für den eigentlichen Wesensinhalt des Vermögens der öffentlichen Haushalte.[13] Die notwendige Unterscheidung ergebe sich daraus, daß das Handeln Privater nicht an die Erreichung bestimmter Zwecke gebunden sei. Deren Handlungszwecke seien nämlich willkürlich, austauschbar und rücknehmbar, so daß sie letztlich nichts mehr als bloße Verhaltensmotivationen darstellten. Das Vermögen müsse insofern weitgehend nach seinem gegenständlichen Wert beurteilt werden. In gleicher Weise bei staatlichem Vermögen zu verfahren, ließe dagegen außer Betracht, daß die Eigenart des Vermögens in öffentlicher Hand letztlich nur in einem zweckgebundenen Umlaufvermögen und nicht in etwas Statischem bestehe, also im Grunde nicht als Eigentum der öffentlichen Hand zu begreifen sei.[14] Es handele sich um Durchlaufvermögen, das aus einem ständigen Vermögensentziehungs- und -verteilungsprozeß resultiere. Der Bestand einer bestimmten Vermögenssumme sei deshalb nicht das Entscheidende, was strafrechtlich zu schützen sei. Es müsse die ordnungsgemäße, ungestörte Abwicklung der planmäßigen, an der Haushaltsordnung, den Haushaltsplänen und dem Grundsatz größter Wirtschaftlichkeit gebundenen Haushaltswirtschaft abgesichert werden. Dieses planmäßige Vorgehen werde dadurch gestört, daß Mittel zu Unrecht ausgezahlt und damit weitere Mittel für die Bewältigung der öffentlichen Aufgaben ausgegeben oder beschafft werden müßten. Schaden sei aus diesem Grund die Beeinträchtigung der staatlichen Disposition.[15] Diese sei denn auch das eigentliche Schutzgut, soweit § 263 StGB das staatliche Vermögen schütze, und dementsprechend auch alleiniges Rechtsgut des § 264 StGB. Der Vermögensschutz stellt sich aus dieser Sicht als zwangsläufige mittelbare Folge des Dispositionsschutzes dar, beinhaltet aber gerade nicht das Essentielle. *Tiedemann* lehnt sogar trotz des Bezugs der staatlichen Planung auf öffentliche Finanzmittel für § 264 StGB die Kennzeichnung als Vermögensstraftat ausdrücklich ab.[16] Konsequent erscheint es insofern, wenn *Tiedemann* die Bezeichnung des

---

[12] Vgl. *Tiedemann*, Subventionskriminalität, S. 314.

[13] Subventionskriminalität, S. 315; *ders.*, ZStW 86 (1974), 897 (911).

[14] So *Tiedemann*, Subventionskriminalität, S. 315.

[15] *Tiedemann*, Subventionskriminalität, S. 315; *ders.*, ZStW 86 (1974), 897 (912).

[16] In LK, § 264 Rdn. 10.

Tatbestandes als „Subventions*betrug*" für verfehlt hält.[17] Jedoch hätte eine solche Beurteilung des Rechtsguts des § 264 StGB eher noch Veranlassung geben müssen, auch eine andere systematische Einordnung des Tatbestandes anzuregen.[18]

b) Im Ergebnis mit *Tiedemann* übereinstimmend hatte bereits zuvor *Amelung*[19] eine Differenzierung des Vermögensbegriffs hinsichtlich staatlichem und privatem Vermögen vorgenommen. Die Funktion des Vermögens beim wirschaftenden Subjekt sei die Ermöglichung der Befriedigung seiner Bedürfnisse. Daher garantiere der Betrugstatbestand, daß eine Vermögensminderung durch einen Gegenwert oder die Befriedigung eines Bedürfnisses ausgeglichen werde. Fehle es an einer solchen Kompensation, liege ein Vermögensschaden vor.[20] Das staatliche Vermögen werde dagegen nicht in Erwartung einer Kompensation eingesetzt, sondern zur Erreichung bestimmter (sozial-) politischer Ziele, deren Verfolgung in den staatlichen Entscheidungsgremien beschlossen worden sei.[21] Die Grundsätze der herkömmlichen Schadensberechnung beim Betrug, die dem wirtschaftlichen Bereich entnommen seien, könnten auf diesen Sachverhalt keine Anwendung finden. Da der sozialpolitisch agierende Staat eben „politisch" und niemals „wirtschaftlich" handele, komme es dem Staat nicht auf einen auf wirtschaftlichen Überlegungen basierenden Ausgleich durch in sein Vermögen zurückfließende Gegenwerte oder die Befriedung eines Bedürfnisses an, sondern auf die Erreichung seiner Ziele. Wegen dieses entscheidenden Unterschiedes zwischen Privaten und dem Staat sei auch die Orientierung des Schadens von Subventionserschleichungen an den Lösungen des Problems bei Bettel-, Spenden- und Schenkungsbetrügereien, die auf dem Kompensationsgesichtspunkt fußten, verfehlt.[22] *Amelung* gibt als Konsequenz die Einheitlichkeit der Bedeutung des Begriffs Ver-

---

[17] So in ZStW 87 (1975), 253 (274). Diese Kritik richtet sich jedoch in erster Linie dagegen, daß diese Bezeichnung einen Tatbestand als „Betrug" ausweist, obwohl die betrugstypischen Tatbestandsvoraussetzungen für die Erfüllung des Tatbestandes nicht vorzuliegen brauchen. Zu der Tatbestandsbezeichnung „Subventionsbetrug" vgl. auch unten IV.

[18] *Amelung,* Rechtsgüterschutz, S. 376 f. hatte bereits früher unter ähnlichen Gesichtspunkten gefolgert, seiner Funktion nach dürfte ein Verbot des Subventionsbetruges nicht in den 22. Abschnitt des Besonderen Teils des StGB, sondern in die Nähe des 6. Abschnitts eingeordnet werden. Vgl. auch die systematische Einordnung des § 201 AE unter den Abschnitt „Straftaten gegen die Wirtschaft", 7. Titel: „Straftaten gegen die öffentliche Finanzwirtschaft".

[19] Rechtsgüterschutz, S. 374 ff.

[20] *Amelung,* Rechtsgüterschutz, S. 374.

[21] *Amelung,* Rechtsgüterschutz, S. 375. Diese Betrachtung findet jedoch eine Einschränkung, soweit die staatliche Verwaltung bloß Hilfsgeschäfte zur Dekkung des eigenen Bedarfs vornehme oder rein fiskalisch tätig wird.

[22] *Amelung,* Rechtsgüterschutz, S. 376.

mögen für Staat und Private auf. Daraus sollten nach seiner Auffassung auch Folgerungen bezüglich der systematischen Einordnung des Verbots des Subventionsbetruges gezogen werden.[23]

Im Unterschied zu *Tiedemann* macht *Amelung* nicht zweifelsfrei deutlich, ob er von einem generellen Unterscheidungsbedürfnis zwischen staatlichem und privatem Vermögen ausgeht oder ob dieses auf den Bereich der nichtfiskalischen Staatstätigkeit beschränkt sein soll. Für eine Begrenzung der Überlegungen auf die zuletzt genannten Fälle spricht, daß die Thesen an der Problematik des Subventionsbetruges entwickelt wurden.[24] Auch seine Folgerungen de lege ferenda beziehen sich nur auf den Subventionsbetrug.[25] Ferner schließt *Amelung* aus seinen Erörterungen solche Tätigkeiten aus, die Bedarfsdeckungsgeschäfte oder rein fiskalischer Natur sind.[26] Das alles spricht dafür, daß *Amelung* das Differenzierungsbedürfnis beim Vermögensschutz nicht wie *Tiedemann* zwischen privatem und staatlichem Vermögen, sondern zwischen wirtschaftlichem und politischem vermögensbezogenem Handeln sieht, wobei letzteres begriffsimmanent nur dem Staat zugestanden wird. In der von *Amelung* vorgenommenen Einschätzung des Handelns von Privaten als „wirtschaftlich" im Sinne irgendeiner — und sei es nur einer ideellen — Kompensation wird zugleich ein weiterer Unterschied zur Auffassung von *Tiedemann* sichtbar. Während sich bei *Amelung* der Private als ein von der Vorstellung „do ut des" Beherrschter, als homo oeconomicus darstellt, hält *Tiedemann* gerade bei den Privaten die Leistungsmotivationen nur für bedingt feststellbar, da sie willkürlich, austauschbar und rücknehmbar seien.[27] Im Gegensatz dazu soll gerade nur die öffentliche Hauswirtschaft wegen der Haushaltspläne und des strengen Grundsatzes größtmöglicher Wirtschaftlichkeit planvoll sein,[28] wohingegen *Amelung* eine Orientierung des Staates lediglich an veränderbaren politischen Zwecken sieht.[29] Aus der Sicht von *Tiedemann* müßte ein solches Verständnis staatlichen vermögensbezogenen Handelns den gleichen Bedenken[30] ausgesetzt sein, die auch gegen die Einbeziehung sozialer Zwecke in die Vermögensbewertung bei Privaten vorgebracht werden.

---

[23] Dazu bereits oben S. 18 Anm. 4.

[24] *Amelung*, Rechtsgüterschutz, S. 374.

[25] *Amelung*, Rechtsgüterschutz, S. 375.

[26] *Amelung*, Rechtsgüterschutz, S. 376.

[27] *Tiedemann*, Subventionskriminalität, S. 314.

[28] *Tiedemann*, Subventionskriminalität, S. 315.

[29] Die Zielsetzung richte sich nach den Beschlüssen der staatlichen Entscheidungsgremien; so *Amelung*, Rechtsgüterschutz, S. 375.

[30] Vgl. dazu *Tiedemann*, Subventionskriminalität, S. 314, sowie ferner exempl. die Kritik an einer personalen Vermögensauffassung bei *Lackner* in LK, § 263 Rdn. 124.

c) Auch *Volk* hat sich in jüngster Zeit mit dem Begriff des Vermögens des Staates auseinandergesetzt.[31] Dabei kennzeichnet er in Übereinstimmung mit *Tiedemann* die öffentlichen Mittel als „Umlaufvermögen", das nicht als Zuordnung einer Eigentümerposition verstanden werden dürfe, sondern Mittel darstellten, die in den Wirtschaftskreislauf „einzuspeisen" seien.[32] Wegen der Zweckbezogenheit jeglicher Vermögensdispositionen beinhalte jede Fehlleitung staatlicher Mittel unabhängig von der Qualität der Zwecke einen Schaden. Die Umstände, die bei Privaten lediglich einen korrigierenden Faktor der Schadensberechnung darstellten, nämlich das individuelle Betroffensein, dominierten beim Schadensbegriff für öffentliche Haushalte: Dispositionsfreiheit und Zweckbindung. „Vermögen" der öffentlichen Hand sei aus diesem Grund als planvolle Disposition und „Nachteil" als Beeinträchtigung von Planungskompetenz und Planungsvollzug zu definieren.[33] *Volk* geht bei seinen Überlegungen jedoch nicht so weit, den Untreuetatbestand, in dessen Zusammenhang er seine Auffassung darlegt, hinsichtlich des Schutzes von staatlichem Vermögen nicht mehr als Vermögensdelikt zu bezeichnen.[34]

d) Die zuvor genannten Auffassungen charakterisieren mithin im wesentlichen übereinstimmend das staatliche Vermögen als zweckgebundenes Umlauf- oder Durchlaufvermögen,[35] wobei sich aus dieser Eigenart wesensimmanent nicht die Schutzbedürftig- und -möglichkeit staatlichen Vermögens als Wertmasse, sondern der ungestörten Durchführung der staatlichen Planung und Disposition ergeben soll. Es fragt sich jedoch, ob tatsächlich die behaupteten Unterschiede zwischen privaten und staatlichen Vermögensträgern bestehen.

Zunächst ist festzustellen, daß nicht nur staatliches Vermögen als *Durch- oder Umlaufvermögen* zu kennzeichnen ist. Ein Vergleich mit einem privat Wirtschaftenden offenbart, daß auch bei diesem ebenso wie beim Staat ein ständiger Vermögensverteilungs- und -entziehungsprozeß stattfindet.[36] Der Vermögensentziehung entspricht beim Priva-

---

[31] *Volk*, Gutachten, S. 456 ff.

[32] *Volk*, Gutachten, S. 460.

[33] *Volk*, Gutachten, S. 462.

[34] Gutachten, S. 262. Anders dagegen *Tiedemann* in LK, § 264 Rdn. 10 bezüglich § 264 StGB und *Amelung*, Rechtsgüterschutz, S. 376 hinsichtlich Subventionsbetrügereien.

[35] Vgl. *Volk*, Gutachten, S. 460; *Tiedemann*, Subventionskriminalität, S. 315; *ders.*, ZStW 86 (1974), 897 (911).

[36] Nach der auf die Physiokraten zurückgehenden Theorie des Wirtschaftskreislaufs sind Staat und privat Wirtschaftende in den Wirtschaftskreislauf gleichermaßen voll integriert; vgl. nur *Krelle*, Gesamtrechnung, S. 62 ff. Zum Inhalt der Theorie des Wirtschaftskreislaufs *Krelle*, a. a. O., S. 1 ff., 21 ff. und passim. Zur Art der Beteiligung des Staates am Wirtschaftskreislauf *Krelle*, a. a. O., S. 76 ff.

ten die Schaffung von Einkünften und der Vermögensverteilung deren Verwendung. Unterschiede ergeben sich allerdings in Teilbereichen bei der Methode der Vermögensbildung. Während sich der Staat überwiegend der Vermögensschöpfung durch Steuererhebung bedient, ist der Private allein auf die Teilnahme am wirtschaftlichen Handeln im weitesten Sinne angewiesen. Diese Abweichung betrifft jedoch nur die formale Abwicklung des Umlaufs, nicht jedoch die Tatsache des Vermögensumlaufs als solche. Zudem beschränkt sich der Staat nicht auf die Finanzschöpfung durch Steuern, sondern nimmt ebenso wie der Private am allgemeinen Wirtschaften durch Firmenbeteiligung und dergleichen teil.[37] Wenn auf die Teilnahme des Vermögens an einem ständigen Kreislauf als spezifisches Merkmal staatlichen Vermögens hingewiesen wird,[38] so trifft dies im gleichen Maß auf das Vermögen Privater zu. Der Vermögensumlauf ist ein wesentliches Merkmal der durch Wirtschaften geprägten Gesellschaft, das Staat und Private gleichermaßen betrifft.[39] Zudem verkennt eine völlig auf ein *Umlauf*vermögen abstellende Auffassung, daß beim Staat ebenso wie beim Privaten ganz erhebliche Werte als Anlagevermögen im betriebswirtschaftlichen Sinne[40] einem Vermögensumlauf entzogen sind. Ferner nimmt auch der nur geringen Schwankungen ausgesetzte ständige Restbestand an Umlaufvermögen betriebswirtschaftlich nicht am Wirtschaftskreislauf teil. Der Austausch des Begriffsinhalts von Vermögen als Zusammenschluß von Werten durch eine Funktionscharakterisierung der Werte als zum Durchlauf bestimmt wird mithin auch insofern den tatsächlichen Gegebenheiten nicht gerecht. Soweit dagegen unter Umlauf- oder Durchlaufvermögen nur solches Vermögen verstanden werden soll, das ohne Gegenleistung angenommen oder hingegeben wird, würde sich dieser Begriff nicht mit der Gesamtheit dessen, was zum Vermögen der öffentlichen Hand zu rechnen ist, decken. So räumt auch *Amelung*, der ansonsten von einer Zweiteilung des Vermögensbegriffs ausgeht, für Hilfsgeschäfte und rein fiskalische Tätigkeiten des Staates ein kompensationsbezogenes, dem privaten Wirtschafter gleichgestelltes Handeln ein.[41] Danach wäre aber nicht zwischen staatlichem und privatem Ver-

---

[37] Zum Einkommenskonto des Staates in der wirtschaftlichen Gesamtrechnung vgl. exempl. *Krelle*, Gesamtrechnung, S. 100.

[38] Vgl. *Tiedemann*, Subventionskriminalität, S. 315; *ders.*, ZStW 86 (1974), 897 (911); *Volk*, Gutachten, S. 460.

[39] Die Bezeichnung des Vermögens*umlaufs* ist lediglich eine bildhafte Beschreibung der zwischen den verschiedenen wirtschaftenden Subjekten fließenden Geld- und Güterströme. Letztere ergeben sich aber aus der Existenz einer Wirtschaft überhaupt.

[40] Zur betriebswirtschaftlichen Unterscheidung von Umlauf- und Anlagevermögen vgl. nur die Bilanzierungsvorschriften bezüglich der Aktiengesellschaften in §§ 151 ff. AktG.

[41] *Amelung*, Rechtsgüterschutz, S. 375.

mögen, sondern lediglich innerhalb des staatlichen Vermögens zwischen fiskalischem und zweckbezogenem Umlauf- oder Durchlaufvermögen zu unterscheiden.

Mithin ist festzustellen, daß unter dem Gesichtspunkt des *Durchlauf-* oder *Umlaufvermögens* keine wesensmäßige Unterscheidung von staatlichem und privatem Vermögen getroffen werden kann. Eine Loslösung des Vermögens der öffentlichen Hand von dem herkömmlichen Vermögensbegriff als Bestandswert müßte ferner Auswirkungen auf den Eigentumsschutz haben. Ist, wie vertreten wird, das staatliche Vermögen nicht als Eigentum der öffentlichen Hand zu verstehen,[42] dann wären auch Diebstahl und Unterschlagung folglich nur als Eingriffe in den plangemäßen Vermögensverteilungs- und Entziehungsprozeß und damit als Angriffe gegen die staatliche Planung und Disposition zu begreifen. Sollte sich zudem die Charakterisierung des Vermögens nach der Identität des Vermögensträgers richten, so bleibt ungeklärt, aus welchem Grund auch auf privatrechtliche Vermögensträger der staatliche Vermögensbegriff zutreffen soll, wie dies *Tiedemann* bezüglich solcher privatwirtschaftlicher Ausgleichseinrichtungen vertritt, deren Mittelverwendung gesetzlich geregelt ist.[43]

Läßt sich aus dem Gesichtspunkt des Durchlauf- oder Umlaufvermögens kein brauchbares Unterscheidungskriterium zwischen staatlichem und privatem Vermögen feststellen, so könnte sich eine zwingende Differenzierung möglicherweise jedoch aus einer *Zweckbindung* des Vermögens der öffentlichen Hand ergeben. Diese Zweckbindung soll nach einer Auffassung aus den durch Haushaltsordnungen, Haushaltsplänen und dem Grundsatz größter Wirtschaftlichkeit normativ festgelegten Leistungszwecken resultieren,[44] nach anderer Meinung aus den durch staatliche Entscheidung bestimmten politischen Zielen.[45] Doch erscheint auch das Merkmal der Zweckbindung wenig geeignet, eine differenzierende Behandlung von privatem und staatlichem Vermögen zu begründen. Denn in der Festlegung von Verwendungszwecken bei Vermögen der öffentlichen Hand liegt materiell nichts anderes als die formelle Festschreibung einer bestimmten Verwendungsentscheidung. Diese resultiert jedoch nicht aus einem wesenmäßi-

---

[42] *Tiedemann,* Subventionskriminalität, S. 315; *Volk,* Gutachten, S. 460. Bemerkenswert erscheint, daß *Tiedemann* diese Feststellung in seinem Aufsatz in der ZStW 86 (1974), 897 (911) sowie in seiner Kommentierung in LK, § 264 Rdn. 10 nicht wiederholt, obwohl im übrigen Text in diesen Abschnitten weitgehend seine Ausführungen in seinem Gutachten Subventionskriminalität, a. a. O., wiedergibt.

[43] So *Tiedemann,* Subventionskriminalität, S. 315; *ders.,* ZStW 86 (1974), 897 (911 f.).

[44] *Tiedemann,* ZStW 86 (1974), 897 (911); *Volk,* Gutachten, S. 460.

[45] *Amelung,* Rechtsgüterschutz, S. 375.

gen Unterschied des staatlichen Vermögens gegenüber dem privaten Vermögen, sondern zum einen aus der Verantwortlichkeit des Staates den Bürgern gegenüber, die durch ihre Steuerzahlung mit zu den Quellen der staatlichen Finanzmitteln gehören, und zum anderen aus der organisatorischen Notwendigkeit der Festlegung eines Planes. Eine gleiche oder doch ähnliche planmäßige Zweckbindung von Vermögen findet sich auch bei Privatvermögen, wenn es zu einem Personenzusammenschluß gehört oder von einer Personenmehrheit verwaltet wird. Zu denken ist in diesem Zusammenhang an Personen- und Kapitalgesellschaften sowie an Vereine. Wie sehr gerade bei Unternehmen die Festlegung von Zwecken der Vermögensverwendung ernst genommen wird, ist schon aus der Bedeutung, die der betriebswirtschaftlichen Finanzplanung zugemessen wird, zu sehen.[46] Insbesondere Großunternehmen, wozu auch Großvereine zu zählen sind,[47] erstellen jährlich Haushaltspläne und überwachen deren Einhaltung strikt. Bei der Planbindung des Vermögensumlaufs handelt es sich mithin nicht um eine Besonderheit des staatlichen Vermögens, sondern um ein übliches Verfahren zum entscheidungsgesteuerten, kontrollierbaren Einsatz von Vermögen, das sich bei den zuvor genannten privaten Vermögensträgern in gleichem oder ähnlichem Umfang nachweisen läßt. Das bedeutet nun aber nicht, daß bei Einzelpersonen oder Kleinunternehmen und -vereinen nicht ebenso Planungen vorhanden sind. Sie treten bei diesen nur nicht nach außen hervor und erfolgen gegebenenfalls kurzfristig.[48] Das beruht darauf, daß dieser Kreis von Vermögensträgern in der Regel nur sich selbst über die Vermögensverwendung verantwortlich ist und/oder die dem vorgestellten Zweck entsprechende Verwendung selbst steuert, so daß es insofern keiner diesbezüglichen formellen Festlegung eines Verwendungszwecks bedarf. Daraus ergibt sich, daß bei allen Vermögensträgern mit dem Vermögenseinsatz Zwecke verfolgt werden.[49] Unterschiede bestehen somit lediglich hin-

---

[46] Insbesondere auch das Strafrecht geht bei den Konkursstraftaten von einer Finanzplanung im Sinne einer willensgesteuerten, zweckgerichteten Vermögensverteilungs- und -verwendungsplanung aus, die sich an bestimmten Gesichtspunkten, z. B. der ordnungsgemäßen Wirtschaft, zu orientieren hat. — Zur Finanzplanung im Zusammenhang mit den Konkursstraftaten vgl. *Schlüchter*, Bankrottdelikte, S. 118 ff.; vgl. ferner zur unternehmerischen Entscheidung in diesem Zusammenhang *dies.*, a. a. O., S. 12 ff.

[47] So etwa Gewerkschaften und Automobilclubs.

[48] Durch das Merkmal der Kurzfristigkeit unterscheidet sich diese Vermögensträgergruppe jedoch gleichfalls nicht von den zuvor genannten Vermögensträgern. Denn auch bei diesen erfordern unvorhergesehene Umstände eine kurzfristige Zwecksetzung; vgl. die Hervorhebung der Notwendigkeit einer unbürokratischen und schnellen Bereitstellung von Subventionen im Einzelfall in Bericht, S. 4; *Göhler*, Prot., S. 2648.

[49] Dies erkennen auch die Vertreter der Auffassung an, die von einer Spaltung des Vermögensbegriffs ausgehen; vgl. *Tiedemann*, Subventionskrimina-

sichtlich der nach außen hervortretenden Erkennbarkeit und Zwecksetzungen. Eine Zweckbindung von Vermögen im Sinne einer Festlegung der Vermögensverwendungsplanung kennzeichnet folglich nicht Vermögen als staatlich oder privat, sondern besagt lediglich etwas über die Transparenz der Vermögensverwaltung des Vermögensträgers.

Sind mithin weder die Charakterisierung des staatlichen Vermögens als Durchlauf- oder Umlaufvermögen noch die Bindung der Verwendung öffentlicher Mittel an Haushaltspläne oder politische Entscheidungen als Unterscheidungsmerkmal gegenüber dem Vermögen Privater geeignet, so könnte sich jedoch noch aus der *Art der vom Staat mit diesen Mitteln verfolgten Zwecke* die Notwendigkeit einer Differenzierung ergeben. Jedoch führt auch hier eine Überprüfung zu dem Ergebnis, daß keine Unterschiede zwischen privatem und öffentlichem Vermögen vorliegen. Für den Bereich des fiskalischen Handelns ist dies offensichtlich. Soweit der Staat Finanzhilfen vergibt, Unterstützungen tatsächlicher Art einräumt etc., unterscheidet er sich aber auch in diesem Handeln nicht von dem eines gemeinnützigen Idealvereins, eines Mäzens oder eines Spenders. Gerade am Beispiel des privatrechtlichen gemeinnützigen Idealvereins wird die Parallele zum Staat deutlich. Der Verein existiert ebenso wie der Staat nicht zum Zweck der Gewinnerzielung, sondern verfolgt Zwecke, die der Gemeinschaft insgesamt oder Teilen von ihr dienen sollen. Dennoch ist nicht ausgeschlossen, daß ein solcher Verein sein Vermögen zu einem Teil nach wirtschaftlichen Gesichtspunkten einsetzt und nur die jährlichen Einkünfte aus Sonderaktionen und Mitgliedsbeiträgen dem eigentlichen Zweck zukommen läßt. Dabei kann die Zweckerfüllung entweder durch Austauschgeschäfte erfolgen, so z. B. das Renovierenlassen eines Baudenkmals durch einen Kunststättenförderungsverein, oder durch unausgeglichene oder nicht voll ausgeglichene Geschäfte erfolgen, so z. B. bei der Ermöglichung der kostenlosen oder kostenermäßigten Erholung für kinderreiche Familien. Diese Beispiele verdeutlichen zugleich, daß der von *Amelung*[50] aufgestellte Gegensatz, privates Vermögen werde stets wirtschaftlich, staatliches Vermögen dagegen ausschließlich (sozial-) politisch eingesetzt, nicht zutrifft. Auch ein Mäzen, der Teile seines Vermögens etwa zur Förderung des Jugendsports einsetzt, verfolgt je nach den Umständen des Einzelfalles (sozial-) gemeinschaftsbezogene Zwecke. Nicht anders ist es beim Spender. Wenn *Amelung* weiter meint, beim Privaten sei aber mit solchen Verhaltensweisen eine Bedürfnisbefriedigung erstrebt,[51] während es beim Staat auf die Erreichung

lität, S. 314; *ders.*, ZStW 86 (1974), 897 (910); *Amelung*, Rechtsgüterschutz, S. 374; *Volk*, Gutachten, S. 459.

[50] Rechtsgüterschutz, S. 375.

[51] *Amelung*, Rechtsgüterschutz, S. 376.

eines bestimmten (sozial-) politischen Zieles, dessen Verfolgung in den staatlichen Entscheidungsgremien beschlossen wurde, ankomme,[52] so bleibt unklar, worin der Unterschied liegen soll. Auch die Verfolgung eines Zieles ist auf Zielerreichung und damit letztlich Bedürfnisbefriedigung gerichtet.

Mithin ist *zusammenfassend* festzustellen, daß auch die Art der vom Staat verfolgten Zwecke keine allgemeingültige Differenzierung zwischen privatem und staatlichem Vermögen ermöglicht. Gegenüber einer Reihe von privaten Wirtschaftern unterscheidet sich der Staat lediglich darin, daß die Zwecke der Vermögensverwendung durch die Art der Planfestlegung in weiten Bereichen objektivierbar sind. Auch dieser Umstand hebt jedoch — wie zuvor nachgewiesen — das Vermögen der öffentlichen Haushalte nicht als *wesensmäßig* andersartig und deshalb auch nicht als in anderer Weise schutzbedürftig von privatem Vermögen ab.

Daraus ergibt sich, daß die auf der Annahme einer Andersartigkeit von staatlichem Vermögen gegenüber privatem Vermögen beruhenden Auffassungen bezüglich der Bestimmung des Rechtsguts des § 264 StGB von einer unzutreffenden Prämisse ausgehen. Der strafrechtliche Vermögensbegriff erfaßt sowohl das individuelle wie auch das staatliche Vermögen.[53] Das bedeutet jedoch nicht zwangsläufig, daß dadurch zugleich auch das von § 264 StGB geschützte Rechtsgut als staatliche Planungs- und Dispositionsfreiheit im Wirtschaftsbereich fehlerhaft bezeichnet ist. Bislang muß nur festgestellt werden, daß die *Begründung* einer solchen Auffassung zum Rechtsgut des § 264 StGB von einer falschen Annahme ausgeht und deshalb selbst unrichtig ist. Daraus folgt, daß durchaus allein die Planungs- und Dispositionsfreiheit Rechtsgut des § 264 StGB sein *kann*, jedoch ist ausgeschlossen, dies mit dem Hinweis auf eine Andersartigkeit des öffentlichen Vermögens gegenüber dem privaten Vermögen zu begründen.

---

[52] *Amelung*, Rechtsgüterschutz, S. 375.

[53] So auch *Schönke/Schröder/Cramer*, § 263 Rdn. 1, der zutreffend die im Bericht, S. 3 unterstützte gegenteilige Auffassung als unrichtig bezeichnet. Gegen eine Aufspaltung des Vermögensbegriffs unter ausdrücklicher Ablehnung der dogmatischen Konzeption von *Tiedemann* auch *Lackner* in LK, § 263 Rdn. 176 Anm. 308. Ablehnend auch *Schmidt-Hieber*, NJW 1980, 322 (324). Vgl. ferner den Alternativentwurf, Straftaten gegen die Wirtschaft, S. 125 mit deutlicher Stellungnahme für einen einheitlichen Vermögensschutz durch § 263 StGB.

2. Die rechtlichen und tatsächlichen Zusammenhänge zwischen Betrug, § 263 StGB, und Subventionsbetrug, § 264 StGB. Das staatliche Vermögen als Rechtsgut des § 264 StGB

Die Untersuchung der Frage des Rechtsguts von § 264 StGB hat, nachdem eine an einem staatlichen Vermögensbegriff orientierte Klärung gescheitert ist, umfassender die rechtlichen und tatsächlichen Zusammenhänge, aus denen diese Vorschrift entstanden ist, in die Überlegungen miteinzubeziehen. Ohne diese würde die Suche nach dem „ideellen Wert der Sozialordnung“, den die Vorschrift rechtlich schützen soll,[1] Gefahr laufen, Mißdeutungen zu unterliegen.

a) Entstehungsgründe und Entstehungsgeschichte des § 264 StGB

Bis zum Inkrafttreten des Gesetzes zur Durchführung der gemeinsamen Marktorganisationen (MOG)[2] am 1. September 1972 stellte sich der strafrechtliche Schutz gegen Subventionserschleichungen zweispurig dar. Während die Strafbarkeit von Erschleichungshandlungen bei *indirekten* Subventionen im wesentlichen nach den Bestimmungen der §§ 392, 393, 404 Reichsabgabenordnung a. F.[3] zu beurteilen war, unterlagen entsprechende Handlungen bezüglich *direkter* Subventionen im wesentlichen den strafrechtlichen Sanktionen des § 263 StGB. Bei dieser begrifflichen Zweiteilung der Subventionen wird jede Förderung, die gemeinhin mit dem Begriff Subvention in Verbindung gebracht wird, in direkte und indirekte Subventionen aufgeteilt. Dabei steht für die Bezeichnung direkte Subventionen verschiedentlich auch der Begriff „Finanzhilfen“ und für indirekte Subventionen „Steuervergünstigungen“. Es handelt sich um eine Differenzierung unter dem formalen Gesichtspunkt der Vergabetechnik. Während Finanzhilfen (= direkte Subventionen) Vermögensmehrung durch Gewährung von Vorteilen, z. B. Geldzahlungen und Realvergünstigungen, beinhalten, unterscheidet sich der Vorteil einer Steuervergünstigung (= indirekte Subvention) durch den Verzicht des Staates auf eine Vermögensminderung durch an und für sich zu erhebende Abgaben.[4] Bei der oben dargestell-

---

[1] *Jescheck*, LB, S. 206 definiert Rechtsgut als rechtlich geschützten Wert der Sozialordnung; vgl. ferner *Baumann*, LB, S. 137; *Blei*, Strafrecht I, S. 102; *Heimann-Trosien* in LK, 9. Auflage, Einleitung Rdn. 45; *Maurach/Schroeder*, AT 1, S. 277; *Welzel*, LB, S. 4.

[2] Vom 31. August 1972 (BGBl. I, S. 1615).

[3] In der Fassung des 2. AOStrafÄndG vom 12. August 1968 (BGBl. I, S. 953).

[4] In diesem Sinne differenziert § 12 Abs. 2 und 3 des Gesetzes zur Förderung der Stabilität und des Wachstums der Wirtschaft — StabilitätsG — vom 8. Juni 1967 (BGBl. I, S. 582); dazu *Albrecht*, Subventionen, S. 9, 29 f. Vgl. ferner RegE, S. 15; *Diemer-Nicolaus*, Schmidt-Leichner-Festschrift, S. 31; *Heinz*, GA 1977, 193 (210); *Herbst*, DÖV 1973, 617 (618); *Jarass*, JuS 1980, S. 115 (116); *Tiedemann*, Subventionskriminalität, S. 15, 19; *ders.* in LK, § 264 Rdn. 22. Bei

ten Rechtslage, wonach Subventionserschleichungen bezüglich indirekter Subventionen der Strafahndung der Reichsabgabenordnung unterlagen, während die Subventionsdelinquenz bezüglich direkter Subventionen nach dem Strafgesetzbuch zu beurteilen war, bedeutete eine Entscheidung über die Art des Vergabeverfahrens, also „direkt“ oder „indirekt“ zugleich eine Entscheidung hinsichtlich der Art des strafrechtlichen Schutzes. Dieser aber gestaltete sich unterschiedlich, je nachdem, ob die Reichsabgabenordnung oder das Strafgesetzbuch heranzuziehen war. Steuerhinterziehung und Betrug weichen bereits im Objektiven dadurch voneinander ab, daß der Erfolg einer Steuerhinterziehung schon in einer auf Grund der abgegebenen Erklärung zu berechnenden Minderung des Steuerertrags liegt und deshalb nicht notwendigerweise zugleich einen wirtschaftlichen Vermögensschaden des Staates beinhaltet.[5] Ferner erfordern nicht alle Tatmodalitäten einer Steuerhinterziehung, daß durch das Verhalten des Täters ein Irrtum bei dem bearbeitenden Finanzbeamten hervorgerufen werden muß.[6] In subjektiver Hinsicht genügt für eine Steuerhinterziehung bedingter Vorsatz, während Betrug neben Vorsatz die Absicht, sich oder einem anderen einen rechtswidrigen Vermögensvorteil zu verschaffen, voraussetzt. Durch den Ordnungswidrigkeitentatbestand der leichtfertigen Steuerverkürzung besteht zudem die Möglichkeit, nicht beweisbare vorsätzliche Verkürzungen wenigstens bei beweisbarer Leichtfertigkeit ahnden zu können.[7] Diese speziell auf Erschleichungshandlungen zugeschnittenen Tatbestände der Reichsabgabenordnung und die eingehende Normierung der steuerrechtlichen Voraussetzungen für die Gewährung indirekter Subventionen hatten zur Folge, daß die nach diesen Vorschriften zu ahndenden Erschleichungen von indirekten Subventionen einer weitgehend effektiven strafrechtlichen Ahndung unterlagen.[8] Ganz anders verhielt es sich dagegen mit den Möglich-

---

der ebenfalls anzutreffenden Unterscheidung zwischen „offenen“ und „verdeckten“ Subventionen entsprechen die „offenen“ den „direkten“ und die „verdeckten“ den „indirekten“, vgl. exempl. *Rüfner*, Formen, S. 199 ff., 204 ff. Gebräuchlich auch die Gegenüberstellung „Leistungs-“ und „Verschonungssubventionen“; so etwa *Zacher*, VVDStRL, H. 25 (1967), S. 308 (317).

[5] Vgl. *Franzen/Gast*, 1. Aufl., § 392 RAO Rdn. 16; ebenso die heutige Rechtslage vgl. *Franzen/Gast/Samson*, § 370 AO Rdn. 46 f. Die Konsequenz davon ist, daß zwischen Steuerhinterziehung und Betrug Gesetzeskonkurrenz besteht, soweit die Täuschungshandlung nur dazu dienen soll, die Steuer zu verkürzen; vgl. *Kohlmann*, § 370 AO 1977, Rdn. 289.

[6] *Franzen/Gast*, 1. Aufl., § 392 RAO Rdn. 42; ebenso auch die Rechtslage nach Novellierung der tatbestandlichen Fassung der Steuerhinterziehungsvorschrift, vgl. *Franzen/Gast/Samson*, § 370 AO Rdn. 76 ff.; *Kohlmann*, § 370 AO 1977 Rdn. 45.

[7] *Franzen/Gast*, 1. Aufl., § 395 RAO Rdn. 7 sowie § 404 Rdn. 5 unter ausdrücklicher Hervorhebung des Beweisaspektes („Auffangtatbestand“; vgl. auch *Franzen/Gast/Samson*, § 378 AO Rdn. 5; *Kohlmann*, § 404 AO Rdn. 7.

[8] So auch die Einschätzung der Sachlage im RegE, S. 17.

keiten der strafrechtlichen Verfolgung von Erschleichungen direkter Subventionen mittels des Betrugstatbestandes. Die zahlreichen Merkmale des objektiven Tatbestandes kombiniert mit der Notwendigkeit, neben dem Vorsatz ferner die Absicht der Verschaffung eines rechtswidrigen Vermögensvorteils nachzuweisen, führten im Zusammenhang mit zum Teil recht unbestimmten oder aber überperfektionierten[9] Subventionsvergabevoraussetzungen zu rechtlichen und tatsächlichen Schwierigkeiten einer auf § 263 StGB basierenden Strafverfolgung.[10] Die Unzufriedenheit mit dieser Lage kam nicht zuletzt in der Forderung zum Ausdruck, der Betrugstatbestand solle im Sinne der Steuerhinterziehungsvorschrift der Reichsabgabenordnung „verbessert" werden.[11] Dieser Anregung wurde schließlich in einem Teilbereich durch die Schaffung des § 31 MOG[12] entsprochen. Die umfangreiche Ausweitung der als besonders kriminogen bewerteten Erstattungen des EWG-Rechts,[13] die als überwiegend *direkte* Subventionen gegen Erschleichungshandlungen strafrechtlich durch § 263 StGB geschützt werden sollten, führte zu der Einsicht, daß die Schwierigkeiten des Nachweises der Voraussetzungen des Betrugstatbestandes in diesem Sachbereich zu beschleunigten Gegenmaßnahmen zwängen. So wurden weder die Ergebnisse des bereits Ende 1970 vom Bundesminister der Justiz im Rahmen der Vorbereitung zu einem 6. Strafrechtsreformgesetz an *Tiedemann* erteilten Forschungsauftrag zur Subventionskriminalität[14] noch die Beratungen der am 25. Juli 1972 vom Bundesminister der Justiz eingesetzten Kommission zur Bekämpfung der Wirtschaftskriminalität — Reform des Wirtschaftsstrafrechts —[15] über die Problematik

---

[9] Zu den Auswirkungen des wirtschaftsrechtlichen Perfektionismus *Gurski*, Verbrechen, S. 29 ff.; ferner *Tiedemann*, Verbrechen, S. 22.

[10] Zu Fällen der Subventionserschleichung vgl. aus dem Schrifttum in den sechziger Jahren nur *Zirpins/Terstegen*, Wirtschaftskriminalität, S. 59, 71, 100 f., 385, 404 f.; *Niggemeyer*, BKA 1963, S. 7 (9); *Lach*, BKA 1963, S. 75 (91 f.); *Werner Klein*, Die Polizei 1963, 134 ff.; *Habenicht*, Grundlagen Bd. 2, S. 383 (384); *Körner*, Sachverständigengutachten, S. 31 ff.; *ders.*, Subventionskriminalität, S. 1 ff.; vgl. ferner aus dem umfangreichen Schrifttum zur Erschleichung von Aktien im Rahmen der Privatisierung von Bundesvermögen (Preußag, VW, VEBA) nur *Hoppenz*, Struktur, S. 1 f. und passim mit weiteren Nachweisen.

[11] So schon *Terstegen*, BKA 1961, S. 81 (110).

[12] Vom 31. August 1972 (BGBl. I, S. 1617 [1625]).

[13] Zur Kriminogenität der europäischen Marktordnungen *Gurski*, Grundlagen, Bd. 13/1, S. 493 (498 ff.); *Tiedemann*, Verbrechen, S. 20; zu Subventionserschleichungen in der EWG ferner *Graeber*, Grundlagen Bd. 13/1, S. 423 ff.; *Gurski*, Verbrechen, S. 29 ff.

[14] Zum zeitlichen Ablauf sowie zu den Ergebnissen *Tiedemann*, Subventionskriminalität, S. 11 ff.

[15] Zur Einsetzung vgl. *Jahn*, Recht, Nr. 5, S. 33 ff.; ferner Tagungsberichte, Anlage 5, S. 16.

der Subventionserschleichungen[16] abgewartet,[17] sondern vorweg als Provisorium[18] für die direkten Subventionen im Zusammenhang mit den EWG-Marktorganisationen in § 31 MOG eine strafrechtliche Sonderregelung geschaffen. Gemäß § 31 Abs. 1 MOG waren die Straf- und Bußgeldvorschriften der Reichsabgabenordnung entsprechend anzuwenden auf besondere Vergünstigungen (§ 6 MOG), Interventionen (§ 7 MOG) und Abgaben, die nach Rechtsakten des Rates oder der Kommission der EWG oder nach Rechtsverordnungen auf Grund des MOG gewährt wurden oder zu erheben waren. Damit wurden die Vorschriften der Reichsabgabenordnung[19] entgegen der bis dahin geltenden Rechtslage auch in einem Teilbereich *direkter* Subventionierung anwendbar. Neben der dadurch erfolgten Aufgabe einer auf formalen Kriterien beruhenden Vorschriftenzuweisung wurde dabei ferner in Kauf genommen, daß die neue Regelung nur einen Teil der Subventionen auf dem Agrarsektor erfaßte und zudem die gesetzliche Verweisung auf eine entsprechende Anwendbarkeit der Reichsabgabenordnung unter dem Gesichtspunkt der Tatbestandsbestimmtheit bedenklich erscheinen mußte.[20] Die Bemühungen um eine allgemeine Bekämpfung der Subventionsdelinquenz sind durch diese provisorische Zwischenlösung unberührt geblieben.[21] Weitgehende Einigkeit bestand

---

[16] Die Subventionsdelinquenz war Gegenstand der vierten Arbeitstagung in der Zeit vom 24. bis 28. September 1973 in Bad Kreuznach. Zum Beratungsinhalt vgl. Tagungsberichte Bd. 4 sowie die Zusammenstellung der von der Sachverständigenkommission verabschiedeten Empfehlungen in Tagungsberichte Bd. 4, S. 123—137 (abgedruckt auch in Bd. 15, S. 19—29 jedoch ohne Abstimmungsergebnisse).

[17] Ferner hat sich der 49. Deutsche Juristentag vom 19. bis 21. September 1972 in Düsseldorf unter anderem mit der Problematik der Subventionserschleichungen befaßt; vgl. *Tiedemann*, Gutachten, S. C 57, C 72 f.

[18] So ausdrücklich Bericht, S. 5; *Göhler*, Prot., S. 2650; *Göhler/Wilts*, DB 1976, 1609 (1610).

[19] Zu den Vorschriften, die nach den Vorstellungen im Gesetzgebungsverfahren entsprechend anwendbar sein sollten, vgl. die Begründung zum Regierungsentwurf BT-Drs. VI/2553, S. 36. Erwähnt sind ausdrücklich §§ 392—395, 398, 401, 402, 404, 405 RAO in der Fassung des 2. AOStrafÄndG.

[20] Bericht, S. 5; *Göhler*, Prot., S. 2650. Zu den verfassungsrechtlichen Bedenken vgl. *Tiedemann*, Subventionskriminalität, S. 329 ff.; *ders.*, ZStW 86 (1974), 897 (904 f.), die jedoch in diesem Umfang von *Laumann*, Tagungsberichte, Anlage 4, S. 13 und *Götz*, Subventionserschleichung, S. 59 nicht geteilt werden. Das BVerfG hat diese Bedenken als unbegründet angesehen (Beschluß vom 11. Dezember 1975, 2 BvR 383/74); vgl. dazu auch *Göhler*, Prot., S. 2650; *Göhler/Wilts*, DB 1976, 1609 (1610); *Borchers*, Prot., S. 2611 zu Fall 8. Der Meinungsstreit ist jedoch inzwischen wegen der Neufassung des § 31 MOG durch das 1. WiKG kaum mehr von Bedeutung.

[21] Eine Ausweitung der Regelung des § 31 MOG auf alle Fälle der direkten Subventionierung ist wegen der zuvor genannten Bedenken gegen die Gesetzestechnik nicht in Betracht gekommen. So *Tiedemann*, Gutachten, C 71; *ders.*, Subventionskriminalität, S. 329; ferner *Götz*, Subventionserschleichung, S. 53 f.; Tagungsberichte, S. 71 f.

jedoch von Anfang an darüber, daß nicht nur außerstrafrechtliche Maßnahmen zu ergreifen seien,[22] sondern strafrechtliche Regelungen erfolgen müßten.[23] So wurde eingeräumt, daß ein erheblicher Grund für den festgestellten Umfang der Subventionsdelinquenz[24] in den Unzulänglichkeiten der Vergabeverfahren liege[25] und bei einer Änderung der Verwaltungspraxis einige Probleme der Anwendbarkeit des § 263 StGB zu beseitigen seien.[26] Aber auch auf der Grundlage einer solchermaßen geänderten Subventionsvergabe sei eine hinreichende Ahndung von Subventionserschleichungen nicht zu erzielen. Denn zum einen sei die Vergabe, damit sie effektiv und unbürokratisch im Einzelfall erfolgen könne, nicht immer verwaltungsmäßig dieser Anforderung entsprechend zu gestalten,[27] zum anderen aber blieben auch bei Berücksichtigung der Verbesserungsvorschläge noch Zweifel, ob die Voraussetzungen eines Betrugs vorliegen oder nachzuweisen seien.[28]

Eine Reihe von Problemen bei der Anwendung des Betrugstatbestandes werden angeführt: So werde die Annahme eines Irrtums des bearbeitenden Beamten in vielen Fällen nur durch eine gekünstelte und lebensfremde Hypothese der Rechtsprechung[29] ermöglicht, die das

---

22 Zu Anregungen außerstrafrechtlicher Maßnahmen vgl. *Tiedemann*, Subventionskriminalität, S. 361 f., 358. Zu weiteren Präventivmaßnahmen vgl. die Beschlüsse der Kommission zur Bekämpfung der Wirtschaftskriminalität, Tagungsberichte, S. 123 ff., Beschlüsse Nr. 1—16; ferner auch *Göhler*, Prot., S. 2647 ff.

23 Vgl. Tagungsberichte, S. 63 f. Vorbereitend dazu schon *Tiedemann*, Subventionskriminalität, S. 320 ff. mit eingehenden Vorschlägen für strafgesetzliche Maßnahmen de lege ferenda. Ferner stand der Sachverständigenkommission bei ihrer Sitzung bereits eine „Rohskizze für den Entwurf einer gesetzlichen Regelung zur Bekämpfung von Zuwiderhandlungen bei der Erlangung von Finanzhilfen" zur Verfügung; vgl. *Göhler*, Tagungsberichte, Anlage 14.

24 Vgl. dazu die umfangreiche Untersuchung von *Tiedemann*, Subventionskriminalität, S. 47 ff.

25 Bericht, S. 3; *Göhler*, Prot., S. 2647 ff. mit eingehenden weiteren Ausführungen zu den Mängeln im einzelnen; ferner *Diemer-Nicolaus*, Schmidt-Leichner-Festschrift, S. 31 (35 ff.); *Göhler/Wilts*, DB 1976, 1609 (1610); *Herbst*, DÖV 1973, 617 (618 ff.); *Müller-Emmert/Maier*, NJW 1976, 1657; *Borchers*, Prot., S. 2483 ff.; *Botz*, Prot., S. 2494; *Gössel*, Prot., S. 2613; *Wirtschaftsverbände*, Prot., S. 2620. Zur Kriminogenität des Subventionsrechts aus neuerer Zeit *Wassermann*, Beiträge, S. 27 (50).

26 So *Borchers*, Prot., S. 2486; *Botz*, Prot., S. 2494.

27 Bericht, S. 4; *Göhler*, Prot., S. 2648.

28 *Zeidler*, Grundlagen Bd. 13/1, S. 155 (233), kritisiert dementsprechend auch als Grund vieler rechtlicher Schwierigkeiten bei der strafrechtlichen Behandlung von wirtschaftskriminellen Erschleichungen die Praktikabilität des Betrugstatbestandes. Vgl. ferner RegE, S. 15 f.; *Tiedemann*, Subventionskriminalität, S. 300 ff.

29 Vgl. BGHSt. 2, 325 (326); ferner dazu auch RGSt. 42, 40 (41); BGHSt. 24, 386, 389; OLG Celle, GA 1957, 220 (221). Die Rspr. findet im Schrifttum weit-

allgemeine Gefühl, es sei alles in Ordnung, als Irrtum ausreichen lasse und deshalb bei einem Antragsbearbeiter als selbstverständlich von dessen Vorstellung ausgehe, daß Vergünstigungen nur im Rahmen der hierfür vorgesehenen Zwecke beansprucht würden. Mangels einer umfassenden Kontrollmöglichkeit nehme der über die Subventionsvergabe entscheidende Amtsträger jedoch vielfach notgedrungen die Möglichkeit falscher Angaben in Kauf, so daß von der Erregung eines Irrtums keine Rede sein könne.[30] Ferner habe der Täter die Möglichkeit, die Schutzbehauptung zu erheben, die Vergabestelle habe von der Beantragung mit unwahren oder lückenhaften Tatsachenangaben Kenntnis gehabt, so daß ein auf eine Irrtumserregung bezogener Vorsatz nicht nachzuweisen sei.[31] Schließlich könne ein Irrtum im Falle eines Computereinsatzes nur über „waghalsige Konstruktionen" fingiert werden.[32] Auch bei nach erfolgter Antragstellung eintretenden Änderungen der für die Subventionierung maßgebenden Umstände, die der Subventionsnehmer nicht mitteile, erscheine eine Irrtumserregung zweifelhaft.[33]

Hinsichtlich des Tatbestandsmerkmals der Absicht der Verschaffung eines rechtswidrigen Vermögensvorteils wurden die praktischen Schwierigkeiten in der Anwendung des § 263 StGB darin gesehen, daß ein Irrtum des Täuschenden über das Bestehen eines fälligen Anspruchs auf die erstrebte Leistung nach herrschender Meinung[34] einen Tatbestandsirrtum darstelle und somit den subjektiven Tatbestand ausschließe. Irrt sich also der Subventionsnehmer über die Subventionsvergabevoraussetzungen und nimmt er deshalb an, ihm stehe die angestrebte Subvention zu, so hat er nicht den nach dieser Ansicht für

gehend — teils modifizierend — Zustimmung; vgl. etwa *Lackner* in LK, § 263 Rdn. 78; *Kohlrausch/Lange*, § 263 Anm. III; *Sauer*, BT, S. 80 f. sowie eingehend *Maurach/Schroeder*, BT 1, S. 409 mit weiteren Nachweisen.

30 So *Göhler*, Prot., S. 2651; vgl. ferner *Tiedemann*, Subventionskriminalität, S. 305; zu Fällen der Zusammenarbeit zwischen Antragsteller und -bewilliger *Körner*, Sachverständigengutachten, S. 31 (34); ferner auch *Blei*, Prot., S. 2503.

31 *Tiedemann*, Subventionskriminalität, S. 304; *Borchers*, Prot., S. 2484.

32 So *Tiedemann*, Subventionskriminalität, S. 304; vgl. ferner RegE, S. 16. Zur Frage des Irrtums im Sinne des § 263 StGB beim Computereinsatz ferner *Sieber*, Computerkriminalität, S. 206 ff.

33 Bericht, S. 4; *Berz*, BB 1976, 1435; *Tiedemann*, ZStW 87 (1975), 253 (293); *Göhler/Wilts*, DB 1976, 1609 (1614). Zur Problematik eines Betrugs durch Schweigen vgl. *Bockelmann*, Eb. Schmidt-Festschrift, S. 437 ff.

34 Vgl. RGSt. 11, 72 (76); 55, 257 (259); 64, 342, (344); 72, 133 (137); BGHSt. 3, 110 (123); 4, 105 (106) st. Rspr.; *Dreher/Tröndle*, § 263 Rdn. 43; *Lackner* in LK, § 263 Rdn. 288; *Maurach/Schroeder*, BT 1, S. 428. Für die Auffassung, die die Rechtswidrigkeit des Vermögensvorteils als allgemeines Verbrechensmerkmal ansieht (vgl. *Welzel*, LB, S. 377; *Hirsch*, ZStW 84 [1972], 380 [395]), stellt sich die hier aufgezeigte Problematik des Betrugstatbestandes gleichermaßen, da es danach am Vorsatz bezüglich des Vermögensschadens fehlt; zu dieser Ansicht vgl. die Stellungnahme von *Tiedemann*, Subventionskriminalität, S. 307.

§ 263 StGB tatbestandlich erforderlichen Vorsatz bezüglich der Rechtswidrigkeit des Vermögensvorteils.[35] Gibt der Täter nur vor, er habe geglaubt, ihm stehe die Subvention zu, hat diese Auffassung zur Folge, daß in der Regel das Vorliegen des subjektiven Tatbestands nicht nachzuweisen ist.

Als weiterer Grund für die Notwendigkeit strafrechtlicher Maßnahmen wurde angeführt, daß der Unrechtsgehalt der Subventionserschleichungen nicht zutreffend durch § 263 StGB erfaßt werde. Zur Begründung wurde abgesehen von der bereits oben behandelten Auffassung von *Tiedemann* darauf verwiesen, daß die Rechtsprechung nur über die zweifelhafte Konstruktion der Zweckverfehlung Fälle der Vermögensfehlleitung als Vermögensschaden im Sinne des § 263 StGB zu erfassen vermöge.[36]

Auf der Grundlage dieser und weiterer Überlegungen ist durch das 1. WiKG der Tatbestand Subventionsbetrug, § 264 StGB, als strafrechtliche Sonderregelung für die durch § 264 Abs. 6 StGB materiell bestimmten Subventionen in das Strafgesetzbuch eingefügt worden. Da die Vorschrift in der Hauptsache lediglich solche Subventionen strafrechtlich erfaßt, die allgemein im Sprachgebrauch auch als Wirtschaftssubventionen bezeichnet werden, bleiben andere direkte Subventionen, insbesondere Sozial-, Forschungs- und Kultursubventionen weiterhin dem Strafschutz des Betrugstatbestandes unterstellt. Konsequenterweise ist ferner die Regelung des § 31 MOG dahingehend geändert worden, daß mit dem Inkrafttreten des § 264 StGB nur noch solche Finanzhilfen nach dem EG-Marktordnungsrecht den Regelungen der Straf- und Bußgeldvorschriften der Abgabenordnung zugewiesen sind, die nicht ohnehin dem strafrechtlichen Schutz der Abgabenordnung oder des neugeschaffenen § 264 StGB unterliegen. Damit ist in der Grundanlage wieder die bis zum Inkrafttreten des § 31 MOG a. F. geltende Aufteilung hergestellt, wonach regelmäßig Erschleichungen von indirekten Subventionen nach den Straf- und Bußgeldvorschriften der Abgabenordnung, Erschleichungen von direkten Subventionen nach den Strafvorschriften des Strafgesetzbuches zu beurteilen sind.[37] Inner-

---

35 *Tiedemann*, Subventionskriminalität, S. 306; *ders.*, Prot., S. 2469; vgl. ferner *Blei*, Prot., S. 2503.

36 Bericht, S. 3; *Müller-Emmert/Maier*, NJW 1976, 1657 (1658); *Göhler/Wilts*, DB 1976, 1609 (1610); *Göhler*, Prot., S. 2649; *Blei*, Prot., S. 2508; *Lampe*, Prot., S. 2511, 2519 f.

37 Das Verhältnis des § 370 AO zu § 264 StGB wird nicht einheitlich beurteilt. Während einerseits darauf abgestellt wird, daß im Falle der Unterstützung durch „Steuervorteile" (zu diesem Begriff vgl. *Kohlmann*, § 370 AO 1977 Rdn. 160 ff.) bereits tatbestandlich eine Erschleichung von „Subventionen" im Sinne des § 264 StGB ausscheide (so *Tiedemann* in LK, § 264 Rdn. 22; *Schönke/Schröder/Lenckner*, § 264 Rdn. 10; *Samson* in SK, § 264 Rdn. 30, 100),

halb der direkten Subventionen erfolgt bei solchen Subventionen, die den Voraussetzungen des § 264 Abs. 6 StGB entsprechen, der Strafschutz primär[38] durch § 264 StGB, für die übrigen dagegen ausschließlich durch § 263 StGB.

Bei der Befürwortung der Vorschläge zur Abfassung eines Tatbestandes Subventionsbetrug fällt auf, daß, so sehr auch immer wieder in den einzelnen Stellungnahmen neben der kriminalpolitisch pragmatischen Notwendigkeit einer den Betrugstatbestand ergänzenden strafrechtlichen Maßnahme gegen die Subventionsdelinquenz zugleich auf deren Erfordernis aus *dogmatischen* Gründen hingewiesen wurde, so wenig aber auch die Ernsthaftigkeit dieser Begründung zu überzeugen vermag. Denn hätten tatsächlich dogmatische Gesichtspunkte eine Neuregelung der Bestrafung von Subventionserschleichungen erfordert, so wäre es konsequent gewesen, alle nicht dem strafrechtlichen Schutz der Abgabenordnung unterliegenden Subventionen in die Reform einzubeziehen.[39] Deshalb erscheint es zutreffend, eher von einem Bemühen um eine im Anwendungsbereich des § 264 StGB den Tatbestand des Betrugs von dogmatischen Problemen entlastenden Regelung, jedoch im wesentlichen pragmatisch orientierten Lösung auszugehen.[40] Das gilt auch für die Fälle des nach Subventionsbeantragung erfolgten Wegfalls der Vergabevoraussetzungen.[41] Dazu ist aus der Praxis deutlich

wird andererseits die Steuerhinterziehung (§ 370 AO) als Spezialtatbestand zu § 264 StGB angesehen (*Göhler*, Prot., 2686, 2718; *Lackner*, § 264 Anm. 2 b; ebenso wohl Bericht, S. 11 f.). Zu den sich aus einer Konkurrenzlösung ergebenden Problemen *Samson*, a. a. O.; *Tiedemann*, a. a. O., schlägt vor, die bereits erfolgte Abgrenzung von Steuerstraftat und Betrug auch auf das Verhältnis von Steuerstraftat und § 264 StGB zu übernehmen.

38 Nach überwiegender Ansicht geht § 264 StGB als Spezialregelung § 263 StGB vor; vgl. Bericht, S. 6; RegE, S. 26; *Dreher/Tröndle*, § 264 Rdn. 5; *Lackner* in LK, § 263 Rdn. 331; *ders.*, § 264 Anm. 10; *Samson* in SK, § 264 Rdn. 102 f.; *Schönke/Schröder/Lenckner*, § 264 Rdn. 87; *Tiedemann* in LK, § 264 Rdn. 134; *Blei*, Strafrecht II, S. 218; *Göhler/Wilts*, DB 1976, 1609 (1615); *Müller-Emmert/Maier*, NJW 1976, 1657 (1661); *a. A.* jedoch *Berz*, BB 1976, 1435 (1438); *Schmidt-Hieber*, NJW 1980, 322 (324); *Maurach/Schroeder*, BT 1, S. 432, die Idealkonkurrenz annehmen.

39 Diese Konsequenz wäre insbesondere zu ziehen gewesen, wenn man mit *Tiedemann* von einer Spaltung des Vermögensbegriffs im Betrugstatbestand (vgl. dazu oben S. 21—31) ausgehen wollte. So vermag *Tiedemann* den Verbleib der Ahndung von Subventionserschleichung bezüglich der nicht von § 264 StGB erfaßten Subventionen bei dem Betrugstatbestand nur durch schwer nachvollziehbare dogmatische Konstruktionen zu begründen (so in LK, § 264 Rdn. 9).

40 Vgl. die entsprechenden Hinweise bei *Göhler*, Prot., S. 1649; *Blei*, Prot., S. 2503, 2508; *Borchers*, Prot., S. 2485 f.; vgl. ferner *Volk*, Gutachten, S. 457, der unter Bezugnahme auf *Schönke/Schröder/Lenckner*, § 264 Rdn. 1, die dort vertretene Auffassung teilt, daß das Problem des Vermögensschadens nicht einen neuen Straftatbestand bedingt hätte, und insofern die kritische Bestandsaufnahme in Bericht, S. 3 zu einseitig sei.

41 Zu dieser Problematik siehe oben S. 37 mit Anm. 33.

bekannt geworden, daß sich zwar die dogmatischen Probleme durch eine unmißverständliche Normierung von Anzeige- und Rückgabeverpflichtungen bewältigen ließen, jedoch beim *Nachweis* der Kenntnis solcher Offenbarungspflichten zu befürchtende Schwierigkeiten eine von der Betrugsvorschrift abweichende Regelung empfehlen würden.[42] Ein Anhaltspunkt für die geringe Stringenz der dogmatischen Gesichtpunkte bei der Entscheidung zur Schaffung des § 264 StGB ist auch, daß der Ursprung der gesetzgeberischen Aktivitäten zum 1. WiKG nicht primär aus dem Bereich wissenschaftlicher Überlegungen herrührt, sondern aus der Strafverfolgungspraxis.[43] Wenn aber die Subventionsdelinquenz dogmatisch durch den Betrugstatbestand zu bewältigen war und die aufgetretenen praktischen Schwierigkeiten anerkanntermaßen erheblich auf den kriminogenen Vergabeumständen beruhten,[44] so erscheint zweifelhaft, ob es tatsächlich einer Änderung oder Ergänzung von Straftatbeständen bedurft hat.[45] Es ist immerhin nicht auszuschließen, daß allein schon das flankierend zu § 264 StGB durch das 1. WiKG geschaffene Gesetz gegen mißbräuchliche Inanspruchnahme von Subventionen (Subventionsgesetz)[46] einen entscheidenden Beitrag zur Lösung der praktischen Probleme geleistet hätte. Für die Richtigkeit dieser Überlegung spricht schließlich auch, daß die Notwendigkeit einer Ausdehnung des § 264 StGB auf alle Bereiche der direkten Subventionierung nach überwiegender Meinung[47] nicht besteht. So ist insbesondere Erschleichung etwa von Sozialsubventionen unter anderem mit der Begründung allein der Ahndung mittels des Betrugstatbestandes unterstellt geblieben, daß die außerhalb der Wirtschaftssubventionen liegenden Subventionierungsbereiche in aller Re-

---

[42] *Botz*, Prot., S. 2494. Vgl. auch unten 2. Abschnitt, I. 4. a) dd).

[43] So zusammenfassend *Wilts*, Prot., S. 2638; vgl. ferner *Irmer*, Grundlagen Bd. 2, S. 399 (401), der auf das mangelnde Interesse der Strafrechtsdogmatiker an den Erscheinungen der Wirtschaftskriminalität hinweist; neuestens auch *Schubarth*, ZStW 92 (1980), 80 (104).

[44] Bericht, S. 3; *Göhler*, Prot., S. 2647 ff. mit eingehenden weiteren Ausführungen zu den Mängeln im einzelnen; ferner *Diemer-Nicolaus*, Schmidt-Leichner-Festschrift, S. 31 (35 ff.); *Göhler/Wilts*, DB 1976, 1609 (1610); *Herbst*, DÖV 1973, 617 (618 ff.); *Müller-Emmert/Maier*, NJW 1976, 1657; *Borchers*, Prot., S. 2483 ff.; *Botz*, Prot., S. 2494; *Gössel*, Prot., S. 2613; *Wirtschaftsverbände*, Prot., S. 2620; zur Kriminogenität des Subventionsrechts aus neuerer Zeit *Wassermann*, Beiträge, S. 27 (50).

[45] So auch *Dreher/Tröndle*, § 264 Rdn. 3; vgl. ferner bereits *Dreher*, GA 1972, S. 61.

[46] Vgl. dazu *Carlsen*, Agrarrecht 1978, 267 ff., 297 ff.; *G. Schmidt*, DVBl. 1978, 200 ff.

[47] Bericht, S. 11; RegE, S. 23; *Sachverständigenkommission*, Tagungsberichte, S. 70 f.; *Tiedemann*, Subventionskriminalität, S. 332; *ders.*, Prot., S. 2470; *Borchers*, Prot., S. 2483; *Götz*, Prot., S. 2498, 2499 f.; *Göhler*, Prot., S. 2644; 2664; *Penner*, Prot., S. 2643, 2655; *von Schoeler*, Prot., S. 2501; *Sonderausschuß*, Prot., S. 2675; *a. A.: Botz*, Prot., S. 2492, 2495; *Eyrich*, Prot., 2640 f., 2655.

gel gut durchnormiert seien, so daß die strafrechtliche Ahndung von Erschleichungen in diesem Bereich in der Praxis unproblematisch sei.[48]

Jedoch kann hier diesen vorwiegend rechtspolitisch orientierten Fragen nicht weiter nachgegangen werden. Ihre Beantwortung hätte eine Untersuchung darüber zur Voraussetzung, ob auf der Grundlage des Subventionsgesetzes eine strafrechtliche Ahndung von Subventionserschleichungen in dem erforderlichen Umfang bereits durch den Betrugstatbestand erfolgen könnte und deshalb etwa unter dem Gesichtspunkt des Strafrechts als ultima ratio[49] von einer darüber hinausgehenden Sonderregelung abzusehen wäre oder in welcher Weise unter Einsatz der Erkenntnisse der Gesetzgebungslehre etwa noch bestehende Strafbarkeitslücken geschlossen werden könnten. Für die Beantwortung der hier aufgeworfenen Frage nach dem Rechtsgut des § 264 StGB zur Erfassung der systematischen Stellung des Tatbestands Subventionsbetrug sind die Ergebnisse des Gesetzgebungsverfahrens als Faktum hinzunehmen. Von Bedeutung sind die Entstehungsgründe — auch bezüglich ihrer Bedenklichkeit — nur insofern, als sie die Herkunft, Genese und Zielsetzung der Vorschrift verdeutlichen und differenzieren.

b) Die Zweckverfehlung von Subventionierungen als Vermögensschaden im Rahmen des Betrugstatbestands

Die Zusammenhänge der Vorgänge bei der Schaffung des § 264 StGB haben offenkundig gemacht, daß davon ausgegangen werden kann, daß eine Änderung der Rechtslage bei der Ahndung von Subventionsdelinquenz nicht erfolgt wäre, wenn nicht insbesondere der Nachweis des subjektiven Tatbestandes beim Betrug in der Praxis erhebliche Schwierigkeiten verursacht hätte.[1] Von daher ging es bei den Bemü-

[48] So Bericht, S. 11; RegE, S. 23; *Sachverständigenkommission*, Tagungsberichte, S. 70 f.; *Borchers*, Prot., S. 2483; *Göhler*, Prot., S. 2675; *Götz*, Prot., S. 2500; *Penner*, Prot., S. 2655.

[49] Gerade auch im Zusammenhang mit den Reformen im Wirtschaftsstrafrecht wird auf diesen Grundsatz Bezug genommen, vgl. nur *Tiedemann*, Subventionskriminalität, S. 336; *ders.*, Gutachten, S. C 33; *Franzheim*, ZRP 1969, 203; *ders.*, ZRP 1972, 193; *Wilts*, Prot., S. 2639. Es ist jedoch zweifelhaft, ob es sich bei der Berufung auf diesen Grundsatz nicht um eine Leerformel handelt, wenn es bei *Tiedemann*, ZRP 1976, 49 (54) heißt: „Entgegen einem weitverbreiteten Mißverständnis ist der Einsatz des Wirtschaftsstrafrechts im Verhältnis von Staat und Wirtschaft aber auch keineswegs ultima ratio. Die Verschärfung des Wirtschaftsstrafrechts trifft die Wirtschaft nämlich erheblich weniger als jede Reform des Wirtschaftsrechts, dem kein Wirtschafter ausweichen kann." — Zur Beschränkung des Strafrechts unter dem Gesichtspunkt des Subsidiaritätsprinzips vgl. ferner BVerfGE 39, 1 (46 f.); *Baumann*, LB, S. 27; *Rudolphi* in SK, vor § 1 Rdn. 14; *Welzel*, LB, S. 6; *Arthur Kaufmann*, Henkel-Festschrift, S. 89 (100 ff.); *Hirsch*, Welzel-Festschrift, S. 775 (785); *R. Lange*, Strafanspruch, S. 75 (94).

[1] Vgl. *Tiedemann*, Subventionskriminalität, S. 321, der die Änderung der materiellrechtlichen Vorschriften gegen die Subventionsdelinquenz ein kri-

hungen in erster Linie darum, eine auf die Fälle der Subventionserschleichungen zugeschnittene, praxisgerechte Verkürzung des Betrugstatbestandes vorzunehmen. Da eine Neufassung des § 263 StGB aus guten Gründen[2] von vornherein kaum in Betracht kam, blieb nur die Möglichkeit der Schaffung einer Sonderregelung neben dem Betrugstatbestand.[3] Diese Genese legt die Vermutung nahe, daß ebenso wie bei § 263 StGB auch bei § 264 StGB das Vermögen Rechtsgut des Tatbestands ist. Jedoch würde dieser Schluß unberücksichtigt lassen, daß die Fälle der Subventionserschleichung im Rahmen des Betrugstatbestands zwar mittels der Zweckverfehlungslehre überwiegend[4] als Vermögensangriffe gekennzeichnet werden, möglicherweise aber durch dieses Verhalten tatsächlich ein anderes oder aber darüber hinaus ein weiteres Rechtsgut verletzt wird.[5] Es fragt sich mithin, welches Rechtsgut in Fällen der Zweckverfehlung angegriffen wird. Das Vermögen kommt als verletztes Rechtsgut nur dann in Betracht, wenn das Wesentliche in Fällen der Zweckverfehlung der Vermögensschaden und nicht die fehlgegangene Disposition des Leistenden ist. Dies soll im folgenden zunächst an Hand der rechtlichen Beurteilung von Subventionserschleichungen im Zusammenhang mit dem Betrugstatbestand untersucht werden. Anschließend ist zu prüfen, welche Folgerungen sich aus dem Ergebnis für den Tatbestand Subventionsbetrug ergeben.

---

minalpolitisches (also nicht dogmatisches) Bedürfnis nennt. — Kritisch dazu, daß die Schließung der sich im wesentlichen gezeigten faktischen — nicht rechtlichen — Strafbarkeitslücken durch neue Straftatbestände erfolgen sollten *Dreher*, GA 1972, 61; *Hirsch*, ZStW 84 (1972), 380 (403); *Schmidt-Leichner*, Verbrechen, S. 145 (159); *Gössel*, Prot., S. 2613; *Hintzen*, Prot., S. 2526, 2530.

2 Vgl. dazu schon *Eb. Schmidt*, Niederschriften Bd. 8, S. 36; *R. Lange*, Niederschriften Bd. 8, S. 39; vgl. ferner *Franzheim*, GA 1972, 353 (357); *Tiedemann*, Subventionskriminalität, S. 320.

3 Bereits anläßlich der konstituierenden Sitzung der Kommission zur Bekämpfung der Wirtschaftskriminalität hatte der damalige Bundesminister der Justiz, *Jahn*, darauf hingewiesen, daß eine Änderung des § 263 StGB wohl nicht der richtige Weg der Reformen sei, daß jedoch die Schaffung von Sondertatbeständen zu prüfen sei; vgl. *Jahn*, Recht, S. 33 (38); vgl. ferner *Tiedemann*, Subventionskriminalität, S. 320; *Wilts*, Prot., S. 2653; Tagungsberichte, S. 68 f.

4 Zum Meinungsstand und zu den Nachweisen vgl. unten bb) mit Anm. 15.

5 Von dieser Annahme ausgehend wohl Bericht, S 5; *Dreher/Tröndle*, § 264 Rdn. 3; *Lackner*, § 264 Anm. 1; *Preisendanz*, § 264 Anm. 2 b; *Wessels*, BT 2, S. 110 f.; *Diemer-Nicolaus*, Schmidt-Leichner-Festschrift, S. 31 (42); *Heinz*, GA 1977, S. 225 f.; *Jung*, JuS 1976, 757 (758); *Lohmeyer*, Wirtschaftskriminalität, S. 55; vgl. ferner *Göhler/Wilts*, DB 1976, 1609 (1610); *Lampe*, Prot., S. 2511.

aa) Subventionierungen auf Grund eines Anspruchs des Subventionsnehmers

Um die problematischen von den unproblematischen Fällen abzugrenzen, sind folgende Fallgruppen von direkten Subventionierungen zu unterscheiden:

1. Subventionierungen auf Grund eines Anspruch des Subventionsnehmers,[6]
2. Subventionierungen ohne Anspruch des Subventionsnehmers auf Subventionsgewährung.[7]

Für die rechtliche Beurteilung des Vorliegens eines Vermögensschadens im Sinne des Betrugstatbestands hat diese Differenzierung Bedeutung. Täuscht der Subventionsnehmer die tatsächlichen Voraussetzungen eines Anspruchs auf Subventionierung vor und veranlaßt er den Subventionsgeber dadurch zur Erfüllung einer vermeintlichen, in Wahrheit aber nicht bestehenden Verbindlichkeit, so wird die Vermögenseinbuße durch die Subventionsleistung bei dieser Konstellation nicht durch eine zugleich mit dieser erfolgenden Befreiung von einer Verbindlichkeit kompensiert. Es liegt mithin ein Vermögensschaden im Sinne des § 263 StGB vor.[8] Wenn *Tiedemann*[9] an anderer Stelle ausführt, durch das Abstellen auf eine Nichtschuld des Staates werde der im Ausgangspunkt der herrschenden Meinung rein wirtschaftliche Schadensbegriff für die Fälle der Subventionserschleichung normativiert, da nur die rechtswidrige Schädigung einen Schaden im Sinne des Subventionsbetruges ausmache, so trifft dieser Einwand jedenfalls für die hier interessierenden Fälle nicht zu. Denn das Vermögen des Staates stellt sich wirtschaftlich von vornherein als mit den Verbindlichkeiten aus Subventionsberechtigungen belastet dar. Wenn nun einem Austauschverhältnis gleich eine Leistung erfolgt, um zugleich auch von der entsprechenden Verbindlichkeit befreit zu werden, so liegt darin ein allein unter wirtschaftlichen Gesichtspunkten ausgeglichenes Geschäft: Der Vermögenseinbuße durch Leistung entspricht die Vermögensmehrung durch Befreiung von der Leistungsschuld.[10]

---

[6] Vgl. zu den Voraussetzungen *Henke*, Wirtschaftssubventionen, S. 125 ff.; *Bleckmann*, Subventionsrecht, S. 73; *Götz*, Wirtschaftssubventionen, S. 32 ff.; *Wolff/Bachof*, Verwaltungsrecht III, S. 312.

[7] Vgl. dazu exempl. *Götz*, Wirtschaftssubventionen, S. 36 ff.

[8] So RGSt. 70, 33 (35 f.); BGHSt. 2, 325 (327); *Lackner* in LK, § 263 Rdn. 243, 165 Anm. 293; *Cramer*, Vermögensbegriff, S. 109 f.; *ders.*, JuS 1966, 467 (477); *Tiedemann*, Subventionskriminalität, S. 311 f.; vgl. ferner auch *Schönke/Schröder/Cramer*, § 263 Rdn. 117; *Welzel*, LB, S. 375.

[9] ZStW 86 (1974), 897 (908); *ders.*, Wirtschaftsstrafrecht Bd. 2, S. 96.

[10] Um ein Austauschverhältnis im eigentlichen Sinne handelt es sich allerdings nicht, da das Äquivalent, die Befreiung von einer Verbindlichkeit, un-

Gibt aber der Subventionsnehmer Umstände vor, aus denen sich ein Anspruch auf Subventionierung ergibt, so wird gleichermaßen wie bei zweiseitigen Leistungsverhältnissen über die Gleichwertigkeit von Leistung und Gegenleistung getäuscht. Eine Normativierung des Schadens findet bei der Erfassung von Leistungen zur Befreiung von einer vorgetäuschten Verbindlichkeit als Vermögensschaden folglich nicht statt. Leistet ein Subventionsgeber, weil ihm durch die Angaben des Subventionsnehmers ein tatsächlich nicht bestehender Anspruch auf Subventionierung vorgetäuscht wurde, so handelt es sich mithin auch um eine unbewußte Selbstschädigung[11] des Getäuschten, die zu einem wirtschaftlichen Vermögensschaden führt.[12] Eines Rückgriffs auf die Zweckverfehlungslehre bedarf es zur Erfassung dieser Fallgruppe unter Betrugsgesichtspunkten nicht.[13]

Der gleichen rechtlichen Bewertung unterliegen auch die Sachverhalte, bei denen der Subventionsnehmer auf Grund seiner Angaben eine Situation vortäuscht, bei der sich ein Anspruch auf Subventionsgewährung aus einer sogenannten Ermessensschrumpfung ergibt.[14] Denn auch in einem solchen Fall stellt sich das staatliche Vermögen als wirtschaftlich mit einer Verbindlichkeit belastet dar, von der die Subventionsleistung befreien soll.

bb) Subventionierungen ohne Anspruch des Subventionsnehmers auf Subventionsgewährung

Fraglich ist dagegen, ob auch in Fällen der Subventionsgewährung ohne Rechtsanspruch des Subventionsnehmers bei einer Täuschung über die Voraussetzungen der Mittelvergabe ein Vermögens*schaden* und nicht nur eine bewußt vorgenommene Vermögensminderung, deren Gehalt in einer täuschungsbedingten Verfehlung der Disposition, nicht aber in der Vermögensverringerung selbst besteht, vorliegt. Bei solchen Sachverhalten wird von einer Zweckverfehlung der Leistung des Getäuschten gesprochen. Während herrschende Meinung[15] ist, daß bei

---

mittelbare Folge der Erfüllung der Verbindlichkeit ist und nicht vom Berechtigten geleistet wird. Vgl. auch *Cramer*, Vermögensbegriff, S. 211 Anm. 40.

[11] Zu diesem Merkmal, das im Rahmen des Betrugstatbestandes als ungeschriebenes Tatbestandsmerkmal Bedeutung haben soll, vgl. unten bb) (1).

[12] Dieses Ergebnis ist auch bei den Beratungen des Sonderausschusses anerkannt worden; vgl. *Göhler*, Prot., S. 2655.

[13] Ähnlich auch wiederum *Tiedemann*, Subventionskriminalität, S. 312.

[14] Zum Anspruch auf Subventionsgewährung auf Grund von sogenannter Ermessensschrumpfung vgl. *Henke*, Wirtschaftssubventionen, S. 129 f.; *Bleckmann*, Subventionsrecht, S. 143; *Jarass*, JuS 1980, 115 (118) jeweils mit weiteren Nachweisen. Zur sogenannten Ermessensschrumpfung vgl. ferner *Wolff/Bachof*, Verwaltungsrecht I, S. 203 mit weiteren Nachweisen.

[15] Aus der Fülle der Entscheidungen in der Rechtsprechung und der Stel-

durch Täuschung bedingter Fehlleitung staatlicher Subventionsmittel wegen Betrugs zu bestrafen ist, besteht über die Begründung dieses kriminalpolitisch erstrebten[16] Ergebnisses große Unsicherheit.[17] Auf dieser Grundlage fanden bei der Beratung über den Tatbestand Subventionsbetrug die Zweifel an der Richtigkeit der Zweckverfehlungslehre schnell Zustimmung[18] und führten auf der Theorie der wesensmäßigen Andersartigkeit des staatlichen Vermögens[19] aufbauend zu der vermeintlichen Gewißheit, es müsse sich bei Subventionen um Dispositionsschutz handeln, ohne daß deutlich wurde, was darunter im einzelnen zu verstehen ist.[20] Es bedarf mithin der Klärung, ob auch in Fällen der Zweckverfehlung tatsächlich ein *Vermögens*schaden vorliegt, oder ob es sich im essentiellen um eine *Dispositions*beeinträchtigung mit einer im Hinblick auf einen Vermögensschutz unbeachtlichen Vermögensverringerung handelt. Dies soll an Hand des Meinungsstandes zur Zweckverfehlung im Rahmen des Betrugstatbestands untersucht werden. Allerdings handelt es sich bei den hier interessierenden Sachverhalten nur um solche Fälle der Zweckverfehlung, bei denen einseitig vom Getäuschten Vermögensleistungen erbracht werden oder die Vermögensgegenleistung der Leistung des Getäuschten wirtschaftlich nur zum Teil entspricht, wobei der Getäuschte als weitere „Gegenleistung" die Zweckerfüllung erwartet. Die Fälle der Zweckverfehlung, bei denen wirtschaftlich ausgeglichene Leistungen vorliegen, der Getäuschte je-

---

lungnahmen im Schrifttum vgl. RG JW 1936, 262; BGHSt. 19, 37 (44 f.); BGH NJW 1955, 1526; KG JR 1962, 26 (27); OLG Hamm GA 1962, 219 (220); *Dreher/Tröndle*, § 263 Rdn. 35; *Kohlrausch/Lange*, vor § 263 Anm. II; *Lackner* in LK, § 263 Rdn. 176; *ders.*, § 263 Anm. 6 b dd; *Samson* in SK, § 263 Rdn. 163; *Schönke/Schröder/Cramer*, § 263 Rdn. 102; *Blei*, Strafrecht II, S. 200; *ders.*, JA 1972, 235 (236); *Wessels*, BT 2, S. 95; *Cramer*, Vermögensbegriff, S. 211 ff.; *Ellscheid*, GA 1971, 161 (166); *Gallas*, Eb. Schmidt-Festschrift, S. 401; *Gutmann*, MDR 1963, 91 (95); *Hardwig*, GA 1956, 6 (20 f.); *Hoppenz*, Struktur, S. 153; *F.-R. Schmidt*, Vermögensschaden, S. 129; *Schröder*, NJW 1962, 721 (722); *ders.*, JR 1962, 431 (432); *Volk*, Gutachten, S. 457; *Weidemann*, Kompensationsproblem, S. 121; *ders.*, GA 1967, 238 (239); *a. A.: Arzt*, LH 3, S. 165; *Lampe*, Prot., S. 2511 sowie im älteren Schrifttum *Binding*, Lehrbuch BT 1, S. 352; *Frank*, § 263 Anm. VI 1 a; *Gerland*, Lehrbuch, S. 639 Anm. 1; *Grünhut*, Reichsgericht-Festgabe Bd. 5, S. 116 (122); *v. Liszt/Schmidt*, Lehrbuch, S. 671 mit Anm. 12.

[16] *Lackner* in LK, § 263 Rdn. 170; *Bockelmann*, ZStW 69 (1957), 269 (276); *Ellscheid*, GA 1971, 161 (166); *Schröder*, NJW 1962, 721 (722); vgl. auch *Samson* in SK, § 263 Rdn. 51.

[17] Vgl. *Lackner* in LK, § 263 Rdn. 172 f.; *Samson* in SK, § 263 Rdn. 155; *Hirsch*, ZStW 81 (1969), 917 (952).

[18] Bericht, S. 3; *Blei*, Prot., S. 2508; *Lampe*, Prot., S. 2511, 2519 f.; *Göhler*, Prot., S. 2649; *Göhler/Wilts*, DB 1976, 1609 (1610); *Müller-Emmert/Maier*, NJW 1976, 1657 (1658).

[19] Vgl. dazu oben II. 1.

[20] Zum Begriff „Planungs- und Dispositionsfreiheit" vgl. unten S. 65 ff. Auch *Tiedemann* in LK, § 264 Rdn. 8 hält nunmehr den Begriff für präzisierungsbedürftig.

doch darüber hinaus eine Zweckerfüllung erwartet,[21] können außer Betracht bleiben, da insoweit bereits keine Subvention im Sinne des § 264 Abs. 6 Nr. 1 StGB vorliegt.[22] Im Rahmen der eingangs gestellten Frage ist aber lediglich von Interesse, ob der Betrugstatbestand für die von § 264 StGB erfaßten Subventionen materiell einen Vermögens- oder einen Dispositionsschutz enthält. Die Sachverhalte, die damit Gegenstand dieser Untersuchung sind, werden im Schrifttum zugleich unter dem Gesichtspunkt des Spenden- oder Bettelbetrugs diskutiert.

Die vorgeschlagenen Lösungen der Fälle des Spenden-, Bettel- und Subventionsbetrugs lassen sich in zwei Hauptgruppen aufteilen:

(1) Auffassungen, die eine unbewußte Selbstschädigung für erforderlich halten

Nach einer Ansicht[23] beinhaltet der Betrugstatbestand als ungeschriebenes Tatbestandselement das Merkmal der unbewußten Selbstschädigung. Nur solche vermögensmindernden Verfügungen sollen als Vermögensschädigungen die Voraussetzungen des Betrugstatbestands erfüllen, die dem Getäuschten den schädigenden Charakter der Vermögenshingabe haben unbewußt sein lassen. Weitaus überwiegend wird diese Einschränkung des Tatbestandes im Zusammenhang mit

---

[21] Vgl. zu Fällen dieser Art den der Entscheidung des Reichsgerichts RGSt. 73, 382 zugrundeliegenden Sachverhalt: Ein Reichsministerium hatte für eigenen Bedarf Büromaterial bestellt und die Bedingung daran geknüpft, daß die Ware aus einem Notstandsgebiet stammen müsse, um auf diese Weise zugleich die notleidende Industrie jenes Gebietes zu unterstützen. Die Ware wurde geliefert, entsprach dem gezahlten Preis, stammte aber nicht aus dem Notstandsgebiet. Der mit dem wirtschaftlich ausgeglichenen Geschäft verbundene Zweck der Förderung der notleidenden Industrie wurde auf diese Weise vereitelt. — *Maurach*, NJW 1961, 625 (629 f.) differenziert zwischen den beiden Fallgruppen nicht; ebenso *Maurach/Schroeder*, BT 1, S. 422. Unter Bezugnahme auf die Zweifelhaftigkeit der Berücksichtigung von Zwecksetzungen bei wirtschaftlich ausgeglichenen Geschäften wird auch die Beachtlichkeit von Zweckverfehlungen bei einseitigen Leistungen pauschal als problematisch erklärt.

[22] Gemäß § 264 Abs. 6 Nr. 1 StGB muß die Leistung aus öffentlichen Mitteln wenigstens zum Teil ohne marktmäßige Gegenleistung gewährt werden. Vgl. zur Auslegung dieser Tatbestandsmerkmale eingehend *G. Schmidt*, GA 1979, 121 (127 ff.) mit weiteren Nachweisen.

[23] *Kohlrausch/Lange*, vor § 263 Anm. II; *Lackner*, § 263 Anm. 7; *Schönke/Schröder/Cramer*, § 263 Rdn. 41; *Samson* in SK, § 263 Rdn. 51; *Arzt*, LH 3, S. 165; *Blei*, Strafrecht II, S. 200; *Cramer*, Vermögensbegriff, S. 206 f., 208; *ders.*, JuS 1966, 472 (477); *ders.*, JZ 1971, 415; *Eckstein*, GS 78, 137 (138); *Hoppenz*, Struktur, S. 83; *Jecht*, GA 1963, 41 (44); *Küper*, NJW 1970, 2253 (2254); *Lenckner*, NJW 1971, 599 (600); *Eb. Schmidt*, JZ 1952, 542; *Schröder*, NJW 1962, 721 (722); *ders.*, JR 1962, 431 (432); sowie aus dem älteren Schrifttum *Binding*, Lehrbuch BT 1, S. 352; *Frank*, § 263 Anm. VI 1 a; *Gerland*, Lehrbuch, S. 639 Anm. 1; *Grünhut*, Reichsgericht-Festgabe Bd. 5, S. 116 (122); *v. Liszt/Schmidt*, Lehrbuch, S. 671 mit Anm. 12.

dem Tatbestandsmerkmal des Irrtums gesehen.[24] Die Notwendigkeit der Beschränkung des Anwendungsbereichs des Betrugstatbestands soll sich aus dem funktionalen Zusammenhang von Täuschung, Irrtum und Vermögensschaden ergeben.[25]

Bestritten ist allerdings, welche Folgerungen aus der Existenz des Merkmals der unbewußten Selbstschädigung für die Fälle der Zweckverfehlung zu ziehen sind.

Zum Teil[26] wird — vornehmlich im älteren Schrifttum — gefolgert, es handele sich bei täuschungsbedingten einseitigen Vermögenshingaben stets um bewußte Selbstschädigungen. Die ideelle[27] Gegenleistung, die auf Grund der Täuschung erwartet worden sei, jedoch ausbleibe, ändere nichts daran, daß sich der Verfügende bewußt sei, daß er sein Vermögen mindere.

Überwiegend[28] nehmen die Vertreter der Auffassung des Erfordernisses der unbewußten Selbstschädigung jedoch an, in Fällen der sozialen Zweckverfehlung bleibe dem Getäuschten unbewußt, daß er sein Vermögen schädige. Denn nicht nur eine wirtschaftliche Gegenleistung, sondern auch eine soziale Zweckerfüllung bedeute einen sinnhaften Gegenwert für die Vermögenshingabe. Indem nun der Getäuschte sein Vermögen in Erwartung eines solchen Gegenwertes hingebe, diesen jedoch nicht erhalte, schädige er sich unbewußt selbst.

---

[24] Im Zusammenhang mit der Vermögensverfügung dagegen bei *Frank*, § 263 Anm. VI 1 a und *Maurach/Schroeder*, BT 1, S. 411. Im übrigen vgl. die Nachweise Anm. 23.

[25] So nunmehr die Bezeichnung im Schrifttum; vgl. *Schröder*, NJW 1962, 721 (722); *Lenckner*, NJW 1971, 599 (600); *Otto*, NJW 1979, 681 (686); vgl. auch bei *Lackner* in LK, § 263 Rdn. 168. Vgl. ferner schon *Binding*, Lehrbuch BT 1, S. 352, der jedoch die sinnhafte Verknüpfung der Tatbestandsmerkmale unzutreffend als „Kausalzusammenhang" kennzeichnet. Vgl. auch *Weidemann*, Kompensationsproblem, S. 122 ff.

[26] *Arzt*, LH 3, S. 165; *Lampe*, Prot., S. 2511 sowie aus dem älteren Schrifttum *Binding*, Lehrbuch BT 1, S. 352; *Frank*, § 263 Anm. VI 1 a; *Gerland*, Lehrbuch, S. 639 Anm. 1; *Grünhut*, Reichsgericht-Festgabe Bd. 5, S. 116 (122); *v. Liszt/Schmidt*, Lehrbuch, S. 671 mit Anm. 12.

[27] So die Terminologie von *Merkel*, Lehre, S. 212, der anerkannte, daß die Natur der „Äquivalente" für eine Leistung verschieden sein könne. Er unterschied zwischen materiellen und ideellen Gegenwerten und nahm auf dieser Grundlage Strafbarkeit des Bettelbetrugs an. Diese Lehre wurde von den zuvor Genannten abgelehnt.

[28] Wenn auch unter den Vertretern dieser Auffassung die Begründungen teilweise voneinander abweichen und die Grenzen der sozialen Zweckverfehlung nicht einheitlich gesehen werden, so sind dieser Gruppe jedoch vor allem zuzurechnen: *Kohlrausch/Lange*, vor § 263 Anm. II; *Samson* in SK, § 263 Rdn. 163; *Schönke/Schröder/Cramer*, § 263 Rdn. 101 ff.; *Blei*, Strafrecht II, S. 200; *Cramer*, Vermögensbegriff, S. 211 ff.; *Gallas*, Eb. Schmidt-Festschrift, S. 401 (435); *Gutmann*, MDR 1963, 91 (95); *Hardwig*, GA 1956, 6 (20 f.); *Hoppenz*, Struktur, S. 109 f.; *Schröder*, NJW 1962, 721 (722); *ders.*, JR 1962, 431 (432).

(2) Auffassungen, die von der Unerheblichkeit einer unbewußten Selbstschädigung ausgehen

Nach einer anderen — insbesondere auch von der Rechtsprechung vertretenen — Ansicht[29] kommt es auf die Frage, ob dem Getäuschten der vermögensmindernde Charakter seiner Vermögensverfügung bewußt oder unbewußt ist, nicht an. Entscheidend ist nur, daß der Getäuschte eine irrtumsbedingte Vermögensverfügung vornimmt und dadurch sein Vermögen verringert. Diese Auffassung kann dazu führen, daß auch bei auf bloßen Motivirrtümern beruhenden einseitigen Vermögensverfügungen Betrug anzunehmen ist. So ist von der Rechtsprechung[30] Betrug angenommen worden, weil ein Spendensammler frei erfundene hohe Spendenbeträge in eine Liste eingetragen hatte und sich Spender dadurch bestimmen ließen, „einen ihrem freien Willen und ihren wirtschaftlichen Verhältnissen nicht entsprechenden Betrag zu spenden". In einem solchen Fall wird aber der Zweck der Vermögensleistung erreicht, durch die Täuschung ist lediglich eine irrtumsbedingte Motivation zum Umfang der Spendenleistung bedingt worden. Unter dem Gesichtspunkt der Zweckverfehlung ist deshalb nach Auffassung des Schrifttums[31] ein bloßer Motivationsirrtum von einem Irrtum über die soziale Zweckerfüllung einer Leistung zu trennen. Deshalb soll der betrugsrelevante Schaden nicht schon in der kompensationslosen Hingabe eines Vermögensbestandteils, sondern in der Verfehlung des vom Leistenden mit der Hingabe verfolgten sozialen Zwecks liegen.[32] Die dogmatische Begründung dieser Einschränkung des Anwendungsbereichs des Betrugstatbestands ist jedoch bislang nicht abschließend geklärt.[33]

---

[29] RGSt. 44, 230 (244); 52, 134 (136); 70, 255 (256); BGHSt. 19, 37 (45); OLG Köln, NJW 1972, 1823 (1824); *Dreher/Tröndle*, § 263 Rdn. 19; *Lackner* in LK, § 263 Rdn. 165 f., 98; *Bockelmann*, BT 1, S. 64; *Maurach/Schroeder*, BT 1, S. 411; *Welzel*, LB, S. 370; *Wessels*, BT 2, S. 92; *Bockelmann*, ZStW 69 (1957), 269 (276); *Ellscheid*, GA 1971, 161 ff.; *Gutmann*, MDR 1963, 3; *Herzberg*, MDR 1972, 93 (95); *ders.*, JuS 1972, 570 (571); *Hirschberg*, Vermögensbegriff, S. 295; *Mohrbotter*, Stoffgleichheit, S. 150 f.

[30] BayObLG NJW 1952, 798.

[31] Vgl. *Bockelmann*, BT 1, S. 71; *Welzel*, LB, S. 376; *Wessels*, BT 2, S. 95; *Dreher/Tröndle*, § 263 Rdn. 35; *Lackner* in LK, § 263 Rdn. 170 ff.; früher bereits *Hirschberg*, Vermögensbegriff, S. 314.

[32] *Welzel*, LB, S. 376; so auch schon *Hirschberg*, Vermögensbegriff, S. 314.

[33] An Versuchen hat es allerdings nicht gefehlt. Vgl. etwa *Mohrbotter*, Stoffgleichheit, S. 106 f., der einen dynamischen Vermögensbegriff vorschlägt, ferner *Weidemann*, Kompensationsproblem, S. 199 ff., der einen funktionalen Vermögensbegriff prägt, oder *Herzberg*, MDR 1972, 93 (96 f.), der mittels des Gesichtspunkts der sozialadäquaten Täuschung Fälle eines bloßen Motivationsirrtums aus dem Betrugstatbestand aussondern will.

(3) Stellungnahme

Die Beantwortung der Ausgangsfrage, welches Rechtsgut in Fällen der Zweckverfehlung angegriffen ist,[34] die Dispositionsfreiheit oder das Vermögen, erfordert nicht, eine dogmatische Begründung für eine tatbestandssystematisch zweifelsfreie Erfassung von Zweckverfehlungen mittels des Betrugstatbestands aufzusuchen. Es bedarf vielmehr nur der Feststellung, ob die Zweckverfehlung, gleich wie sie im einzelnen in den Betrugstatbestand einbezogen wird, wegen ihres materiellen Gehalts tatsächlich rechtfertigt, sie als Vermögensschaden zu beurteilen.

Wesentliches Abgrenzungskriterium zwischen nur dispositionsrelevantem und darüber hinaus auch vermögensrelevantem Angriff soll nach verbreiteter Ansicht[35] das Merkmal der unbewußten Selbstschädigung sein. Nur wem das Schädigende seiner Vermögensverfügung unbewußt bleibe, werde durch § 263 StGB geschützt. Dabei wird nicht verkannt, daß auch in Fällen der bewußten Selbstschädigung eine Vermögensminderung und damit ein Vermögensschaden im Sinne des wirtschaftlichen Vermögensbegriffs vorliegt.[36] Zum betrugsrelevanten Schaden soll dieser jedoch erst dadurch werden, daß der Getäuschte darüber im Irrtum ist, daß er einen Vermögensausgleich erhält. Dem Vermögensausgleich wird dabei die soziale Zweckerfüllung als sinnhafter Gegenwert gleichgesetzt.[37]

Wie durch das Kriterium der unbewußten Selbstschädigung jedoch nachgewiesen werden kann, daß es bei Fällen der Zweckverfehlung um Vermögensschutz und nicht um Dispositionsschutz geht, ist nicht ersichtlich. Denn bei der Prüfung des Bewußtseins des Getäuschten hinsichtlich der Selbstschädigung wird inhaltlich lediglich eine systematisch vorgezogene Prüfung des Vorliegens eines Vermögensschadens vorgenommen. Dabei wird allerdings der Beurteilung ein vom wirtschaftlichen abweichender Vermögensbegriff axiomatisch zugrundegelegt. Dieser Vermögensbegriff ist so festgelegt, daß die Fälle der sozialen Zweckbestimmung quasi wie Austauschverhältnisse erscheinen, bei denen die Zweckerfüllung als Gegenleistung zur Vermögenshingabe dient. Die Frage der unbewußten Selbstschädigung soll bei Fällen der Verfolgung sozialer Zwecke auf dieser Grundlage wie folgt zu beantworten sein: Ist der Zweck der Leistung erreicht worden, hat der Getäuschte nach dieser Auffassung bewußt sein Vermögen insofern vermindert, als er wußte, daß er keine sich wirtschaftlich als Kompen-

---

[34] Vgl. oben S. 42.

[35] Vgl. die Nachweise Anm. 23.

[36] Vgl. *Schröder*, JR 1962, 431 (432).

[37] Vgl. *Schröder*, NJW 1962, 721 (722).

sation darstellende Gegenleistung erhalten würde.[38] Es fehlt mithin an einer unbewußten Selbstschädigung. Lediglich eine wirtschaftliche Vermögensverringerung, jedoch nicht ein Schaden im Sinne des § 263 StGB sei feststellbar, denn letzterer würde eine *unbewußte* Selbstschädigung voraussetzen. Wird dagegen der soziale Zweck der Leistung nicht erreicht, hat der Getäuschte konsequenterweise sein Vermögen wirtschaftlich gleichfalls *bewußt* gemindert, *unbewußt* ist ihm lediglich geblieben, daß er die Gegenleistung in Form der Zweckerfüllung nicht erhalten werde. Dann könnte aber die unbewußte Selbstschädigung nur darin zu sehen sein, daß die erwartete Gegenleistung ausbleibt. Eine solche Schadenskonstruktion ist jedoch dogmatisch kaum begründbar. Zum einen ist nicht klar, wie aus der Erwartung auf eine Gegenleistung in Form einer Zweckerfüllung ein *wirtschaftlicher* Schaden herzuleiten ist, zum anderen müßte der Täuschende in der Absicht gehandelt haben, sich oder einen anderen aus *diesem Schaden* stoffgleich zu bereichern. Der Regelfall wird dagegen sein, daß er sich oder einen anderen aus der gegenständlichen *Leistung* des Getäuschten bereichern will. Zudem würde eine solche dogmatische Konstruktion jener Schadensbegründung, die bei auf wirtschaftlichen Ausgleich angelegten Rechtsverhältnissen erfolgt, widersprechen: Bei diesen wird nämlich der Schaden auch nicht im Ausbleiben des Äquivalents, sondern in der vom Getäuschten erbrachten Leistung gesehen. Fragt man nun bei solchen Rechtsverhältnissen nach dem Bewußtsein des Getäuschten, so ist ihm ebenso wie bei einseitigen Leistungsverhältnissen bewußt, daß er durch seine Leistung eine Vermögensminderung vornimmt, daß diese sich jedoch vermögensschädigend auswirkt, bleibt ihm dagegen nur im Hinblick auf die Erwartung einer kompensierenden Gegenleistung unbewußt. Die gleiche Vorstellung hat jedoch auch der Getäuschte, dessen Leistung tatsächlich durch eine Gegenleistung ausgeglichen wird. Auch er geht von keiner vermögensschädigenden Verfügung aus. In diesen Fällen besteht nur der Unterschied, daß sich seine Vorstellung auch realisiert. Überträgt man die Gedankengänge auf Fälle des Spenden-, Bettel- und Subventionsbetrugs, so bedeutet dies aber, daß aus der Prämisse, die Verfolgung sozialer Zwecke könne ein Äquivalent für die Vermögenshingabe darstellen, zwangsläufig resultiert, daß jede Leistung im Hinblick auf einen sozialen Zweck stets unbewußt bezüglich der Nichterfüllung des Zwecks erfolgt. Ob es dabei jedoch zu einer Schädigung im Sinne einer unbewußten Selbstschädigung kommt, hängt von der Erreichung oder Nichterreichung des

---

[38] Vgl. etwa *Schönke/Schröder/Cramer*, § 263 Rdn. 101, wo es heißt: „Die Strafbarkeit (kann) nicht schon mit der Hingabe des Vermögenswertes als solchem begründet werden ..., da das Opfer insoweit bewußt ... ein Vermögensopfer bringt."

sozialen Zwecks, also von einer in diesem Sinne vorgestellten Kompensation ab. Es ist also nicht so, daß mittels des Kriteriums bewußte oder unbewußte Selbstschädigung zwischen kompensationsmäßig, d. h. vermögensmäßig, relevanten und irrelevanten Zwecksetzungen unterschieden werden kann, sondern erst auf Grund einer vorausgesetzten Kompensierbarkeit oder Nicht-Kompensierbarkeit des erstrebten Zwecks durch Zweckerfüllung kann zwischen bewußter oder unbewußter Selbstschädigung unterschieden werden.[39] Daraus folgt, daß die Voraussetzungen des Betrugstatbestands im Falle der täuschungsbedingten Vermögenshingabe zu einem sozialen Zweck, der tatsächlich jedoch auch erreicht wird, nicht etwa deshalb nicht gegeben sind, weil der Getäuschte eine *bewußte* Selbstschädigung vorgenommen hat,[40] sondern weil die Vermögenseinbuße durch die Zweckerfüllung kompensiert wird, wobei die Möglichkeit der Kompensation als gegeben vorausgesetzt wird. Damit hat sich jedoch das Kriterium der bewußten und unbewußten Selbstschädigung als untauglich zum Nachweis der vermögensbezogenen Relevanz bestimmter Zweckverfehlungen ergeben, setzt es vielmehr eine solche bereits voraus. Es fragt sich deshalb, ob aus sonstigen Gesichtspunkten die wirtschaftliche Bedeutung von sogenannten sozialen Zweckverfehlungen herzuleiten ist.

Die gesamten Vermögensschadensüberlegungen sind durch das Austauschverhältnis und den damit verbundenen Kompensationsgedanken geprägt.[41] Dabei werden, dies scheint für einseitig zweckbedingte Leistungen bedeutsam, als Ausgleich nicht nur materielle Werte gegenübergestellt, sondern auch immaterielle, die jedoch einer wirtschaftlichen Bewertung zugänglich sind, so daß ein Umrechnungswert bei

---

[39] Das ist bei *Schröder*, NJW 1962, 721 (722) unverkennbar: „Für § 263 reicht grundsätzlich nur ein solcher Irrtum aus, der dem Getäuschten nicht bewußt werden läßt, daß seine Verfügung sich als für ihn wirtschaftlich nachteilig darstellt ... Man hat nun zum Teil ... konsequenterweise den Spenden- und Bettelbetrug, bei dem der Getäuschte sich des vermögensmindernden Charakters seiner Handlung voll bewußt ist, für nicht strafbar erklärt. Dieses Ergebnis ist nur dann zu vermeiden ..., wenn man neben dem wirtschaftlichen Sinn einer Maßnahme oder Verfügung auch ihre soziale Funktion im Rahmen des § 263 StGB berücksichtigt, den Schaden also damit begründet, daß die zu bestimmten sozialen, insbesondere wohltätigen Zwecken hingegebene Leistung ihren sinnhaften Gegenwert nicht findet."; — Einen Begründungsversuch für die Vermögensrelevanz der Zweckverfehlung unternimmt erst *Cramer*, Vermögensbegriff, S. 211 ff.; dazu kritisch *Hirsch*, ZStW 81 (1969), 917 (952); vgl. auch *Weidemann*, Kompensationsproblem, S. 96.

[40] So aber *Schönke/Schröder/Cramer*, § 263 Rdn. 101.

[41] Vgl. RGSt. 16, 1 (3); 44, 230 (235); 75, 62; BGHSt. 3, 99 (102); 16, 220 (221); 321 (325); *Dreher/Tröndle*, § 263 Rdn. 30; *Kohlrausch/Lange*, § 263 Anm. V 2; *Lackner* in LK, § 263 Rdn. 143; *Samson* in SK, § 263 Rdn. 133; *Schönke/Schröder/Cramer*, § 263 Rdn. 106 ff.; *Blei*, Strafrecht II, S. 208; *Maurach/Schroeder*, BT 1, S. 419; *Welzel*, LB, S. 374 f.; *Wessels*, BT 2, S. 93; *Cramer*, Vermögensbegriff, S. 168 ff.; *Weidemann*, Kompensationsproblem, S. 199 ff. und passim.

der Frage der Kompensation als wirtschaftlicher Wert zu Buche schlägt. Die etwa durch eine Musikdarbietung, eine Filmvorführung oder eine Urlaubsreise bezweckte Erbauung wird reduziert auf die im Austauschverhältnis konkret bezeichnete Gegenleistung, die durchweg ihren marktmäßigen Preis hat. Dabei entspricht der Preis nicht notwendigerweise der Leistung, sondern dem Wert, der ihr im konkreten Zusammenhang marktmäßig oder vereinbarungsgemäß beigemessen wird. Das Sprechen eines zehnzeiligen Textes kann vermögensmäßig wertlos sein, z. B. das Vorlesen im privaten Kreis, oder einen Wert von z. B. DM 250,— haben, etwa das Verlesen von Nachrichten im Rundfunk, oder sogar einen Wert von mehreren tausend Mark entsprechen, z. B. beim Sprechen eines Werbetextes. Die Leistung, die in jedem Einzelfall erbracht wird, ist stets gleich. Dennoch wird ihr unterschiedliche vermögensmäßige Bedeutung beigemessen. Daraus wird ersichtlich, daß einem bestimmten Verhalten auch bei Nichtexistenz einer Marktbewertung immer auch dann Vermögensbedeutung zukommt, wenn der Verfügende ihm eine solche beimißt, was aber in der Regel allein schon durch die Aufwendung von Vermögen zu einem bestimmten Zweck zum Ausdruck kommt. Von daher ist grundsätzlich jede Zwecksetzung kommerzialisierbar, einer Vermögensbewertung zugänglich. Sie muß nur zum Gegenstand eines Austauschverhältnisses gemacht werden. Die wirtschaftliche Vermögensbewertung ist insofern sowohl in der Höhe des anzusetzenden Vermögenswertes, wie auch hinsichtlich der Gegenstände, die zum Vermögen zählen, nur zum Teil objektiv, und zwar nur in dem Umfang, wie ein Markt besteht und dadurch eine communis opinio bezüglich der Vermögensrelevanz. Existiert für eine Leistung kein Markt, so wird sie zum Vermögenswert, indem jemand sich bereit erklärt, für das Erbringen der Leistung eine Gegenleistung einzusetzen. Das wird an der Kompensationsüberlegung deutlich, die anzustellen ist, wenn z. B. jemand zur Befriedigung seines Bedürfnisses, einen Handstand zu sehen, einem sich Anbietenden DM 5,— gibt, um diesen zu dem Handstand zu veranlassen. Durch die Bereitschaft der Vermögenshingabe zum Zwecke der Leistung eines Handstands, wird dieser selbst zum Vermögenswert, der die Vermögensverringerung durch Zahlung des vereinbarten Preises kompensiert, so daß bei Gesamtsaldierung des Vermögens des Verfügenden kein Vermögensschaden vorliegt. Bei streng wirtschaftlichem Vermögensvergleich ist jedoch festzustellen, daß der Vermögenshingabe kein wirtschaftlich als Bestandswert entsprechender Vermögenszufluß gefolgt ist. An die Stelle des Bestandswerts tritt jedoch die Erfüllung des vereinbarten Zwecks der Vermögenshingabe, hier die Leistung eines Handstands. Das bedeutet aber, daß in den Fällen, in denen die Erfüllung des vorausgesetzten Zwecks keinen objektivierbaren wirtschaftlichen Wert hat und dieser Wert deshalb nicht als Bestandswert den Vermögensbestand erhöht, die Zweckerfüllung in der Form eines zugrundegelegten wirtschaftlichen Werts als Ausgleich angesehen wird. Wenn insofern davon ausgegangen wird, daß die sogenannte soziale Zweckerfüllung die Vermögenshingabe kompensiert und die Zweckverfehlung einen Vermögensschaden beinhaltet, so bedeutet dies keine Abweichung von den auch bei Austauschverhältnissen anzustellenden Überlegungen.[42] Damit ist aber auch dargetan, daß die Zweckverfehlung das Vermögen und nicht nur die Dispositionsfreiheit betrifft. Andererseits beinhaltet diese Beurteilung nicht, daß damit *jeder* Zwecksetzung wirtschaftliche Relevanz zukommt. Nur solche Zwecksetzungen sind im Hinblick auf eine Kompensation zu berücksichtigen, bei denen die Zweckerfüllung auch als durch den Täuschenden zu erfüllen vereinbart ist. Denn auch bei Austauschverhältnissen wird nur ein solcher Zweck oder eine einen solchen Zweck erfüllende Leistung berücksichtigt. Täuscht ein Verkäufer vor, der Nachbar besitze einen motorbetriebenen Rasenmäher, und kauft der Getäuschte, um dem Nachbar nicht nachzustehen, aus diesem Grund ebenfalls einen motorbetriebenen Rasenmäher, so handelt er zur Förderung seines Ansehens. Dabei ist allerdings eindeutig, daß der Täuschende als Gegenleistung nur die Lieferung des Rasenmähers schuldet. Die Leistung eines höheren Ansehens ist nicht vereinbart und kann von ihm auch nicht erbracht werden, denn dieses unterliegt allein der Verfügungsbefugnis der Personen, die mit dem Getäuschten zusammentreffen. Ebenso verhält es sich, wenn über die Höhe der Spenden der Nachbarn getäuscht wird. Auch dieser Täuschende stellt als Gegenleistung lediglich die Verwirklichung bestimmter karitativer Zwecke in Aussicht. Auch er verfügt nicht über das Ansehen der Nachbarn, das sich der Spender durch eine gleich hohe Spende erhofft, und gibt dies auch nicht vor. Mithin kann allein schon durch eine der zivilrechtlichen Vertragsauslegung gleiche Feststellung, was Gegenstand der gegenseitigen Leistungspflicht ist, zwischen vermögensrelevanten Zwekken und bloß dispositionsbestimmenden Motiven unterschieden werden. Die Fälle, die unter dem Begriff der sozialen Zweckverfehlung erfaßt werden, wie Spenden-, Bettel- und Subventionsbetrug, beinhalten aber sämtlich vermögensrelevante Zwecksetzungen.

Dies soll nun an Hand eines Beispiels aus dem Subventionswesen konkretisiert werden. Täuscht der Subventionsnehmer die Voraussetzungen einer Subventionsvergabe vor, und entscheidet sich der Subventionsgeber für eine Subventionsvergabe, so erfolgt die Leistung, um eine bestimmte konkrete Situation wirtschaftlich zu fördern. Gegen-

---

[42] So wohl auch *Schmidhäuser*, BT, S. 104, der in seinem erst nach Fertigstellung des Manuskripts erschienenen Grundriß darauf hinweist, daß § 263 StGB auch bei Austauschverhältnissen Fälle von Zweckverfehlungen erfaßt.

leistung ist die je nach dem Zweck vorausgesetzte Festschreibung oder Veränderung dieser Situation. Ist diese Lebenssituation bereits in dem erstrebten Sinne festgeschrieben, verändert oder aber unabänderbar, erfolgt keine Gegenleistung und damit auch keine Kompensation der Vermögensminderung, so daß die Subventionshingabe wirtschaftlich verfehlt ist. Dabei können als dem Subventionsverhältnis zugrundeliegende Zwecke nur die sogenannten *Primärzwecke* und nicht die *Endzwecke* zur Beurteilung der wirtschaftlichen Kompensation herangezogen werden.[43] Denn nur die Primärzwecke sind Gegenstand des Kompensationsverhältnisses von Subvention und Zweckerreichung. Werden z. B. Darlehen für die Aufsuchung oder Ausbeutung von Erdöl- oder Erdgaslagerstätten gewährt, wobei das Aufsuchungs- und Ausbeutungsvorhaben geeignet sein muß, die wirtschaftliche Entwicklung der deutschen Erdöl- und Erdgasindustrie zu fördern, so stellen Aufsuchung und Ausbeutung den *Primär*zweck, die wirtschaftliche Entwicklung der betreffenden Industrie den *End*zweck dar.[44] Der Subventionsnehmer ist nur in der Lage, den Primärzweck zu erfüllen, nämlich Aufsuchungen und Ausbeutungen vorzunehmen, während er auch bei Erbringung dieser Leistung die Förderung der wirtschaftlichen Entwicklung der *gesamten* deutschen Erdöl- und Erdgasindustrie nicht leisten kann. Daraus wird aber auch deutlich, daß sich der Primärzweck zum Endzweck wie der Leistungsinhalt zum Motiv verhält. Der Endzweck ist stets Motiv für die Eingehung eines gegenseitigen Leistungsverhältnisses, das allein auf Erreichung des Primärzweckes gerichtet ist.[45] So wie der Käufer des Rasenmähers im bereits oben[46] aufgeführten Beispiel erwartet, daß sein Ansehen durch den Besitz eines motorisierten Rasenmähers gefördert wird und aus diesem Grund ein Austauschverhältnis eingeht, das einzig die Lieferung eines Rasenmähers gegen Hingabe von Geld zum Gegenstand hat, so erwartet der Staat, um bei dem zuvor dargestellten Beispiel zu bleiben, die Förderung eines Teils der Energiewirtschaft und gewährt aus diesem Grund für die Vornahme bestimmter Handlungen von Unternehmen, nämlich das Aufsuchen und Ausbeuten von Erdöl- oder Erdgaslagerstätten, eine vermögenswerte Leistung, nämlich die Darlehenshingabe.

Mithin hat diese Untersuchung ergeben: Die Feststellung, ob bei Austauschgeschäften eine Vermögenshingabe durch eine Gegenleistung

---

[43] Zur Terminologie vgl. *Möller*, Subventionsverwaltung, S. 57 f.; *ders.*, Wirtschaftsförderung, S. 32 ff.; *Rüfner*, Formen, S. 206 f.; *Schetting*, Rechtspraxis, S. 8 ff. mit weiteren Nachweisen; vgl. ferner *Tiedemann*, Subventionskriminalität, S. 316 f.; *ders.*, ZStW 86 (1974), 897 (913); *Götz*, Wirtschaftssubventionen, S. 45 ff.

[44] So auch *Schetting*, Rechtspraxis, S. 9.

[45] Vgl. nur *Henke*, Wirtschaftssubventionen, S. 72 mit weiteren Nachweisen.

[46] Vgl. oben S. 53.

kompensiert wird, läßt sich, soweit für die Gegenleistung kein Marktpreis existiert, nur an Hand der Zwecksetzung der Vermögenshingabe ermitteln. Als Zwecksetzung zu berücksichtigen ist der Inhalt der Leistungs- und Gegenleistungsvereinbarung. Dadurch lassen sich auch vermögensrelevante Zwecksetzungen von bloßen Dispositionsmotivationen unterscheiden. Bei der Subventionsvergabe ist Inhalt der Zwecksetzung der Primärzweck der Subventionierung. Die Erfüllung dieses Zwecks ist Gegenleistung zu der Vermögenshingabe des Subventionsgebers.[47] Der Unterschied zu privatrechtlichen Austauschverhältnissen besteht lediglich darin, daß der Inhalt der Zwecksetzung in der Regel nicht vertraglich[48] vereinbart wird, sondern durch ein in unterschiedlichen Rechtsformen durchführbares Subventionsverhältnis festgelegt wird.[49] Diese Abweichung betrifft jedoch nur die formelle Abwicklung des Rechtsverhältnisses, nicht dagegen dessen materiellen Gehalt.

Wie die hier dargestellten Kompensationsverhältnisse im Rahmen des Betrugstatbestands dogmatisch einzuordnen sind, ob sie also im Zusammenhang mit dem Bewußtsein der Selbstschädigung oder erst beim Vermögensschaden zu berücksichtigen sind, kann hier offenbleiben. Für die Beantwortung der Ausgangsfrage der Erörterung ist lediglich von Bedeutung, daß sich die vermögensmäßige Relevanz von Zwecksetzungen im Subventionsverfahren nachweisen ließ.

c) Das staatliche Vermögen als Rechtsgut des § 264 StGB

Handelt es sich nach alledem bei den von § 263 StGB erfaßten Subventionserschleichungen um das Rechtsgut Vermögen betreffende Verhaltensweisen, so fragt sich, ob diese Beurteilung auch für die durch § 264 StGB erfaßten Sachverhalte zutrifft. Bedenken könnten sich daraus ergeben, daß § 264 StGB von den Tatbestandsmerkmalen des Betrugstatbestands lediglich eine Täuschung[1] erfordert, während es insbesondere an den vermögensbezogenen Voraussetzungen, wie Vermögensverfügung und Vermögensschaden fehlt. Jedoch ist bei § 264 StGB eine Eingrenzung des Tatbestands auf vermögensrelevante Sachverhalte möglicherweise auf andere Weise erfolgt, etwa durch die Beschränkung des Tatbestands auf die Materie der Subventionserschlei-

---

[47] So auch *Ipsen*, Subventionierung, S. 55.

[48] Für das Recht der Wirtschaftssubventionen ist allerdings nunmehr der Versuch unternommen worden, die Rechtsverhältnisse der Subventionierung als „öffentliches Vertragsrecht" zu erklären; vgl. *Henke*, Wirtschaftssubventionen, S. 20 ff. und passim; dazu *Frotscher*, NJW 1980, 441 f.

[49] Die Verwaltung hat die Wahl der Gestaltung des Subventionsverhältnisses durch Verwaltungsakt, öffentlich-rechtlichen oder privat-rechtlichen Vertrag; vgl. BGH DÖV 1975, 823 (824); 1974, 355; *Bleckmann*, Subventionsrecht, S. 85 mit weiteren Nachweisen.

[1] Vgl. oben S. 15; außerdem auch *Wessels*, BT 2, S. 111.

chung. Eine Klärung dieser Frage scheint nur möglich, wenn im einzelnen festzustellen ist, durch welche Tatbestandsmerkmale § 264 StGB die vom Betrugstatbestand vorgenommene tatbestandliche Einschränkung auf Vermögensangriffe ersetzt hat.

aa) Das Vermögen als Rechtsgut des § 264 StGB ohne tatbestandlich vorausgesetzten Irrtum des Verfügenden

§ 264 StGB hat nicht zur Voraussetzung, daß sich der Subventionsgeber über die Richtigkeit oder Vollständigkeit der Angaben des Antragstellers irrt. Zum einen sollten dadurch die Fälle ohne dogmatische Schwierigkeiten erfaßbar sein, bei denen zweifelhaft ist, ob überhaupt Vorstellungen über die vom Subventionsnehmer gemachten Angaben bestanden haben.[2] Zum anderen sind in den Tatbestand des § 264 StGB aber auch solche Täuschungshandlungen einbezogen, die dem Subventionsgeber bewußt sind, auch wenn dieser dessen ungeachtet eine Subventionierung vornimmt.[3] Es fragt sich, welche Auswirkungen für die Bestimmung des Rechtsgutschutzes des § 264 StGB der Verzicht auf das Merkmal Irrtum hat. Dies ist davon abhängig, worin die Funktion dieses Tatbestandsmerkmals beim Betrug zu sehen ist.

Nach einer Auffassung[4] ist der Betrug als Delikt der Überlistung zu verstehen. Dem Irrtum wächst sachlich die Funktion zu, Fälle des erfolgreichen Einsatzes von List zu erfassen.

Nach anderer Ansicht[5] stellt sich der Betrug als Parallele zur Rechtsfigur der mittelbaren Täterschaft dar. Das Irrtumserfordernis soll gewährleisten, daß vom Tatbestand tatsächlich nur unfrei handelnde Getäuschte zu den vom Täuschenden verfolgten Zwecken eingesetzt werden. Daraus folgt die Forderung der Unbewußtheit der Selbstschädigung.

Herzberg[6] sieht die Funktion des Irrtums in § 263 StGB darin, den Fall der mangelfreien Einwilligung in den Vermögensverlust aus dem Tatbestand des vollendeten Betrugs auszuscheiden. Allgemeiner noch

---

[2] Vgl. etwa *Göhler*, Prot., S. 2651; *Tiedemann*, Subventionskriminalität, S. 303 f. Zu den weiteren praktischen und dogmatischen Schwierigkeiten im Zusammenhang mit dem Betrugsmerkmal Irrtum vgl. oben S. 36 f.

[3] *Tiedemann* in LK, § 264 Rdn. 12 mit weiteren Nachweisen. Daß diese Fälle von § 264 StGB erfaßt werden, ergibt sich auch aus § 264 Abs. 2 Nr. 2 StGB. Die Notwendigkeit der tatbestandlichen Erfassung solcher Sachverhalte hervorhebend schon *Tiedemann*, Subventionskriminalität, S. 322 f.

[4] So vor allem *Lackner* in LK, § 263 Rdn. 68, 71 ff.; ebenso *Wessels*, BT 2, S. 88; vgl. auch *Giehring*, GA 1973, 1 (17); *Sieber*, Computerkriminalität, S. 199 f.

[5] Vgl. insbesondere *Cramer*, Vermögensbegriff, S. 207; *ders.*, JZ 1971, 415; *Lenckner*, NJW 1971, 599 (600); *Schröder*, NJW 1962, 721 (722).

[6] *Herzberg*, GA 1977, 289 (295 ff.).

soll nach *Amelung*[7] die Aufgabe dieses Merkmals sein, dem Prinzip der Subsidiarität strafrechtlichen Rechtsgüterschutzes zur Geltung zu verhelfen. Die praktischen Auswirkungen eines in dieser Weise verstandenen Irrtums bestünden in der Klärung, zu wessen Lasten Zweifel am Wahrheitsgehalt der Angaben des Täuschenden gehen. *Frisch*[8] schließlich nimmt an, der Irrtum habe die grundsätzliche Funktion, eine bestimmte Bedrohungslage für Vermögen (mit) zu kennzeichnen. Diese bestehe darin, daß ein Vermögensträger oder eine diesem zugerechnete Person bereit sei, eine bei ihm unmittelbar zu einer Vermögensverringerung führende Verfügung zu treffen.

Gemeinsam ist diesen Auffassungen, daß das Merkmal des Irrtums gewährleistet, daß der Vermögensverfügung nicht nur wirtschaftlich, sondern *auch aus der Sicht* des Verfügenden ein *schädigender* Charakter zukommt. Damit erfaßt der Betrugstatbestand nur Täuschungshandlungen, wenn subjektiv aus der Sicht des Verfügenden *und* objektiv eine schädigende Vermögensverfügung vorliegt. Dieses Erfordernis wird trotz des Verzichts auf das Tatbestandsmerkmal „Irrtum" auch in § 265 a StGB, Erschleichen von Leistungen,[9] nicht aufgegeben, sondern lediglich modifiziert. Durch das Tatbestandsmerkmal „Erschleichen" sind solche Sachverhalte dem Tatbestand entzogen, bei denen die Inanspruchnahme der Leistung zwar unbefugt, jedoch mit Wissen des Berechtigten erfolgt.[10] Auch § 265 a StGB ist dadurch nur auf die Erfassung von Sachverhalten angelegt, bei denen dem Vermögensträger oder einer diesem zugerechneten Person die Schädigung verschlossen bleibt.[11]

Indem nun bei § 264 StGB auf einen Irrtum des Subventionsgebers verzichtet wird und auch kein Erschleichen von Leistungen im Sinne des § 265 a StGB vorausgesetzt ist, scheint der Tatbestand des § 264 StGB von dem Erfordernis des auch subjektiv schädigenden Charakters der Vermögensverfügung abzurücken. Dies hätte jedoch zur Folge, daß im Falle der Nichterreichung des (Primär-)Zwecks der Subventionierung objektiv ein wirtschaftlicher Vermögensschaden vorläge, dies allerdings dem Subventionsgeber[12] bereits bei seiner Vermögensver-

[7] *Amelung*, GA 1977, 1 (6 ff.).

[8] *Frisch*, Bockelmann-Festschrift, S. 647 (659 ff.).

[9] Bei diesem Tatbestand ist ebenfalls wie beim Betrugstatbestand das geschützte Rechtsgut das Vermögen; vgl. nur *Schönke/Schröder/Lenckner*, § 265 a Rdn. 1; *Maurach/Schroeder*, BT 1, S. 435.

[10] So exempl. *Schönke/Schröder/Lenckner*, § 265 a Rdn. 8; *Maurach/Schroeder*, BT 1, S. 436; vgl. ferner *Samson* in SK, § 265 a Rdn. 9; *Welzel*, LB, S. 379; zum Meinungsstand insgesamt *Lackner* in LK, § 265 a Rdn. 6.

[11] Zur rechtspolitischen Zielsetzung vgl. *Lackner* in LK, § 265 a Entstehungsgeschichte; zu den durch § 265 a StGB zu lösenden Problemfällen vgl. schon *Schienle*, Leistungserschleichung, S. 24 ff.

fügung bekannt sein dürfte, ohne daß dadurch der Tatbestand des § 264 StGB ausgeschlossen wäre, wodurch sich für diesen Fall die Frage nach der Schutzbedürftigkeit des Vermögens stellen würde. Denn wenn der Getäuschte Kenntnis davon hat, daß die generell entscheidungserheblichen Angaben, die er erhält, unrichtig sind, er aber dessen ungeachtet eine Vermögensverfügung veranlaßt oder vornimmt, so liegt nahe, die daraus resultierenden Folgen dem Risikobereich des Getäuschten zuzuschreiben. Jedoch würde eine solche Beurteilung der Sachlage voraussetzen, daß dem Vermögensträger, also hier dem Staat, das Verhalten des Subventionsgebers zuzurechnen wäre, dieser sich also überhaupt die Kenntnis des Subventionsgebers von einer wirtschaftlich schädigenden Verfügung vorhalten lassen muß.

Für den Fall, daß es sich um einen privatrechtlichen Vermögensträger handelt, ist unter Betrugsgesichtspunkten diesem der fehlende Irrtum des Getäuschten zuzurechnen[13], und es besteht allenfalls die Möglichkeit, daß sich der Getäuschte der Untreue zum Nachteil des Vermögensträgers strafbar gemacht hat, so daß auf diese Weise noch ein Vermögensschutz des Vermögensträgers erfolgen kann. Allerdings lassen die Besonderheiten der staatlichen Subventionierung es zutreffend erscheinen, eine solche Zurechnung hier nicht vorzunehmen. Denn während es nicht ausgeschlossen ist, daß der Getäuschte, der über das Vermögen eines privaten Vermögensträgers verfügen darf, unter besonderen Umständen auch berechtigt ist, eine Verbindlichkeit einzugehen, die nicht durch eine Gegenleistung voll ausgeglichen ist, kann der Subventionsgeber in keinem denkbaren Fall auf die Erfüllung des Leistungszwecks wirksam verzichten. Irgendwelche Dispositionen von einzelnen Subventionsgebern über festgesetzte Subventionszwecke sind bereits von der Sache her nicht möglich, weil dadurch letztlich sogar in die teils auch gesetzlich verankerte staatliche Willensbildung und Entscheidung hinsichtlich der Festsetzung der Subventionszwecke ein-

---

[12] Zum Begriff des Subventionsgebers vgl. die Legaldefinition in § 264 Abs. 1 Nr. 1 StGB. Danach zählen zu diesen nicht nur Behörden und Amtsträger, sondern auch außerhalb des öffentlichen Dienstes stehende Personen und Stellen, die mit der Wahrnehmung von Aufgaben im Subventionsverfahren betraut sind, so etwa Kreditinstitute; vgl. dazu exempl. *Tiedemann* in LK, § 264 Rdn. 57. Der Subventionsgeber ist also nicht identisch mit dem Vermögensträger, also dem Staat als Institution, dessen Mittel durch Subventionierungen geschmälert werden.

[13] Das ergibt sich daraus, daß zwar Identität zwischen Getäuschtem und Verfügendem, nicht aber zwischen Verfügendem und Geschädigtem erforderlich ist; vgl. RGSt. 73, 382 (384); BGHSt. 18, 221 (223) st. Rspr.; aus dem Schrifttum exempl. *Lackner* in LK, § 263 Rdn. 110; *Schönke/Schröder/Cramer*, § 263 Rdn. 65; *Welzel*, LB, S. 371. Liegt bei dem Getäuschten deshalb kein Irrtum vor, so ist zwar im Falle der Vermögensverfügung das Vermögen des Vermögensinhabers geschädigt, er erhält jedoch keinen Vermögensschutz durch § 263 StGB.

gegriffen würde. Deshalb liegt die Voraussetzung, deren Vorliegen bei dem Betrugstatbestand mittels des Tatbestandsmerkmals Irrtum zu klären ist, nämlich ob eine Verfügung auch aus der Sicht dessen, der den Zweck einer Vermögensdisposition festzusetzen hat, eine Vermögensschädigung beinhaltet, bei Subventionen, die auf Grund einer Täuschung vergeben werden, auch dann vor, wenn ein Subventionsgeber Kenntnis von der Täuschung über subventionserhebliche Tatsachen und daher auch von der Zweckverfehlung einer Subventionierung hat. Da nicht der Subventionsgeber, sondern der politisch zuständige Entscheidungsträger im Rahmen eines gegebenenfalls erforderlichen geregelten Verfahrens den Zweck festgelegt hat, kann es auch nur auf dessen Kenntnis von einer zweckverfehlenden Subventionierung ankommen.

Dies soll noch kurz an einem Beispiel verdeutlicht werden: Der Bevollmächtigte eines Unternehmens ist beauftragt, einen Leistungssportler für eine bestimmte Veranstaltung gegen Geldleistung zu verpflichten, ein Hemd mit einem Werbeaufdruck des Unternehmers zu tragen. Der Leistungssportler täuscht vor, er werde an der Veranstaltung teilnehmen, während er tatsächlich verhindert ist. Der Bevollmächtigte bringt dies noch vor Vertragsabschluß in Erfahrung, trifft mit dem Leistungssportler jedoch dessen ungeachtet die angestrebte Vereinbarung und zahlt das Honorar aus, um im Zusamenhang mit den nach Nichterfüllung zu stellenden Schadensersatzansprüchen in Verhandlungen über einen noch weitergehenden werbewirksamen Einsatz des Leistungssportlers eintreten zu können.

Die Voraussetzungen des Betrugstatbestands liegen nicht vor, da es an einem Irrtum des Getäuschten fehlt. Nach dessen Vorstellung sollte zunächst der Zweck der Vermögensdisposition ein Austausch von Geldleistung gegen eine Werbeleistung sein. Nach Kenntnis der tatsächlichen Sachlage ist die Vermögenshingabe unter gleichzeitigem subjektiven[14] Verzicht auf die konkrete Gegenleistung erfolgt, um eine günstigere Ausgangsposition für weitere Werbeverhandlung zu schaffen. Der vorläufige Verlust der Vermögensmittel wird dabei in Kauf genommen. Diese vom Getäuschten subjektiv vorgenommene Änderung der Zwecksetzung muß sich der Vermögensträger zurechnen lassen, da der Getäuschte rechtlich oder tatsächlich[15] in der Lage ist, über dessen Vermögen zu verfügen. Aus dieser Beziehung des Getäuschten zum Vermögen des Vermögensträgers resultiert die Zurechnung und damit

---

[14] Bei diesem Verzicht handelt es sich lediglich um einen wirtschaftlichen Kompensationsverzicht ohne darüber hinausgehende rechtliche Auswirkungen.

[15] Vgl. dazu nur *Lackner* in LK, § 263 Rdn. 110 mit einer ausführlichen Darstellung des Meinungsstandes zu den Voraussetzungen der Stellung des Getäuschten zum Vermögen des Geschädigten.

die Einschränkung des Vermögensschutzes durch den Betrugstatbestand. Nicht ausgeschlossen ist dagegen in diesem Fall ein Vermögensschutz durch § 266 StGB.

Diesem Sachverhalt sei ein Subventionsbeispiel gegenübergestellt: Auf Grund Gesetzes werden das Aufsuchen und Ausbeuten von Erdöl- und Erdgasquellen gefördert. Ein Unternehmen täuscht hinsichtlich eines bestimmten Projekts vor, es handele sich um eine Tiefbohrung zum Aufsuchen einer Erdölquelle, während tatsächlich die Bohrung aus anderen geologischen Gründen erfolgt. Der zuständige Amtsträger erkennt, daß die Angaben unrichtig sind, veranlaßt jedoch dessen ungeachtet die Subventionierung des Projekts, da er von den wirtschaftlichen Schwierigkeiten des Unternehmens weiß und einen Fortbestand des Unternehmens als allgemeines, öffentliches Anliegen sieht.

Ein Irrtum des Getäuschten liegt nicht vor. Zwar hat auch bei diesem Beispiel der Getäuschte subjektiv auf die Gegenleistung, hier das Aufsuchen einer Erdölquelle verzichtet, und an diese Stelle einen anderen Zweck, nämlich den Erhalt eines Unternehmens im Allgemeininteresse, gesetzt, allerdings ist fraglich, ob sich in diesem speziellen Bereich der Subventionsvergabe der Vermögensträger solche Eigenmächtigkeit ebenso zurechnen lassen muß wie ein privater Vermögensträger. Der entscheidende Unterschied liegt darin, daß objektiv erkennbar *allein der Staat* als Vermögensträger durch seine politische Entscheidung mittels der dazu berufenen Organe eine Zwecksetzung und damit auch eine Zweckänderung vornehmen kann, während der Amtsträger überhaupt keine diesbezügliche Entscheidungsbefugnis hat. Dieser führt einem Boten gleich lediglich die vorgegebenen Entscheidungen durch, ohne daß es auf dessen Willensbildung hinsichtlich der Zwecksetzung bei der Vermögensverfügung ankommt. Dadurch, daß tatbestandsmäßig eine Zurechnung eventuell abweichender Vorstellungen des Subventionsgebers von der staatlich festgelegten Zwecksetzung ausgeschlossen wird, erfolgt eine Verstärkung des strafrechtlichen Vermögensschutzes des Staates dem Täuschenden gegenüber. Dieser rechtfertigt sich daraus, daß bei Subventionsverfahren der Zwecksetzende und der Vermögensträger *stets* identisch sind und für den Verfügenden insofern kein in irgendeiner Weise beachtlicher Entscheidungsspielraum verbleibt. Der Schutz vor vermögensrelevanten Zweckverfehlungen erfordert geradezu, unbeachtliche Zweckvorstellungen des Verfügenden außer Betracht zu lassen.

Die verschiedenen Gesichtspunkte, die von *Tiedemann*[16], *Amelung*[17] und *Volk*[18] im Zusammenhang mit der Objektivierbarkeit der der Ver-

[16] Subventionskriminalität, S. 315; *ders.*, ZStW 86 (1974), 897 (911 f.).

[17] Rechtsgüterschutz, S. 374 ff.

mögensverfügung zugrundeliegenden Zwecksetzung und dem darin liegenden Unterschied zu privaten Zwecksetzungen vorgebracht worden sind,[19] haben hier ihre Bedeutung. So wenig diese — wie oben nachgewiesen[20] — geeignet sind, einen vom privaten Vermögen abweichenden staatlichen Vermögensbegriff zu begründen, so zutreffend stellen diese heraus, daß einmal festgelegte Zwecke nicht durch Vorstellungen einzelner veränder- oder aufhebbar sind.

Als Zwischenergebnis ist mithin festzuhalten, daß § 264 StGB trotz des Verzichts auf das Tatbestandsmerkmal Irrtum dennoch vor vermögens*schädigenden* Verfügungen schützt. Der schädigende Charakter von Verfügungen wird nicht dadurch beseitigt, daß er einem Subventionsgeber bekannt ist. Eine solche Kenntnis braucht sich der staatliche Vermögensträger nicht zurechnen zu lassen, da ungeachtet der Kenntnis des Subventionsgebers die Subventionierung stets nur zu den staatlich festgelegten Zwecken erfolgt und deshalb auch nur dann keine schädigende Verfügung ist, wenn sie den vorausgesetzten Zweck erfüllt. Auf das Erfordernis des Irrtums des Getäuschten kann somit bei Subventionserschleichungen zur Erreichung eines sachgerechten Schutzes von staatlichem Vermögen gegen solche Angriffe verzichtet werden, ohne daß durch diese tatbestandliche Beschränkung eine Strafvorschrift wie § 264 StGB von einem Vermögensschutzdelikt in ein anderes Schutzdelikt verwandelt wird.

bb) Das Vermögen als Rechtsgut des § 264 StGB ohne tatbestandlich vorausgesetzten Eintritt eines Vermögensschadens

Der Tatbestand des § 264 StGB verzichtet gegenüber § 263 StGB ferner auf das Tatbestandsmerkmal eines Vermögensschadens. Gerade dieses Merkmal kennzeichnet den Betrugstatbestand als Vermögensdelikt. Es ist die Befürchtung geäußert worden, daß ein Verzicht auf das Tatbestandsmerkmal Vermögensschaden zur Umgestaltung des Betrugs in ein Delikt gegen die wirtschaftliche Dispositionsfreiheit führen müßte.[21] Allerdings besteht die Gefahr der tatbestandlichen Erfassung von bloßen Dispositionsbeeinträchtigungen ohne Auswirkungen auf das Vermögen nur dann, wenn die Disposition nicht zu einem unmittelbaren Vermögensschaden führen *kann.* Betrifft dagegen der Tatbestand Handlungen, die zwangsläufig einen Vermögensschaden bedingen, setzt aber die Strafbarkeit bereits zu einem Zeitpunkt ein, in dem der Täter seinen vollen Tatbeitrag geleistet hat, jedoch der regelmäßig eintretende

---

[18] Gutachten, S. 456 ff.

[19] Vgl. zu allem die Darstellung des Meinungsstandes und Kritik oben II. 1.

[20] Vgl. oben II. 1. d).

[21] Vgl. etwa *R. Lange*, Strafrechtsreform, S. 36 f.; *Naucke*, Betrug, S. 105 f.

Erfolg noch aussteht, kann der in der Handlung liegende Angriff auf das Vermögen nicht in Zweifel gezogen werden, selbst wenn nicht einmal eine konkrete Gefährdung für das Rechtsgut Vermögen eingetreten ist. Eine solche Fallkonstellation beschreibt aber § 264 StGB tatbestandlich. Subventionserhebliche, vorteilhafte Angaben sind grundsätzlich geeignet, die Bewilligung und Ausreichung einer Subvention zu veranlassen oder aufrechtzuerhalten. Die Handlung bezieht sich mithin stets nur auf den Er- oder Behalt einer Subvention, eines Vermögenswertes, und zwar stoffgleich aus einer Vermögensminderung beim staatlichen Vermögen. Ob dieser Vermögensschaden bereits eingetreten ist, was der Tatbestand des § 264 StGB nicht voraussetzt, oder ob er lediglich auf Grund der Angaben generell möglich ist, ändert den Charakter des Delikts als Vermögensschutzdelikt nicht. Es wird nur aus der generell zu einem Schaden verlaufenden Abfolge ein noch vor dem Schadenseintritt liegender Zeitpunkt als maßgeblich für die Strafbarkeit festgelegt. Dieser Zeitpunkt ist so bestimmt, daß der Täter seine Handlung in der Weise vorgenommen hat, daß regelmäßig ein Vermögensschaden eintreten kann. Das Stadium, in das die Tat zum Zeitpunkt der Beurteilung der Strafbarkeit tatsächlich getreten ist, ist lediglich bedeutsam für den Umfang des verwirklichten Unrechts und der Schuld,[22] nicht dagegen für die Unterscheidung zwischen Vermögens- und Dispositionsangriff, da der Täter seine in Betracht kommende Angriffshandlung mit der tatbestandlichen Erfassung in § 264 StGB bereits beendet hat. Mithin erfaßt der Tatbestand des § 264 StGB trotz des Verzichts auf den Eintritt eines Vermögensschadens nur Vermögensangriffe.

cc) Das Vermögen als Rechtsgut des § 264 StGB ohne das Tatbestandsmerkmal der Absicht einer rechtswidrigen Bereicherung

Der Betrugstatbestand setzt ferner die Absicht des Täuschenden, sich oder einem Dritten einen rechtswidrigen Vermögensvorteil zu verschaffen, voraus. Dagegen verzichtet der Tatbestand des § 264 StGB auf ein solches subjektives Tatbestandsmerkmal.[23] Für die Frage, ob § 264 StGB bezüglich Subventionserschleichungen ebenso das Rechtsgut Vermögen schützt, wie dies bei § 263 StGB der Fall ist, hat die Ausklammerung der Vorteilsabsicht aus dem Tatbestand des Subventionsbetruges nur dann Bedeutung, wenn gerade durch dieses Merkmal der Charakter des Vermögensdelikts geprägt wird. Dies ist aber nicht der Fall, wie sich aus einer Parallele etwa zu dem Tatbestand der Untreue

---

[22] Vgl. dazu unten 2. Abschnitt, I. 4. a) ee).

[23] Zu den kriminalpolitischen Gründen des Verzichts vgl. *Tiedemann*, Subventionskriminalität, S. 306 f.

ergibt. Durch diese Vorschrift wird nach herrschender Meinung[24] nur das Vermögen geschützt. Tatbestandliche Voraussetzung ist dabei lediglich, daß der Täter eine pflichtwidrige Handlung begeht, die dem Vermögensträger einen Nachteil zufügt. Einer dem Betrugstatbestand gleichen Motivation des Täters, zumindest auch[25] einen unmittelbaren Vorteil aus der Vermögensverfügung für sich oder einen anderen zu erlangen, bedarf es nicht.[26] § 264 StGB gleicht diesem Tatbestandsaufbau mit allerdings der Besonderheit, daß es des Eintritts des Vermögensschadens nicht bedarf, was aber, wie oben aufgezeigt,[27] auf Grund der Besonderheiten beim Subventionsverfahren nicht zu einer Änderung der Angriffsrichtung führt. Mithin hat auch das Fehlen des Tatbestandsmerkmals der Bereicherungsabsicht im Tatbestand des § 264 StGB nicht zur Folge, daß der Schutzgegenstand des Tatbestands Subventionsbetrug anders zu beurteilen ist als der des § 263 StGB.

dd) Ergebnis

Zusammenfassend ist somit als Ergebnis eines Vergleichs zwischen den Tatbeständen des § 263 StGB und des § 264 StGB festzustellen, daß trotz der tatbestandlich unterschiedlichen Voraussetzungen durch die Beschränkung der Regelungsmaterie in § 264 StGB auf eine spezielle Fallgruppe von Täuschungshandlungen dennoch durch die Vorschrift stets Angriffe auf das Rechtsgut Vermögen erfaßt werden. Somit ist aber das Vermögen *Rechtsgut* des § 264 StGB und nicht nur Schutzreflex[28]. Dieses Ergebnis findet auch, nachdem zuvor bereits die Auf-

---

[24] Vgl. RGSt. 71, 155 (158); 74, 168; BGHSt. 8, 254 (255 ff.); 14, 38 (47) (Großer Strafsenat); *Dreher/Tröndle*, § 266 Rdn. 1; *Hübner* in LK, § 266 Rdn. 19; *Kohlrausch/Lange*, vor § 263 Anm. I; *Lackner*, § 266 Anm. 1; *Schönke/Schröder/Lenckner*, § 266 Rdn. 1; *Maurach/Schroeder*, BT 2, S. 439; *Cramer*, Vermögensbegriff, S. 116; *Hirschberg*, Vermögensbegriff, S. 3; *H. Mayer*, Untreue, S. 143 ff.; *ders.*, Materialien Bd. 1, S. 333 (349); *Schneidewin*, Materialien Bd. 1, S. 173 (209); aber auch soweit weitere Rechtsgüter als durch § 266 StGB geschützt angesehen werden, wird anerkannt, daß es sich jedoch immer zumindest *auch* um Vermögensschutz handelt, vgl. *Klug*, § 81 GmbHG Anm. 1; *ders.*, § 294 AktG Anm. 4; *Dunkel*, Vermögensbetreuungspflicht, S. 41 Anm. 1, 109 ff., 112; *ders.*, GA 1977, 329 (334 f.); *Luthmann*, NJW 1960, 419 (420); *D. Meyer*, MDR 1971, 893 (894); *ders.*, JuS 1973, 214 (215); ebenso noch *Schönke/Schröder/Cramer*, StGB, 18. Auflage, § 266 Rdn. 1; zum Meinungsstand insgesamt vgl. *Hübner* in LK, a. a. O.; weitere Nachweise auch bei *Dunkel*, a. a. O., Anm. 1.

[25] Für die Erfüllung der Voraussetzungen der Absicht im Sinne des § 263 StGB reicht es, wenn der Täter den Vorteil neben anderen möglicherweise auch wichtigeren Zielen oder nur als Mittel für einen anderweitigen Zweck anstrebt; vgl. RGSt. 27, 217 (220); 44, 87 (91); BGHSt. 16, 1 st. Rspr. Vgl. ferner *Lackner* in LK, § 263 Rdn. 261 mit weiteren Nachweisen.

[26] Vgl. nur *Dreher/Tröndle*, § 266 Rdn. 1.

[27] Vgl. oben II. 2. c) bb).

[28] So allerdings *Tiedemann* in LK, § 263 Rdn. 10. Diese Beurteilung beruht jedoch offensichtlich auf dem von *Tiedemann* eingenommenen — unhaltba-

fassung der zwingenden Exklusivität des Dispositionsschutzes im Bereich des staatlichen Vermögensschutzes widerlegt worden ist,[29] in der Entstehungsgeschichte[30] des Tatbestands Subventionsbetrug seine Bestätigung. Danach haben weitaus überwiegend tatsächliche Probleme bei der Rechtsanwendung des Betrugstatbestands die Schaffung eines Spezialtatbestands Subventionsbetrug veranlaßt. Dagegen ist durchweg allenfalls die dogmatische *Begründung* des Vermögensangriffs durch Subventionserschleichungen, nicht jedoch die Tatsache einer solchen Rechtgutsverletzung in Zweifel gezogen worden.[31] Andernfalls müßte auch unerklärlich bleiben, wieso auch nach Schaffung des § 264 StGB solche Subventionen, die nicht die Voraussetzungen des § 264 Abs. 6 StGB erfüllen, und solche, die zwar grundsätzlich der Regelung des § 264 StGB unterliegen, deren Voraussetzungen jedoch im Einzelfall nicht erfüllt sind,[32] dem Betrugstatbestand unterfallen sollen.[33] Nach der gesamten Anlage der Überlegungen zu einem § 264 StGB waren die Bemühungen auf strafrechtliche Ergänzung des § 263 StGB gerichtet, nicht aber Ersetzung oder völlige Umstrukturierung des Rechtsgutschutzes. Dies kommt sogar noch in den einen Vermögensschutz ablehnenden Ausführungen von *Blei*[34] zum Ausdruck, wenn dieser erklärt: „Aber eines scheint mir nicht zweifelhaft zu sein, nämlich daß hier ein Gut getroffen wird, das sich nicht reduzieren läßt auf einzelne Vermögensmassen in ihrer ihnen vom Staat gegebenen Zweckbestimmung, daß also nicht nur Vermögen im Sinne des § 263 StGB geschädigt oder gefährdet wird, wenn Subventionsschwindel um sich greift." Selbst von diesem Standpunkt aus muß der Vermögensschutz durch das neue, überindividuelle Rechtsgut mit übernommen werden. Läßt sich hingegen ein solches den Vermögensschutz bei staatlichem Vermögen

---

ren — Standpunkt eines wesensmäßigen Unterschieds zwischen staatlichem und privatem Vermögen.

29 Vgl. dazu oben II. 1. d).

30 Vgl. oben II. 2. a).

31 So vor allem die Vertreter der Auffassungen, wonach das Vermögen allein oder zumindest auch Rechtsgut des § 264 StGB ist; vgl. *Lackner*, § 264 Anm. 1; *Preisendanz*, § 264 Anm. 2 b; *Schönke/Schröder/Lenckner*, § 264 Rdn. 4; *Maurach/Schroeder*, BT 1, S. 401; *Wessels*, BT 2, S. 107; *Göhler/Wilts*, DB 1976, 1609 (1610); *Göhler*, Prot., S. 2661 und 2684; *Jung*, JuS 1976, 757 (758); *Tiedemann*, ZStW 86 (1974), 897 (919); *ders.*, ZStW 87 (1975), 253 (274); *Sachverständigenkommission*, Tagungsberichte, S. 65 und 67. Einen Angriff auf das Rechtsgut Vermögen erkennen aber auch teilweise Vertreter der Auffassung an, die das Vermögen nicht als das Rechtsgut des § 264 StGB sehen; vgl. etwa *Blei*, Prot., S. 2504; *Dreher/Tröndle*, § 264 Rdn. 3.

32 Vgl. dazu *Tiedemann* in LK, § 264 Rdn. 134; *Dreher/Tröndle*, § 264 Rdn. 39; *Lackner* in LK, § 263 Rdn. 331; *Samson* in SK, § 264 Rdn. 103; *Schönke/Schröder/Lenckner*, § 264 Rdn. 87 f.; *Maurach/Schroeder*, BT 1, S. 432; *Heinz*, GA 1977, 193 (212, 213 f.).

33 So auch *Lackner*, § 264 Anm. 1; *Schönke/Schröder/Lenckner*, § 264 Rdn. 1.

34 Prot., S. 2504.

einschließendes und dadurch das Rechtsgut Vermögen zugleich ersetzendes überindividuelles Rechtsgut, wie aufgezeigt, nicht nachweisen, so ist notwendige Folge, daß auch bei § 264 StGB das Vermögen geschütztes Rechtsgut ist.

3. Die staatliche „Planungs- und Dispositionsfreiheit im Bereich der Wirtschaftsförderung" als weiteres Rechtsgut des § 264 StGB neben dem Vermögensschutz

Es ist aber nicht ausgeschlossen, daß außer dem Vermögen noch weitere Rechtsgüter durch § 264 StGB geschützt werden. Es fragt sich somit, ob es über den Vermögensschutz hinausgehende Schutzbereiche der Vorschrift Subventionsbetrug gibt und ob diesen Rechtsgutqualität zukommt oder ob es sich dabei lediglich um Schutzreflexe handelt.

a) Meinungsstand und Begriffserklärung

Vor allem wird die Auffassung vertreten, durch § 264 StGB werde das Rechtsgut staatliche Planungs- und Dispositionsfreiheit im Bereich der Wirtschaftsförderung geschützt.[1] Inhalt dieser Planungs- und Dispositionsfreiheit soll das Allgemeininteresse an einer wirkungsvollen staatlichen Wirtschaftsförderung durch Subventionen, deren Bewilligung und Gewährung von jeder mißbräuchlichen Inanspruchnahme frei bleiben soll, sein. Es kann also nicht daran gedacht werden, den Angriff auf die Dispositionsfreiheit in der Einflußnahme auf den über die Subvention entscheidenden Subventionsgeber zu sehen, denn § 264 StGB setzt tatbestandlich nicht einmal dessen täuschungsbedingten Irrtum oder allein schon eine diesbezügliche Gefährdung voraus.[2] Vielmehr soll dieser in einem Eingriff in die Durchführung der Entscheidung über die Zweckbestimmung der Subventionierung bestehen.

Dabei setzt eine solche Vorstellung ein ganz eigenes Verständnis von Planungs- und Dispositionsfreiheit voraus: Denn zum einen sind die zuständigen Organe in ihrer Entscheidung über die Festsetzung der

[1] Bericht, S. 5; *Tiedemann* in LK, § 264 Rdn. 8; *ders.*, ZStW 86 (1974), 897 (919); *ders.*, ZStW 87 (1975), 253 (274); *Dreher/Tröndle*, § 264 Rdn. 3; *Lackner*, § 264 Anm. 1; *Preisendanz*, § 264 Anm. 2 b; *Wessels*, BT 2, S. 110 f.; *Blei*, Prot., S. 2504; *ders.*, JA 1976, 741 (744); *Diemer-Nicolaus*, Schmidt-Leichner-Festschrift, S. 31 (42); *Göhler/Wilts*, DB 1976, 1609 (1610); *Heinz*, GA 1977, 225 f.; *Jung*, JuS 1976, 757 (758); *Lohmeyer*, Wirtschaftskriminalität, S. 55; vgl. ferner auch *Sachverständigenkommission*, Tagungsberichte, S. 65 und 67.

[2] Der Begriff Dispositionsfreiheit hat hier also gerade nicht die Bedeutung, die ihm im Zusammenhang mit dem Betrugstatbestand beigelegt wird. Soweit nämlich bei § 263 StGB die Auffassung vertreten wird, der Betrugstatbestand schütze neben dem Vermögen auch die Dispositionsfreiheit, so ist damit ein Angriff auf den wahren Willen des Getäuschten gemeint; vgl. etwa *Frank*, § 263 Anm. I; *Gutmann*, MDR 1963, 3.

Verwendungszwecke staatlicher Mittel häufig normativ gebunden.[3] Dies schränkt allerdings die Entscheidungsfreiheit nur ein, so daß immerhin noch von einer relativen Freiheit bei der Planung und Disposition ausgegangen werden kann. Zum anderen ist aber die Planungs- und Dispositionsfreiheit in aller Regel nicht durch die in § 264 StGB vorausgesetzten Täuschungshandlungen tangiert, denn die Zwecksetzung der Subventionierung, und diese erfolgt schon bei Bereitstellung der Subventionsmittel losgelöst von der Einzelbetrachtung, ist bereits abgeschlossen, bevor die Erschleichungshandlung vorgenommen wird. Bei dieser Sachlage bedeutet die Subventionserschleichung keinen Angriff auf die Entscheidungsfreiheit bei der Zwecksetzung der Subventionierung, sondern auf die zweckentsprechende Durchführung der Subventionsvergabe.

Der Angriff durch Erschleichungshandlungen liegt also in der Störung der zweckentsprechenden Subventionsvergabe, nicht in der Einflußnahme auf die Entscheidung über deren Zwecke.[4] Von daher ist der Begriff des Rechtsguts der Planungs- und Dispositionsfreiheit eher geeignet, Unklarheiten zu fördern, als den Inhalt der Vorstellungen über dieses Rechtsgut zu verdeutlichen. Präziser wäre deshalb, ein solches Rechtsgut als das Allgemeininteresse an einer wirksamen staatlichen Wirtschaftsförderung zu bezeichnen.[5] Darin sind zum einen der

---

[3] So auch *Schönke/Schröder/Lenckner,* § 264 Rdn. 4; diesem zustimmend *Tiedemann* in LK, § 264 Rdn. 8. Selbst in dem Fall, in dem keine normative Bindung vorliegt, ist ganz allgemein der Grundsatz größtmöglicher Wirtschaftlichkeit für die öffentliche Haushaltswirtschaft maßgebend; dazu etwa *Hedtkamp,* Finanzwissenschaft, S. 71 ff.

[4] Davon gehen auch die Vertreter der Auffassung eines Rechtsguts „Planungs- und Dispositionsfreiheit" aus, ohne allerdings dies stets im Hinblick auf den völlig abweichenden Begriffsinhalt von Dispositionsfreiheit bei den Freiheitsdelikten und beim Betrug hervorzuheben. Das Schlagwort vom Rechtsgut der Planungs- und Dispositionsfreiheit übernehmen ohne eine inhaltliche Klarstellung etwa Bericht, S. 5; *Dreher/Tröndle,* § 264 Rdn. 3; *Preisendanz,* § 264 Anm. 2 b; *Diemer-Nicolaus,* Schmidt-Leichner-Festschrift, S. 31 (42); *Lohmeyer,* Wirtschaftskriminalität, S. 55; den Begriff dagegen in dem hier dargestellten Sinn erläuternd *Tiedemann* in LK, § 264 Rdn. 8; *Heinz,* GA 1977, 225 f. Unter Vermeidung des Begriffs „Planungs- und Dispositionsfreiheit", jedoch inhaltlich mit dem Vorgenannten und der hier vertretenen Kennzeichnung des Inhalts des vorgestellten Rechtsguts übereinstimmend ferner *Lackner,* § 264 Anm. 1; *Wessels,* BT 2, S. 110 f.; *Blei,* Prot., S. 2504; *ders.,* JA 1976, 741 (744); *Göhler/Wilts,* DB 1976, 1609 (1610); *Sachverständigenkommission,* Tagungsberichte, S. 65 ff.

[5] So etwa *Lackner,* § 264 Anm. 1; *Wessels,* BT 2, S. 110 f.; ähnlich *Göhler/Wilts,* DB 1976, 1609 (1610) (sinnvoller Einsatz von staatlichen Mitteln zum Wohle der Allgemeinheit); *Sachverständigenkommission,* Tagungsberichte, S. 65 ff. (der dem Subventionszweck entsprechende Einsatz der dafür vorgesehenen Mittel); *Blei,* JA 1976, 741 (744) (Geschützt wird ... ein wesentliches Funktionselement der Wirtschaftsordnung); *Tiedemann* in LK, § 264 Rdn. 8 (Schutz der Subventionierung als eines besonders wichtigen Instruments der staatlichen Wirtschaftslenkung und Schutz der mit dieser Lenkung verfolgten wirtschaftspolitischen Zwecke); *Schönke/Schröder/Lenckner,* § 264 Rdn. 4

Schutz der Subvention als Instrument der Wirtschaftspolitik und zum anderen der Schutz vor Verfehlung der mit der Subventionierung im Einzelfall verfolgten Zwecksetzung enthalten.[6] Soweit es allerdings um die Zweckverfehlung geht, ist dieser Gesichtspunkt bereits durch das Rechtsgut des Vermögensschutzes erfaßt, so daß es insofern des Schutzes der Zweckerfüllung im Rahmen eines anderen Rechtsguts nur dann bedürfte, wenn man das Rechtsgut Vermögen als nicht durch § 264 StGB geschützt ansehen wollte. Dies ist jedoch, wie im einzelnen nachgewiesen wurde,[7] nicht der Fall und wird auch nur von wenigen im Schrifttum entweder mit einer nicht hinreichenden oder aber letztlich nicht haltbaren Begründung vertreten.[8]

b) Der Schutz vor kriminogenen Auswirkungen von Subventionserschleichungen

Es käme in Betracht, dem Schutz gegen Zweckverfehlungen selbständige Bedeutung auch außerhalb des Vermögensschutzes beizumessen, wenn der Vermögensschaden nur ein Teil des Gesamtschadens ist, der durch zweckverfehlende Subventionierungen entsteht. Als schädigende Auswirkung der Subventionserschleichungen werden insbesondere die Sog- und Spiralwirkungen genannt.[9] Durch den ungerechtfertigten Erhalt von Subventionen werden die erschleichenden Unternehmen wirtschaftlich gestärkt, so daß die konkurrierenden Betriebe unter Wettbewerbsdruck geraten und dadurch schließlich selbst dazu übergehen, Subventionen zu erschleichen (sogenannte Sogwirkung). Ferner bedingen Subventionserschleichungen, daß andere Personen durch das Ansinnen der Ausstellung falscher Belege, Rechnungen usw. mit in den

---

(Schutz der Institution der Subvention als wichtiges Instrument staatlicher Wirtschaftslenkung und der mit ihr verfolgten wirtschaftspolitischen Zielsetzung als solche); vgl. auch Bericht, S. 3, der die sozialschädliche Handlung in der Durchkreuzung staatlicher Planung und der (teilweisen) Vereitelung des im Allgemeininteresse verfolgten Zwecks sieht.

[6] Nur das zweite Element enthaltend die Definitionen von *Göhler/Wilts*, DB 1976, 1609 (1610); *Blei*, JA 1976, 741 (744); *Sachverständigenkommission*, Tagungsberichte, S. 65 ff.; beide Elemente verneinend *Tiedemann* in LK, § 264 Rdn. 8; *Schönke/Schröder/Lenckner*, § 264 Rdn. 4; *Lackner*, § 264 Anm. 1; *Wessels*, BT 2, S. 110 f.

[7] Zum Rechtsgut Vermögen bei § 264 StGB vgl. S. 68 ff.

[8] Vgl. Bericht, S. 5; *Tiedemann* in LK, § 264 Rdn. 10; *Dreher/Tröndle*, § 264 Rdn. 1; *Blei*, Prot., S. 2504; *ders.*, JA 1976, 741 (744); *Diemer-Nicolaus*, Schmidt-Leichner-Festschrift, S. 31 (42); *Heinz*, GA 1977, 255 f.; *Lohmeyer*, Wirtschaftskriminalität, S. 55. Von diesen begründet allerdings nur *Tiedemann*, Subventionskriminalität, S. 314 f.; *ders.*, ZStW 86 (1974), 897 (910 ff.) eingehend, warum das Vermögen nicht Rechtsgut sein könne, während die übrigen sich lediglich thesenartig zur Frage des Rechtsguts äußern und der von *Tiedemann* initiierten Auffassung beitreten.

[9] Vgl. *Tiedemann*, Subventionskriminalität, S. 27; *ders.*, Verbrechen, S. 11; *Zirpins/Terstegen*, Wirtschaftskriminalität, S. 100 f.; RegE, S. 14, 15.

Kreis der Beteiligten hereingezogen werden (sogenannte Spiralwirkung). Jedoch handelt es sich bei all diesen Auswirkungen nur um mittelbare Folgen und nicht um den unmittelbaren, gerade in der Zweckverfehlung liegenden Schaden. Das Bestreben der Gewährleistung von Zweckerfüllung schützt unmittelbar nur das Vermögen des Staates vor unwirtschaftlichen Verminderungen. Der Schutz Dritter vor den Sog- und Spiralwirkungen von Erschleichungshandlungen ist demgegenüber nur ein Reflex des Vermögensschutzes.

c) Der Schutz des Subventionswesens vor Subventionserschleichungen

Möglicherweise ist aber das Subventionswesen als solches Rechtsgut des § 264 StGB. Es fragt sich folglich, durch welche tatbestandliche Gestaltung zum Ausdruck kommt, daß es beim strafrechtlichen Schutz in § 264 StGB bezüglich der Subventionierungen um mehr als nur um die Ahndung von Zweckverfehlungen bedingendem Verhalten geht.

Ein das Subventionswesen als solches betreffendes Tatbestandsmerkmal ist in § 264 StGB nicht enthalten. Es ist auch nicht ersichtlich, welchen Schutz die Subventionen als Instrument der staatlichen Wirtschaftslenkung über den Schutz gegen Zweckverfehlungen hinaus durch § 264 StGB noch erfahren. Dabei verhält es sich nicht einmal so, daß die Subventionserschleichung die einzige Angriffsmöglichkeit gegen das Subventionswesen ist,[10] so daß also nicht etwa entgegnet werden kann, die mit dem Tatbestand des § 264 StGB erfaßte Zweckverfehlung verkörpere *den* Angriff auf das Subventionswesen. Schützt der Tatbestand Subventionsbetrug aber nur den zweckerfüllenden Einsatz von Vermögen und nicht darüber hinaus auch andere Elemente des Subventionswesens unmittelbar, handelt es sich bei dem Schutz der Subventionierung als Instrument der Wirtschaftslenkung lediglich um einen Schutzreflex des vertatbestandlichten Schutzes staatlichen Vermögens zum Zwecke der Subventionierung. Dieser Schutzreflex findet seine Parallele beim Betrugstatbestand, bei dem etwa der Schutz eines

---

[10] Eine erhebliche Gefahr, das Subventionswesen als Instrument der Wirtschaftslenkung zu schädigen, besteht etwa in dem Einsatz von Subventionen als Mittel wirtschaftspolitischer Kompromisse, die jedoch gesamtwirtschaftlichen Erfordernissen nicht entsprechen; vgl. dazu insbesondere *Berthold*, Subventionen, S. 155 ff. Dadurch kommt es auch zu Subventionierungen, die von vornherein ihr Ziel nur bedingt oder aber nicht mit einem optimal geringen Aufwand erreichen können, so daß öffentliche Mittel verschwendet werden. Zur sogenannten Zielkonformität von Subventionen vgl. nur *Berthold*, a. a. O., S. 121 ff., 155. Einen Angriff auf das Subventionswesen bedeutet aber auch der Eingriff von das erstrebte Wirtschaftssystem beeinträchtigenden Subventionen; vgl. auch dazu *Berthold*, a. a. O., S. 142, 155.

ordentlichen Geschäftsverkehrs lediglich Schutzreflex des durch § 263 StGB gewährleisteten Vermögensschutzes ist.[11]

Dem Verständnis, dem Subventionswesen Rechtsgutqualität beizumessen, fehlt aber nicht nur eine hinreichende tatbestandliche Absicherung, es würde darüber hinaus auch ein dem Strafgesetzbuch wesensfremdes Element einführen. Während der Schutz von Rechtsgütern wie Leib, Leben, Freiheit, Eigentum, Vermögen wegen ihres sozialethischen Wertes evident ist, bedeutet der Bestand des Subventionswesens nicht einen vorgegebenen oder gewachsenen, sondern einen geschaffenen „Wert“. Dies wird schon deutlich, wenn man nur die Stellung des Subventionswesens in der neueren Geschichte betrachtet.

Im 17. und 18. Jahrhundert wurde die Subventionierung als Mittel merkantilistischer Wirtschaftspolitik geschätzt. Unter dem Einfluß des Liberalismus des 19. Jahrhunderts kam es zur fast völligen Eliminierung von Subventionierungen. Doch bereits in der zweiten Hälfte des 19. Jahrhunderts nahmen die staatlichen Förderungen wieder zu und führten schließlich zu den seit den beiden Weltkriegen in immer stärkerem Maße um sich greifenden sozial-ökonomischen Interventionen.[12] Aber schon heute begegnen die Subventionen wiederum einer durchaus kritischen Grundhaltung.[13] Aus diesem Auf und Ab des staatlichen Rückgriffs auf Subventionierungen wird deutlich, daß das Subventionswesen nur so lange einen schutzbedürftigen Wert darstellt, wie die staatlichen Organe auf Grund wirtschaftspolitischer Entscheidung sich dieses Instruments der Wirtschaftslenkung bedienen wollen. In diesem Zusammenhang sei nur an die Vorbehalte von *R. Lange*[14] er-

---

[11] Vgl. dazu *Lackner* in LK, § 263 Rdn. 4.

[12] Vgl. *Berthold*, Subventionen, S. 43 f.; *Rüfner*, Formen, S. 17 ff., 52 ff.; *Friauf*, DVBl. 1966, 729 f.; *Köttgen*, DVBl. 1953, 485 f.; *Meinhold*, Handwörterbuch der Sozialwissenschaften, 10. Bd., S. 236 (237). Zur Entwicklung der Finanzhilfen seit der Berichterstattung des Bundes über Subventionen vgl. *Albrecht*, Subventionen, S. 33 ff. Die bei den Beratungen des Sonderausschusses (vgl. *Göhler*, Prot., S. 2650) vertretene Ansicht, das Erscheinungsbild der Subventionserschleichung sei dem Strafgesetzgeber des 19. Jahrhunderts unbekannt gewesen, ist — wie sich aus den vorgenannten Quellen ergibt — wohl nicht zutreffend. So hat *Berthold*, a. a. O., S. 44 insbesondere auf die Schifffahrtssubventionen verwiesen, die es im ganzen 19. Jahrhundert gegeben habe.

[13] Vgl. etwa *Albrecht*, Subventionen, S. 24 ff.; *Berthold*, Subventionen, S. 173 f. *Opp*, Wirtschaftskriminalität, S. 186 ff. schlägt sogar vor, es müsse auch unter dem Gesichtspunkt der Bekämpfung von Wirtschaftskriminalität daran gedacht werden, kriminogene Gesetze, etwa Subventionierungsgesetze, abzuschaffen. — Auch den aktuellen Mitteilungen der Tagespresse ist zu entnehmen, daß immer wieder selbst von unternehmerischer Seite eine Einschränkung der Subventionierungen gewünscht wird, weil sie als staatliche Eingriffe in die Marktwirtschaft zu Wettbewerbsverzerrungen führen und auch den einzelnen Unternehmer zu leicht in die Gefahr einer finanziellen Abhängigkeit vom Fortbestand der Subventionierung bringen.

[14] Strafrechtsreform, S. 38 ff.

innert, der mit Nachdruck darauf hingewiesen hat, daß aus dem Strafgesetzbuch der Schutz solcher Werte herauszuhalten sei, die nur deshalb Schutz erfahren, weil man sie für schutzbedürftig erklärt, jedoch in dem Moment, in dem an ihrem Schutz aus politischen Gründen kein Interesse mehr besteht, auch nicht mehr als schutzbedürftig empfunden werden, die also nicht einmal eine sozialethische Relevanz haben. Gerade aber das Instrumentarium der Wirtschaftspolitik sei nicht Gegenstand ethischer Bewertung, sondern politischer Entscheidung und deshalb variabel, austauschbar und sogar umkehrbar. Bedenken bestehen allerdings, allein auf Grund dieses Kriteriums zwischen den delicta per se und den delicta mere prohibita und damit zugleich zwischen dem im Strafgesetzbuch enthaltenen Kernstrafrecht und dem in den Nebengesetzen[15] als Verwaltungsstrafrecht zu erfassenden Strafschutz zu unterscheiden.[16] Entscheidend für die hier interessierende Frage des Rechtsguts ist vielmehr, daß Rechtsgut jedenfalls nicht das vordergründig als Schutzgut erscheinende Instrument der Wirtschaftspolitik ist, da dieses ohne materiellen Gehalt ist. Rechtsgutcharakter kommt nur dem dahinterstehenden Wert zu, etwa im Subventionswesen dem Vermögen.

Schon der zuvor gegebene kursorische Überblick über die Stellung des Subventionswesens in der staatlichen Wirtschaftspolitik bestätigt für den Teilbereich der Subventionierungen, daß mit dem Wandel der wirtschaftspolitischen Auffassung sich auch die Wertschätzung dieses Lenkungsinstruments ändert. In den Beratungen des Sonderausschusses hatten bereits *Ostman von der Leye*[17] und *Gössel*[18] die Charakterisierung der staatlichen Interessen an einer plangerechten Subventionierung als Rechtsgut im Rahmen des § 264 StGB als zu weitgehend abgelehnt. Auch wenn der Sonderausschuß und ein Teil des Schrifttums sich dieser Auffassung nicht angeschlossen haben, so zeigen aber gerade die vorangegangenen Ausführungen, daß es weder einer gesonderten Ausweisung des Subventionswesens als Rechtsgut neben dem Vermögen bedarf, noch eine solche Interpretation des Rechtsgüterschutzes eine Stütze im Tatbestand des § 264 StGB findet.[19]

Weiterhin wird aber auch deutlich, zu welchen Konsequenzen die Auffassung führt, es werde durch § 264 StGB nicht das staatliche Ver-

---

[15] *R. Lange*, Strafrechtsreform, S. 39 hält den Begriff „Sonderstrafrecht" für treffender.

[16] So aber *R. Lange*, Strafrechtsreform, S. 40 f. Zur Abgrenzung von Straftat und Ordnungswidrigkeit vgl. unten 2. Abschnitt, II. 3. a).

[17] Prot., S. 2657, 2477, 2659.

[18] Prot., S. 2614 f.

[19] So auch *Maurach/Schroeder*, BT 1, S. 401; *Schmidhäuser*, BT, S. 123; *Gössel*, Prot., S. 2614 f.

mögen als solches geschützt. In diesem Fall könnte Rechtsgut nämlich nur das Subventionswesen im Hinblick auf den zweckentsprechenden Einsatz von staatlichen Mitteln sein. Das Subventionswesen als solches ist jedoch ohne materiellen Gehalt. Daraus müßten aber weitere Folgerungen im Hinblick auf den Strafrahmen und das Konkurrenzverhältnis zum Betrugstatbestand gezogen werden.[20]

d) Der Schutz der staatlichen „Dispositionsfreiheit" vor Subventionserschleichungen

Es fragt sich schließlich, ob nicht neben dem Rechtsgut Vermögen auch das Rechtsgut der Dispositionsfreiheit im Sinne der Entscheidungsfreiheit durch den Tatbestand Subventionsbetrug geschützt wird. Ein solcher Schutz könnte darin zu sehen sein, daß durch diese Strafvorschrift möglicherweise auch verhindert werden soll, daß sich für die über die Bereitstellung von Subventionsmitteln entscheidenden Organe auf Grund der vorliegenden unrichtigen Subventionsanträge ein verfälschtes Bild des Subventionsbedarfs ergibt und damit zu Fehlentscheidungen führen könnte. Jedoch enthält der Tatbestand des § 264 StGB auch bezüglich eines solchen Rechtsguts keinen Anhaltspunkt. Wie die begriffliche Klarstellung oben[21] ergeben hat, ist der Schutz nicht auf eine unbeeinträchtigte staatliche Entscheidungs*findung*, sondern auf einen planmäßigen Entscheidungs*vollzug* gerichtet. Zu Fehlinterpretationen verleitet insofern lediglich das mißverständliche Schlagwort von dem Schutz der staatlichen „Planungs- und Dispositionsfreiheit".

e) Ergebnis

Als Zwischenergebnis ist festzuhalten, daß Rechtsgut des § 264 StGB nicht die staatliche „Planungs- und Dispositionsfreiheit" oder das Subventionswesen im Hinblick auf einen zweckentsprechenden Einsatz von staatlichen Mitteln ist. Der Schutz des dem Subventionszweck entsprechenden Einsatzes der dafür vorgesehenen Mittel und damit auch ganz allgemein des Subventionswesens erfolgt bereits über den in § 264 StGB enthaltenen Vermögensschutz, der insofern lediglich einen diesbezüglichen Schutzreflex beinhaltet.

---

[20] Dieser Konsequenz hat sich ein Großteil des Schrifttums dadurch entzogen, daß das Rechtsgut Vermögen als zugleich geschützt miterwähnt wird. Anders dagegen *Berz*, BB 1976, 1435 (1438); *Maurach/Schroeder*, BT 1, S. 432; *Schmidt-Hieber*, NJW 1980, 322 (324) bezüglich der Konkurrenzfrage: Diese nehmen Idealkonkurrenz an; vgl. auch *Diemer-Nicolaus*, Schmidt-Leichner-Festschrift, S. 31 (65).

[21] II. 3. a).

4. Wahrheit, Vertrauen oder Treu und Glauben im vermögensrechtlichen Verkehr als Rechtsgut des § 264 StGB

Schließlich stellt sich die Frage, ob neben dem Rechtsgut Vermögen durch § 264 StGB etwa auch die Wahrheit, das fremde staatliche Vertrauen oder Treu und Glauben im vermögensrechtlichen Verkehr, so wie es schon hinsichtlich des Rechtsguts des § 263 StGB vertreten wurde,[1] geschützt werden.[2] Die Bestrebungen, einen solchen Rechtsgüterschutz als den einzigen Inhalt oder aber als weiteren Schutzinhalt neben dem Vermögensschutz zu postulieren, haben sich allerdings für den Betrugstatbestand nicht durchgesetzt.[3] Entscheidend dafür war vor allem, daß der Schutz solcher, dem Strafgesetzbuch im übrigen sonst unbekannten Rechtsgüter notwendigerweise zu einer Auflösung der Konturierung des Vermögensschadensbegriffs und damit zu einer mit dem Bestimmtheitsgrundsatz nicht mehr vereinbaren Ausweitung des Betrugstatbestands führen mußte.[4] Während jedoch § 263 StGB tatbestandlich durch den Begriff des Vermögensschadens gekennzeichnet und dadurch auch begrenzt ist, fehlt dieser bei § 264 StGB, so daß die diesbezüglichen Bedenken beim Tatbestand Subventionsbetrug nicht entstehen könnten. Jedoch ist aus einem anderen Grund ausgeschlossen, daß die zu Beginn dieses Abschnitts genannten Werte Rechtsgüter des § 264 StGB sein können. Denn ein Angriff auf die Wahrheit, Treu und Glauben oder das fremde Vertrauen kommt nur als tatbestandlicher Rechtsgutangriff in Betracht, wenn die Strafvorschrift einen solchen auch im Tatbestand voraussetzt. § 264 StGB setzt zwar eine Täu-

[1] Vgl. etwa *Mezger*, Strafrecht II, 7. Aufl., S. 167 (Wahrheit und Treu und Glauben); *Hafter*, Strafrecht, S. 258 Anm. 1 (Treu und Glauben); *Henkel*, ZAkDR 1939, 133 (Treu und Glauben); *Sauer*, BT, S. 72 (Treu und Glauben); *Frank*, § 263 Anm. I (wahrer Wille); *Gutmann*, MDR 1963, 3 (Dispositionsfreiheit); weitergehend insofern, als es auf einen Vermögensschutz überhaupt nicht mehr ankommen soll: *Kohlrausch*, Schlegelberger-Festschrift, S. 203 (222) (Täuschung fremden Vertrauens); *Borst*, JW 1935, 1221 (1222) (Wahrheit, Treu und Glauben); *Kempermann*, ZStW 57 (1938), 126 (146) (Treu und Glauben, Wahrhaftigkeit).

[2] Einen Hinweis auf die Wahrheitspflicht als Rechtsgut des § 264 StGB enthält insbesondere der Bericht des Sonderausschusses, S. 4: „Für denjenigen aber, der freiwillig zu seinem Vorteil eine unentgeltliche Leistung des Staates in Anspruch nimmt, stellt die strafrechtliche Absicherung der ohnehin selbstverständlichen Wahrheitspflicht keine unzumutbare Belastung dar." Vgl. auch schon RegE, S. 24: „allgemeine Pflicht der Subventionsehrlichkeit".

[3] Vgl. exempl. *Lackner* in LK, § 263 Rdn. 4; *Schönke/Schröder/Cramer*, § 263 Rdn. 5, jeweils mit weiteren Nachweisen; aus dem älteren Schrifttum bereits *Binding*, BT 1, S. 339 f. und auch schon *Temme*, Betrug, S. 31 ff., die das Wesen des Betrugs mit der Vermögensverletzung, nicht dagegen mit der Fälschung oder Verletzung der Wahrheit begründen.

[4] Vgl. *Maurach/Schroeder*, BT 1, S. 400; *Naucke*, Betrug, S. 103 ff.; *Cramer*, Vermögensbegriff, S. 25 ff., zu den gerade in der nationalsozialistischen Zeit auftretenden Tendenzen der Auflösung des Schadensbegriffs beim Betrug vgl. *R. Lange*, Strafrechtsreform, S. 36 f.

schungshandlung voraus, nicht jedoch ein Vertrauen auf die Wahrheit oder Treu und Glauben des Getäuschten. Dessen Vorstellungen sind mangels des Erfordernisses eines Irrtums, anders als beim Betrug, unerheblich. Insofern stellt § 264 StGB gerade kein „Fälschungsdelikt" im Sinne der zuvor dargestellten Meinungen zum Betrug dar.[5] Es kommt nur auf die subventions- und damit vermögensbezogene Täuschungshandlung an, ohne daß eine Einflußnahme auf den Subventionsgeber mit in die tatbestandliche Bewertung des Verhaltens einbegriffen ist. Daher kann aber die Wahrheit, das fremde Vertrauen oder Treu und Glauben nicht Rechtsgut des § 264 StGB sein.[6]

5. Ergebnis

Zusammenfassend ist als Ergebnis der Untersuchung zum Rechtsgut des § 264 StGB somit festzuhalten, daß allein das Rechtsgut Vermögen durch § 264 StGB geschützt ist. Der irreführend[1] als Schutz der „staatlichen Planungs- und Dispositionsfreiheit" bezeichnete Schutz des Subventionswesens als Instrument der staatlichen Wirtschaftslenkung ist lediglich Schutzreflex des in § 264 StGB enthaltenen Vermögensschutzes, der sich gegen den den Subventionszweck verfehlenden Einsatz der zur Subventionierung vorgesehenen Mittel wendet. Der in der Zweckverfehlung von Subventionierungen liegende Vermögensschaden wird in Rechtsprechung und Schrifttum allgemein anerkannt und auch bezüglich des § 264 StGB überwiegend[2] nicht in Zweifel gezogen. Soweit teilweise[3] dagegen der Versuch unternommen wird, staatliches Vermögen als wesensmäßig und dadurch auch schutzmäßig andersartig als privates Vermögen zu erklären, halten die gegebenen Begründungen einer Überprüfung nicht stand. Entgegen der Ansicht von *Tiedemann*[4] müßte sich § 264 StGB aber auch als Delikt gegen die „staatliche Planungs- und Dispositionsfreiheit" in dem von ihm vertretenen Sinne als Vermögensdelikt darstellen, da nicht die „Planung und Disposition"

---

[5] Vgl. auch *Gössel*, Prot., S. 2615 f., 2617; *Lampe*, Prot., S. 2517.

[6] Dieses Ergebnis steht auch im Einklang mit dem im Strafgesetzbuch an anderer Stelle manifestierten Rechtsgüterschutz. Das Strafgesetzbuch kennt nämlich eine Reihe von Tatbeständen, die unwahre, verfälschende Tatsachenangaben mit Strafe ahnden, ohne daß jedoch darin die Wahrheit als Rechtsgut in Erscheinung tritt; vgl. exempl. §§ 100 a, 108 a, 144, 145 Abs. 1 Nr. 2; 145 c, 153, 154, 156, 164, 167, 187, 187 a, 219 a, 241 a Abs. 4, 263, 265 b, 267, 268, 273, 277, 278, 279, 281, 283 Abs. 1 Nr. 4, 348, 353 a StGB.

[1] Zustimmend *Tiedemann* in LK, § 264 Rdn. 8; ebenso schon *Schönke/Schröder/Lenckner*, § 264 Rdn. 4.

[2] Vgl. zum Meinungsstand oben II.

[3] Vgl. insbesondere *Tiedemann*, Subventionskriminalität, S. 314 f.; *Amelung*, Rechtsgüterschutz, S. 374 ff.; *Volk*, Gutachten, S. 460 ff.

[4] In LK, § 264 Rdn. 10.

des Staates allgemein geschützt wird, sondern stets nur in dem fest umgrenzten Bereich des Bezuges auf den Einsatz von Subventionsmitteln, also staatlichen Vermögens. Andernfalls wäre auch die Erfassung von Subventionserschleichungen durch den Betrugstatbestand nicht zu erklären.[5] Nach der heute nur noch vereinzelt vertretenen Auffassung, die in der Zweckverfehlung keinen Vermögensschaden sieht,[6] müßte konsequenterweise das Rechtsgut des § 264 StGB in dem zweckentsprechenden Einsatz der Subventionsmittel, der Realisierung der Vermögensdisposition, gesehen werden. Aber auch dieser Meinung nach würde es sich bei § 264 StGB um eine Vermögensstraftat handeln, da der Schutz gegen Zweckverfehlungen letztlich nur vor unwirtschaftlichen Vermögensdispositionen und damit das Vermögen selbst schützen soll. Nach alledem wäre selbst nach den von der hier vertretenen Auffassung abweichenden Meinungen zum Rechtsgut des § 264 StGB der Tatbestand Subventionsbetrug ein Vermögensstraftatbestand.

III. Folgerungen für die systematische Stellung des Tatbestands Subventionsbetrug im Besonderen Teil des Strafgesetzbuches

Auf Grund der Untersuchung zum Rechtsgut des § 264 StGB, die entstehungsgeschichtlich den Ursprung der Vorschrift aus dem Betrugstatbestand verdeutlicht hat, steht nunmehr fest, daß durch den Tatbestand Subventionsbetrug ebenso wie durch den Betrugstatbestand das Vermögen als Ganzes, jedoch sachlich beschränkt auf das staatliche Vermögen, geschützt wird. Da alle übrigen Schutzrichtungen, die im Schrifttum ferner noch angeführt werden, sich lediglich als Schutzreflexe des Vermögensschutzes erwiesen haben, ist § 264 StGB systematisch den Vermögensschutzdelikten zuzuordnen. Die Einordnung des Tatbestands in den 22. Abschnitt des Besonderen Teils des Strafgesetzbuches ist ferner dadurch gerechtfertigt, daß sich § 264 ebenso wie die übrigen in diesem Abschnitt enthaltenen Tatbestände[7] gegenüber sonstigen das Vermögen als Ganzes schützenden Deliktstatbeständen durch das Merkmal der Täuschung abgrenzt.

[5] Vgl. aber die kaum nachvollziehbaren Erklärungsversuche von *Tiedemann* in LK, § 264 Rdn. 9.

[6] Vgl. etwa *Arzt*, LH 3, S. 165; *Lampe*, Prot., S. 2511, 2520.

[7] Allerdings mit Ausnahme des § 266 StGB. Dazu oben S. 18.

IV. Die Tatbestandsbezeichnung „Subventionsbetrug"

Hat sich damit die systematische Zuordnung des § 264 StGB zum Abschnitt Betrug und Untreue im Strafgesetzbuch trotz der Zweifel, die auf Grund der verschiedenen Auffassungen zum Rechtgut des Tatbestands aufkommen mußten, als zutreffend erwiesen, so bleiben jedoch Bedenken, ob die Bezeichnung dieser Strafvorschrift als „Subventions*betrug*" eine vertretbare Kennzeichnung des Delikts darstellt. Erforderlich ist eine korrekte Bezeichnung der Straftat schon allein wegen der damit verbundenen Etikettierungs- und Stigmatisierungsfunktion, die auch in § 260 Abs. 4 Satz 2 StPO ihren Niederschlag gefunden hat.[1]

Überwiegend[2] wird die Auffassung vertreten, es handele sich bei der Bezeichnung des § 264 StGB als Subventions*betrug* um eine ungenaue und irreführende Kennzeichnung. § 264 StGB setze gerade nicht die Erfüllung der für einen Betrug erforderlichen Merkmale, wie etwa eine täuschungsbedingte Irrtumserregung, voraus und erfasse im übrigen schon Fälle im Vorfeld des Betrugs, etwa vor Eintritt eines Vermögensschadens. Begriffslogisch gebe es aber keinen Betrug im Vorfeld des Betrugs. Soweit § 265 StGB als Vorfeldtatbestand zum Betrugstatbestand gleichfalls als Betrug bezeichnet sei, handele es sich um einen Fehler, der bei § 264 StGB nicht perpetuiert werden dürfe.

In der Tat gingen die Gesetzesvorschläge durchweg[3] von einem Straftatbestand mit der Bezeichnung „Subventionserschleichung" aus. Erst im Regierungsentwurf[4] wurde § 264 StGB als Subventions*betrug* gekennzeichnet. Der *Sonderausschuß* schloß sich den dafür maßgeblichen Gründen an:[5] Diese sind darin zu sehen, daß bei § 264 StGB deutlich gemacht werden sollte, daß es sich bei dieser Vorschrift um einen Sondertatbestand zum Betrug handelt. Die Erkenntnis, daß die in § 264 StGB erfaßten Fälle tatsächlich nicht notwendigerweise die Voraussetzungen des Betrugs erfordern, zwinge demgegenüber nicht dazu, auf die Be-

---

[1] Vgl. *Löwe/Rosenberg/Gollwitzer*, § 260 Rdn. 54; *Kleinknecht*, § 260 Rdn. 26; vgl. auch *Lampe*, Prot., S. 2510. Zum Stigmatisierungsprozeß bei Wirtschaftsstraftätern vgl. auch *Opp*, Wirtschaftskriminalität, S. 180.

[2] *Tiedemann* in LK, § 264 Rdn. 12, sowie bereits während des Gesetzgebungsverfahrens *ders.*, ZStW 87 (1975), 253 (274); *ders.*, Wirtschaftsstrafrecht Bd. 2, S. 76; vgl. ferner *Lackner* in LK, § 263 Rdn. 164; *ders.*, § 264 Anm. 1; *Maurach/Schroeder*, BT 1, S. 432; *Wessels*, BT 2, S. 111; *Lampe*, Prot., S. 2510 f., 2514 f.; *Schmidt-Hieber*, NJW 1980, 322.

[3] Vgl. Tagungsbericht, S. 117 (§ X Subventionserschleichung); Referentenentwurf, S. 2 f. (§ 265 b Subventionserschleichung); Alternativentwurf, § 201 StGB Subventionserschleichung; *Tiedemann*, Subventionskriminalität, S. 369 § X (Subventionsmißbrauch); vgl. auch *Göhler*, Tagungsberichte, Anlage 14, S. 2: § 2 Erschleichen von Finanzhilfen.

[4] S. 4.

[5] Prot., S. 2719; Bericht, S. 26.

zeichnung Betrug zu verzichten. Denn bei den Überschriften der Straftatbestände werde ohnehin nicht stets exakt der Kern einer Vorschrift zum Ausdruck gebracht, wie sich etwa aus der Bezeichnung des § 265 StGB als Versicherungsbetrug ergebe.[6]

Das Dilemma der zutreffenden Bezeichnung des § 264 StGB ist ein Resultat des weiten Anwendungsbereichs der Vorschrift. Dieser reicht von der Erfassung eines vollendeten Betrugs[7] über einen mangels Vorsatz nicht einmal mehr strafbaren „versuchten" Betrug[8] bis zum Gebrauchmachen einer durch unrichtige oder unvollständige Angaben erlangten Urkunde.[9] Gerade die Einbeziehung der zuletzt benannten Fallgruppe durch § 264 Abs. 1 Nr. 3 StGB in den Tatbestand Subventionsbetrug erscheint neben seiner Zweifelhaftigkeit in Sinngehalt und Tragweite[10] systematisch bedenklich und wirkt als Fremdkörper innerhalb der Vorschrift. Tatsächlich handelt es sich um einen über die engeren Voraussetzungen der §§ 273, 272 StGB hinausgehenden Sonderfall des Gebrauchs falscher Beurkundungen, dessen Bezugspunkt zum Betrug lediglich in der Täuschung im Hinblick auf eine Subventionierung, also einen Vermögensvorteil liegt. Die Bezeichnung einer solchen Handlungsmodalität als Betrug ist selbst in der Wortverbindung mit Subvention verfehlt, da die juristische Kennzeichnung „Betrug" einen anderen, engeren Sinngehalt als der Begriff Betrug im allgemeinen Sprachgebrauch hat.[11]

Allerdings erfassen § 264 Abs. 1 Nr. 1 und 2 StGB, wie bereits erwähnt, sowohl Betrugsfälle wie auch betrugsähnliche Fallkonstellationen. Soweit im Einzelfall tatsächlich zugleich die Voraussetzungen des Betrugs vorliegen, ist das Bestreben anzuerkennen, die Tat auch als Fall eines Betrugs zu kennzeichnen, um auf diese Weise von vornherein zu verdeutlichen, daß dem verwirklichten Delikt ein dem Betrug gleicher Unrechtsgehalt beizumessen ist. Anderenfalls wäre die Gefahr begründet, der Vorstellung eines „Kavaliersdelikts"[12], die der Wirtschaftskriminalität[13] ebenso wie der Steuerkriminalität[14] innewohnt, weiter Vorschub zu leisten.

[6] So *Göhler*, Prot., S. 2719, 2514.

[7] Vgl. Bericht, S. 6; *Tiedemann* in LK, § 264 Rdn. 134, 116; *Dreher/Tröndle*, § 264 Rdn. 5; *Göhler*, Prot., S. 2691 f.

[8] So etwa, wenn der Subventionsnehmer unrichtige Angaben in Kenntnis darüber macht, daß der Subventionsgeber die Unrichtigkeit erkennt.

[9] Vgl. RegE, S. 26; Bericht, S. 6; *Göhler*, Prot., S. 2681 f., 2691.

[10] Vgl. dazu *Schönke/Schröder/Lenckner*, § 264 Rdn. 57; *Tiedemann* in LK, § 264 Rdn. 79; *ders.*, ZStW 87 (1975), 253 (292); *Berz*, BB 1976, 1435 (1437).

[11] Zu den landläufigen Vorstellungen zum Betrug vgl. die aufschlußreiche Darstellung bei *Zirpins/Terstegen*, Wirtschaftskriminalität, S. 369.

[12] Vgl. dazu *Helfer*, MSchrKrim. 50 (1967), 175 ff.

[13] Vgl. dazu *Tiedemann*, ZRP 1970, 256 (260); *ders.*, Verbrechen, S. 11 f.;

So sehr dieser Umstand auch für die Kennzeichnung der in § 264 StGB geregelten Fallgruppe als „Betrug" spricht, so steht dem jedoch andererseits entgegen, daß damit zugleich bloße Handlungen im Vorfeld des Betrugs derselben Unrechtszuschreibung unterworfen werden wie tatsächliche Betrugshandlungen. Soweit in diesem Zusammenhang auf die Bezeichnung des § 265 StGB als Versicherungsbetrug verwiesen wird, ist dem entgegenzuhalten, daß die Reformvorschläge[15] zu § 265 StGB die Überschrift Versicherungs*mißbrauch* vorsahen, also auch bei dieser Vorschrift Zweifel an der Richtigkeit der Kennzeichnung des Deliktsgehalts in der Überschrift bestehen. Zum anderen aber erfordert § 265 StGB ein Handeln in betrügerischer Absicht. Dadurch erfolgt nach der herrschenden Meinung[16], aber auch nach der davon abweichenden, auf eine Erweiterung des Anwendungsbereichs der Vorschrift bedachten Ansicht[17], eine im Subjektiven liegende Anbindung des § 265 StGB an Voraussetzungen des Betrugstatbestandes.[18] Eine solche Inbezugnahme des Betrugs fehlt hingegen bei § 264 StGB, so daß es bei dieser Vorschrift noch entfernter liegt, den Begriff Betrug mit in die Überschrift aufzunehmen.

Ferner pönalisiert § 264 Abs. 3 die leichtfertige Erfüllung der Voraussetzungen des Absatz 1 Nr. 1 und 2. Da es aber keinen allgemeinen Tatbestand eines strafbaren leichtfertigen Betrugs gibt, kann sich die Vorstellung über die Verurteilung wegen eines leichtfertigen Subventionsbetrugs[19] nur an etwas strafrechtlich nicht Existentem orientieren,

---

ders., Verbrechen, 1. Aufl., S. 24; *Noll*, Gesetzgebungslehre, S. 205; *Zeidler*, Grundlagen Bd. 13/1, S. 155 (237 f.) mit weiteren Nachweisen; ferner auch *Wassermann*, Beiträge, S. 27 (44).

[14] Vgl. dazu nur *Baumann*, JZ 1972, 1; *Zybon*, Wirtschaftskriminalität, S. 10, 34, 64; *Tiedemann*, ZRP 1970, 256 (261); *Irmer*, Grundlagen Bd. 2, S. 399 (415); *Zeidler*, Grundlagen Bd. 13/1, S. 155 (238); *Schmölders*, Handbuch der Sozialwissenschaft, Bd. 10, S. 119 ff.; *Franzen/Gast/Samson*, Einleitung Rdn. 20; *Helfer*, MSchrKrim. 50 (1967), 175 (177 ff.).

[15] Vgl. Niederschriften Bd. 5, S. 317; Niederschriften Bd. 8, S. 57 ff., 498; Niederschriften Bd. 12, S. 609 (E 1959); ferner E 1960 und E 1962: § 256. Vgl. auch die Stellungnahme zum Versicherungsmißbrauch im Alternativentwurf, Straftaten gegen die Wirtschaft, S. 125.

[16] RGSt. 62, 297 (298); 69, 1 (2); BGHSt. 1, 209 ff.; BGH NJW 1976, 2271; *Dreher/Tröndle*, § 265 Rdn. 3; *Lackner* in LK, § 265 Rdn. 5 f.; *ders.*, § 265 Anm. 3; *Samson* in SK, § 265 Rdn. 8 ff.; *Schönke/Schröder/Lenckner*, § 265 Rdn. 11; *Blei*, Strafrecht II, S. 213; *Maurach/Schroeder*, BT 1, S. 434 f.

[17] OLG Celle SJZ 1950, 682; *Boldt*, DR 1941, 1147, 1148 f.; *Kohlrausch/Lange*, § 265 Anm. III; *Welzel*, LB, S. 379; *ders.*, NJW 1953, 652 (653).

[18] Diese Anbindung ist allerdings bei der von der herrschenden Meinung abweichenden Auffassung geringer; vgl. dazu bei *Maurach/Schroeder*, BT 1, S. 435.

[19] Straftaten, bei denen sowohl Vorsatz wie auch Fahrlässigkeit (Leichtfertigkeit) strafbar sind, sind bei der Verurteilung zusammen mit der dem Urteil zugrundeliegenden subjektiven Begehungsform zu benennen; vgl. nur *Gollwitzer* in *Löwe/Rosenberg*, § 260 Rdn. 57; *Kleinknecht*, § 260 Rdn. 28.

so daß die Inbezugnahme der Tatbestandsbezeichnung Betrug in diesem Fall besonders verfehlt erscheint.[20]

Ein weiterer Gesichtspunkt gegen die Bezeichnung des § 264 StGB als Subventions*betrug* ergibt sich aus dem Verhältnis von § 370 AO und § 264 StGB zu § 263 StGB. Gegenüber § 264 StGB und § 370 AO ist § 263 StGB die weiteste Regelung bezüglich des Täterkreises und der Handlungsobjekte, zugleich aber auch die engste hinsichtlich ihrer darüber hinausgehenden Voraussetzungen. § 264 StGB und § 370 AO erscheinen § 263 StGB gegenüber als Sondertatbestände insofern, als sie Regelungen für besondere Bezugsobjekte enthalten, wobei allerdings geringere Anforderungen an das Vorliegen der betrugstypischen Merkmale gestellt werden.[21] Da aber § 263 StGB allein durch die Handlungs- und Erfolgsvoraussetzungen als Betrug gekennzeichnet ist, an diese aber sowohl bei § 370 AO wie auch bei § 264 StGB zum Teil tatbestandlich geringere Anforderungen gestellt werden, fehlt es bei beiden zuletzt genannten Tatbeständen an Merkmalen, die gerade das Spezifische des Betrugs ausmachen. Dieser Erkenntnis ist bei der Bezeichnung des Tatbestandes § 370 AO als Steuerhinterziehung gefolgt worden. Es wäre nur konsequent[22], entsprechend bezüglich § 264 StGB zu verfahren.

Zutreffender erscheint deshalb, diesem Tatbestand die Überschrift „Subventionserschleichung"[23] zu geben.[24] Dabei wird in Kauf genommen, daß selbst diese Bezeichnung nicht ganz präzise ist. Denn durch sie könnte die Vorstellung gefördert werden, der Tatbestand erfasse nur Fälle, in denen eine Erschleichung stattgefunden habe, wobei dies mit dem Eintritt eines daraus resultierenden Erschleichungserfolges gleichgesetzt wird. Richtig verstanden beschränkt sich dieser Begriff aber darauf, allein die Tathandlung, nämlich die Täuschungshandlung bezüglich einer Subvention, zum Ausdruck zu bringen.[25] Damit gelänge

---

[20] So auch *Schmidt-Hieber*, NJW 1980, 322.

[21] Zum Verhältnis der §§ 263, 264 StGB, § 370 AO zueinander vgl. etwa *Franzen/Gast/Samson*, § 370 Rdn. 55 ff. Zum Verhältnis des § 264 StGB zu § 370 AO vgl. oben S. 41 Anm. 1; ferner auch *Göhler*, Prot., S. 2686, 2718; *Penner*, Prot., S. 2718; *Eyrich*, Prot., S. 2718.

[22] Rückschlüsse von § 370 AO auf § 264 StGB sind insbesondere auch deshalb geboten, weil der Tatbestand Subventionsbetrug in Parallelität zu Vorschriften der Abgabenordnung auch im Hinblick auf die Einzelausgestaltung angelegt ist; vgl. etwa *Göhler*, Prot., S. 2692, 2660.

[23] Diese Bezeichnung ist der Überschrift „Subventionsmißbrauch" (so *Tiedemann*, Subventionskriminalität, S. 369) vorzuziehen. Dabei ist nicht entscheidend, daß dieser Begriff zu „farblos" wäre (so aber *Tiedemann*, ZStW 87 [1975], 253 [274]), sondern daß dadurch die Vorstellung gefördert würde, das Delikt ahnde die vergabewidrige Subventionsverwendung.

[24] So auch Tagungsbericht, S. 117; Referentenentwurf, S. 2; Alternativentwurf § 201 StGB; *Tiedemann*, ZStW 87 (1975), 253 (274); *ders.*, Wirtschaftskriminalität, S. 76; *ders.*, Gutachten, S. C 72; *ders.*, ZStW 86 (1974), 897 (919); *Lampe*, Prot., S. 2511, 2515.

aber auch, die Handlungsmodalität des § 264 Abs. 1 Nr. 3 StGB zutreffend in der Überschrift zu erfassen. Dem kriminalpolitischen Erfordernis, hinsichtlich der in § 264 StGB erfaßten Verhaltensweisen nicht den Verdacht eines „Kavaliersdelikts“ aufkommen zu lassen, ist zum einen bereits durch die Einstellung des Tatbestands in das Strafgesetzbuch Rechnung getragen worden. Zum anderen hängt aber auch dem Begriff der Subventionserschleichung nicht das Odium einer Bagatelle an, da die Kombination von Erschleichung und Subvention hinreichend deutlich zum Ausdruck bringt, daß es um Zugriffshandlungen auf mitunter erhebliche Vermögenswerte der Allgemeinheit geht.

[25] So auch der Begriff der Steuerhinterziehung, soweit er nicht nur als Bezeichnung des Handlungserfolgs, also der Steuerverkürzung, verstanden wird.

2. Abschnitt

Dogmatische Grundentscheidungen bei der tatbestandlichen Fassung des § 264 StGB

Haben die bisherigen Überlegungen dazu beigetragen, den systematischen Standort des Tatbestands Subventionsbetrug innerhalb des Besonderen Teils des Strafgesetzbuchs abzuklären und zugleich die Zweifel an dem Hauptargument für ein *dogmatisches* Erfordernis eines besonderen Tatbestands neben § 263 StGB zur Erfassung von Subventionserschleichungen, nämlich der angeblichen Zweifelhaftigkeit eines Vermögensschadens bei Subventionserschleichungen, untermauert, so wenden sich die folgenden Ausführungen Besonderheiten der tatbestandlichen Ausgestaltung des § 264 StGB zu. Bedenken hinsichtlich der tatbestandlichen Fassung des § 264 StGB richten sich im wesentlichen gegen drei Grundentscheidungen[1] im Gesetzgebungsverfahren:

a) Die Gestaltung des Tatbestands als abstraktes Gefährdungsdelikt,
b) die Strafbarkeit der Leichtfertigkeit in § 264 Abs. 3 StGB und
c) die Einführung eines materiellen Subventionsbegriffs an Stelle des zunächst im Regierungsentwurf festgelegten formellen Subventionsbegriffs.

Die in diesen Punkten vorgetragene Kritik[2] hat ihren Ursprung nicht in kriminalpolitischen Zweckmäßigkeitserwägungen, sondern resultiert vornehmlich aus Zweifeln an der Vereinbarkeit einer solchen Tatbestandsfassung mit allgemeinen strafrechtlichen Grundsätzen, wie etwa dem Schuldprinzip und dem Bestimmtheitsgrundsatz. Es soll nun unter Außerachtlassung von sich bei der Tatbestandsauslegung noch darüber hinaus ergebenden Einzelfragen untersucht werden, inwieweit die Strafvorschrift § 264 StGB mit den allgemeinen strafrechtlichen Lehren in Einklang steht.

---

[1] So *Samson* in SK, § 264 Rdn. 9 ff. mit Darstellung des Meinungsstandes.

[2] Zu den Nachweisen vgl. im einzelnen die folgenden Ausführungen. Darüber hinaus allgemein zur Kritik der Fassung des § 264 StGB *Tiedemann*, ZStW 87 (1975), 253 (292 f.); *Lenckner*, Tübinger Juristenfakultät-Festschrift, S. 239 (257 Anm. 67).

I. § 264 StGB als Gefährdungsdelikt

Einigkeit besteht darüber, daß es sich bei § 264 StGB um ein Gefährdungsdelikt handelt, d. h. die Tatbestandserfüllung setzt keine Verletzung eines Rechtsguts voraus. Umstritten ist jedoch, ob es sich bei dieser Vorschrift um ein abstraktes Gefährdungsdelikt handelt, wie weitaus überwiegend vertreten wird,[1] oder ob § 264 StGB ein konkretes[2] oder abstrakt-konkretes[3] Gefährdungsdelikt ist. Diese Eingruppierung hat über eine bloße Systematisierung hinaus unter zwei Gesichtspunkten Bedeutung. Zum einen ist zweifelhaft, ob die Gestaltung des § 264 StGB als abstraktes Gefährdungsdelikt in Anbetracht des nicht schwerwiegenden Unrechtsgehalts eines Vermögensangriffs der Verhältnismäßigkeit des Einsatzes strafrechtlicher Mittel und damit dem für das Strafrecht geltenden Subsidiaritätsprinzip[4] entspricht.[5] Zum anderen aber ergeben sich Bedenken daraus, daß die Vereinbarkeit der abstrakten Gefährdungsdelikte mit dem Schuldgrundsatz immer wieder in Frage gestellt ist.[6] Für die Relevanz der vorgebrachten Bedenken ist somit von Bedeutung, ob es sich bei § 264 StGB tatsächlich um ein abstraktes Gefährdungsdelikt handelt. Es fragt sich danach, welcher der drei Kategorien, also konkret, abstrakt-konkret, abstrakt, § 264 StGB zuzuordnen ist.

---

[1] RegE, S. 25; *Dreher/Tröndle*, § 264 Rdn. 4; *Lackner*, § 264 Anm. 1; *Schönke/Schröder/Lenckner*, § 264 Rdn. 5; *Samson* in SK, § 264 Rdn. 7; *Maurach/Schroeder*, BT 1, S. 400, 431; *Schmidhäuser*, BT, S. 123; *Wessels*, BT 2, S. 111; *Berz*, BB 1976, 1435 (1436); *Heinz*, GA 1977, 193 (210); *Jung*, JuS 1976, 757 (758); *Lohmeyer*, Wirtschaftskriminalität, S. 56 f.; *Wilts*, Prot., S. 2751; *Gössel*, Prot., S. 2615; *Tiedemann*, ZStW 87 (1975), 253 (270); einschränkend dagegen *ders.* in LK, § 264 Rdn. 13.

[2] So Bericht, S. 5; *Preisendanz*, § 264 Anm. 2 c.

[3] *Göhler*, Prot., S. 2659; *Göhler/Wilts*, DB 1976, 1609 (1613).

[4] Vgl. BVerfGE 39, 1 (46 f.); *Baumann*, LB, S. 27; *Jescheck*, LB, S. 40, 2 f. *Maurach/Zipf*, AT 1, S. 37; *Rudolphi* in SK, vor § 1 Rdn. 14; *Welzel*, LB, S. 6; *Arthur Kaufmann*, Henkel-Festschrift, S. 89 (100 ff.); *R. Lange*, Strafanspruch, S. 75 (94); *Maiwald*, Maurach-Festschrift, S. 9 (22 f.).

[5] *Gössel*, Prot., S. 2618; *Wirtschaftsverbände*, Prot., S. 2621; *Junge*, Prot., S. 2520; *Ostman von der Leye*, Prot., S. 2657, 2659, 2477; *Dahs* jr., NJW 1974, 1538 (1541); *Lampe*, Prot., S. 2511 f.; kritisch auch *Dreher/Tröndle*, § 264 Rdn. 4; *Samson* in SK, § 264 Rdn. 16 ff., 12; *Haft*, ZStW 88 (1976), 365 (367 f.).

[6] Vgl. *Schönke/Schröder/Cramer*, vor § 306 Rdn. 3 a; *Cramer*, Gefährdungsdelikt, S. 51; *Baumann*, LB, S. 132; *ders.*, DAR 1962, 93 (99); *Schmidhäuser*, LB, S. 255 Anm. 74; *Brehm*, Gefährdungsdelikt, S. 38 ff., 89 f.; *Horn*, Gefährdungsdelikte, S. 90; *ders.*, in SK, vor § 306 Rdn. 16; *Vermander*, Hilfspflicht, S. 37; *Volz*, Gefährdungsdelikte, S. 35, 88; *Arthur Kaufmann*, JZ 1963, 425 (432); *Rudolphi*, Maurach-Festschrift, S. 51 (59 f.); *Schröder*, JZ 1967, 522 (525); *ders.*, ZStW 81 (1969), 7 (15); *Schünemann*, JA 1975, 787 (797 f.); *Stree*, JuS 1962, 93 (95 f.); vgl. ferner schon *Binding*, Normen Bd. 1, S. 379 ff.; *ders.*, Normen Bd. 4, S. 387 ff.; *Rabl*, Gefährdungsvorsatz, S. 21.

1. § 264 StGB als konkretes Gefährdungsdelikt

Soweit vertreten wird, der Tatbestand Subventionsbetrug sei ein konkretes Gefährdungsdelikt, wird dies damit begründet, daß eine verfälschende Darstellung der für die Entscheidung maßgeblichen Tatsachengrundlage im Rahmen eines Subventionsverfahrens bereits eine konkrete Gefahr für die staatliche Planung sowie für den im Allgemeininteresse verfolgten Subventionszweck begründe.[7] Damit weicht diese Begründung[8] von der herkömmlichen Definition der konkreten Gefährdungsdelikte ab. Als solche werden nämlich Tatbestände bezeichnet, bei denen der Eintritt einer Gefahr Tatbestandsmerkmal ist und diese deshalb im Einzelfall festgestellt werden muß.[9] Der Tatbestand des § 264 StGB läßt keinen Zweifel daran, daß er eine konkrete Gefährdung nicht als Tatbestandsmerkmal enthält.[10] Jedoch kommt in der Begründung der Vertreter der Auffassung, § 264 StGB sei ein konkretes Gefährdungsdelikt, die Ansicht zum Ausdruck, die Tathandlung als solche beinhalte schon stets eine konkrete Gefährdung des Rechtsguts. In diesem Fall würde es sich in der Tat um ein konkretes Gefährdungsdelikt handeln, ohne daß es eines zusätzlichen Tatbestandsmerkmals, an Hand dessen der Eintritt einer konkreten Gefahr in jedem Einzelfall festzustellen wäre, bedürfte.

Als Beispiel für eine dieser Vorstellung angenäherte Konstruktion eines konkreten Gefährdungsdelikts ist etwa an § 221 StGB zu denken, wonach vom Tatbestand nur ein Verhalten erfaßt ist, das zu einer konkreten Gefährdung führt, ohne daß dies dem Wortlaut der Vorschrift ausdrücklich zu entnehmen ist.[11] Ein Unterschied liegt allerdings darin, daß davon auszugehen ist, daß bei § 221 StGB nicht jedes dem Wortlauttatbestand entsprechende Verhalten auch zugleich eine konkrete

---

[7] So RegE, S. 5; ähnlich auch *Preisendanz*, § 264 Anm. 2 c.

[8] Ansätze zu einer solchen Begründung finden sich bereits in den Beratungen der *Sachverständigenkommission*, Tagungsberichte, S. 74. Zurückhaltender heißt es allerdings dort: „Durch das Abstellen auf die wesentlichen Angaben rückt (der Tatbestand) vielmehr bereits in die Nähe eines konkreten Gefährdungsdelikts."

[9] Vgl. RGSt. 10, 173 (176); 30, 178 (179); BGHSt. 8, 28 (32 f.); 13, 66 (70); 18, 271 (272 f.); 20, 348; *Schmidhäuser*, LB, S. 215 f.; *Welzel*, LB, S. 47; *Horn*, Gefährdungsdelikte, S. 143 ff.; *Lackner*, Gefährdungsdelikt, S. 16 ff.; *Dreher*, Niederschriften Bd. 8, S. 417 ff.; *Finger*, Frank-Festgabe Bd. 1, S. 230 (231 f.).

[10] Anders dagegen der Referentenentwurf, S. 3, der mit „§ 265 b Subventionserschleichung" ein konkretes Gefährdungsdelikt vorgeschlagen hat. Die Tathandlung mußte danach die Gefahr herbeiführen, daß dem Subventionsnehmer nicht gerechtfertigte Subventionen oder Subventionsvorteile gewährt oder belassen werden.

[11] *Dreher/Tröndle*, § 221 Rdn. 1; *Lackner*, § 221 Anm. 1; *R. Lange* in LK, § 221 Rdn. 1; *Schönke/Schröder/Eser*, § 221 Rdn. 8; *Maurach/Schroeder*, BT 1, S. 53; *Welzel*, LB, S. 296.

Gefahr herbeiführt,[12] während dies bei § 264 StGB nach der zuvor aufgezeigten Ansicht stets der Fall sein soll.

Diese These ist jedoch nicht haltbar, denn es werden auch Sachverhalte von § 264 StGB erfaßt, bei denen offensichtlich ist, daß das Rechtsgut des § 264 StGB nicht konkret gefährdet ist. Erkennt etwa der Subventionsgeber bei Entgegennahme eines Subventionsantrages sofort, daß Angaben unrichtig, unvollständig oder im Fall des bereits fortgeschrittenen Verfahrens unterlassen worden sind, oder daß eine auf Grund unrichtiger oder unvollständiger Angaben erlangte Bescheinigung vorgelegt worden ist, so mag durch das Verhalten des Antragstellers zwar ganz allgemein die Möglichkeit gegeben gewesen sein, daß die planmäßige Verteilung der Subventionsmittel durch eine Auszahlung auf Grund der Erschleichungshandlung beeinträchtigt würde, es fehlt aber gerade im konkreten Fall an dieser Möglichkeit. Als ein weiteres Beispiel für eine mangelnde Gefährdung sei der Fall angeführt, daß unter Erfüllung der Voraussetzungen des § 264 StGB ein Subventionsantrag gestellt wird, der von dem Subventionsgeber jedoch ohne inhaltlich differenzierte Kenntnisnahme entgegengenommen wird, da die Subventionsmittel für die beantragte Subvention bereits erschöpft sind oder aber die Antragsfrist überschritten ist, so daß schon ohne Berücksichtigung der Einzelangaben im Antrag die Subventionierung zu versagen ist. Auch hier fehlt es im Einzelfall an einer *konkreten* Gefährdung des Rechtsguts. Dies wird von den Vertretern, die ein konkretes Gefährdungsdelikt annehmen, verkannt, wenn sie anführen, die Täuschungshandlung begründe bereits eine konkrete Gefahr für die zu treffende Einzelentscheidung. Denn es kommt nicht darauf an, ob die richtige Entscheidungsfindung des Subventionsgebers konkret gefährdet ist, sondern ob das Rechtsgut in eine solche Gefahrenlage versetzt wird. Die richtige Entscheidungsfindung ist nämlich weder Rechtsgut noch Angriffsobjekt der Tathandlung.[13] Ein Bemühen des Subventionsgebers um eine irrtumsbedingte Subventionsentscheidung wird tatbestandlich nicht einmal vorausgesetzt, denn § 264 StGB verzichtet gerade auf das Erfordernis eines Irrtums des Subventionsgebers. Ist das Vertrauen des Subventionsgebers auf die Richtigkeit und Vollständigkeit der im Antrag gemachten Angaben nicht erforderlich, so ist damit aber auch ausgeschlossen, daß notwendigerweise in jedem Einzelfall die Entscheidung auf einem solchen Vertrauen beruhen muß. Selbst wenn es also bei der Beurteilung einer konkreten Gefährdung auf eine konkrete Gefahr für die zutreffende Entscheidungsfindung bei der Sub-

[12] Vgl. dazu etwa *Schönke/Schröder/Eser*, § 221 Rdn. 8.

[13] Rechtsgut ist das Vermögen des Staates, Angriffsobjekt die konkret zu Unrecht beantragten Subventionsmittel.

ventionsvergabe ankäme, so wäre diese nicht stets allein schon durch die Erfüllung des Tatbestandes des § 264 StGB gegeben. Die Ansicht, bei § 264 StGB handele es sich um ein konkretes Gefährdungsdelikt, ist somit nicht haltbar.

2. § 264 StGB als abstrakt-konkretes Gefährdungsdelikt

Nach einer anderen, im wesentlichen von *Göhler*[14] vertretenen Ansicht, soll es sich bei § 264 StGB um ein abstrakt-konkretes Gefährdungsdelikt handeln. Da die Tathandlungen des § 264 StGB nur solche Täuschungen umfaßten, die sich auf subventionserhebliche Tatsachen bezögen, werde durch diese die naheliegende Gefahr geschaffen, daß auf Grund dieser Angaben die Subvention zu Unrecht gewährt und damit öffentliche Mittel zweckwidrig verwendet würden. Bei dieser Betrachtung sei der Tatbestand als abstrakt-konkretes Gefährdungsdelikt anzusehen.[15]

Der entscheidende Unterschied dieser Auffassung zu der zuvor dargestellten Ansicht besteht darin, daß hier die Gefährdung nicht in einer Gefährdung der Entscheidungsfindung über die Subvention gesehen wird, sondern in der Gefahr der nicht gerechtfertigten Gewährung von Subventionen, also dem Verlust von Subventionsmitteln ohne sachliche Berechtigung. Damit erkennt diese Auffassung, daß es auf eine Gefährdung in bezug auf das Rechtsgut[16] des § 264 StGB ankommt. Fraglich ist jedoch, ob dieses durch die tatbestandlich vorausgesetzte Tathandlung tatsächlich „abstrakt-konkret" gefährdet wird.

Eine abstrakt-konkrete Gefährdung liegt nach einer vornehmlich von *Schröder*[17] vertretenen Auffassung vor, wenn an Hand der Umstände des Einzelfalles eine *generelle* Gefährdung festzustellen ist. Das Gericht hat danach ebenso wie bei den konkreten Gefährdungsdelikten den Sachverhalt des zu beurteilenden Einzelfalles der Feststellung zugrunde zu legen, ob eine Gefährdung eingetreten ist. Bei dieser braucht es sich jedoch im Gegensatz zu den konkreten Gefährdungsdelikten nicht um eine *konkrete*, sondern lediglich um eine generelle Gefährdung zu handeln.

---

[14] *Göhler*, Prot., S. 2659; *Göhler/Wilts*, DB 1976, 1609 (1613).

[15] So *Göhler/Wilts*, DB 1976, 1609 (1613).

[16] So auch *Horn* in SK, vor § 306 Rdn. 4 f.; *Schönke/Schröder/Cramer*, vor § 306 Rdn. 3 b; *Schönke/Schröder/Lenckner*, vor § 13 Rdn. 129; *Baumann*, LB, S. 132; *Blei*, Strafrecht I, S. 86; *Maurach/Zipf*, AT 1, S. 301, 254; *Hellmuth Mayer*, AT, S. 69; *M. E. Mayer*, AT, S. 129; *Schmidhäuser*, LB, S. 254; *Stratenwerth*, LB, S. 81; *Welzel*, LB, S. 63, 47.

[17] JZ 1967, 522 (525); *ders.*, ZStW 81 (1961), 7 (22); *Schönke/Schröder*, 17. Aufl., vor § 306 Rdn. 3 b.

Nach anderer Ansicht[18] handelt es sich bei den abstrakt-konkreten Gefährdungsdelikten lediglich um einen besonderen Typ des abstrakten Gefährdungsdelikts. Danach sind innerhalb der abstrakten Gefährdungsdelikte zwei Gruppen zu unterscheiden: einmal Tatbestände, bei denen im Gesetz abschließend alle gefährlichkeitsrelevanten Umstände aufgeführt sind, zum anderen Tatbestände, in denen dem Richter auf der Grundlage bestimmter ausfüllungsbedürftiger Tatbestandsmerkmale ein Beurteilungsspielraum belassen wird, die Gefahrgeeignetheit des konkreten Sachverhalts nach generellen Grundsätzen zu beurteilen. Zu der zuletzt genannten Gruppe wären nach dieser Differenzierung die von *Schröder* als abstrakt-konkret bezeichneten Gefährdungsdelikte zuzuordnen.

Die Frage, ob es tatsächlich eine von den abstrakten Gefährdungsdelikten abweichend zu beurteilende Gruppe von abstrakt-konkreten Gefährdungsdelikten gibt, stellt sich hier aber nur, wenn sich § 264 StGB nach den von *Schröder* aufgestellten Kriterien als abstrakt-konkretes Gefährdungsdelikt erweisen sollte. Voraussetzung dafür wäre aber nach dem zuvor Ausgeführten, daß der Tatbestand des § 264 StGB eine richterliche Entscheidung über die generelle Gefährlichkeit des zu beurteilenden Sachverhalts auf Grund konkreter Umstände des Einzelfalles erfordert.

Soweit die Vertreter der Auffassung, bei § 264 StGB handele es sich um ein abstrakt-konkretes Gefährdungsdelikt, ihre Ansicht darauf stützen, daß sich die Tathandlung auf *subventionserhebliche* Tatsachen beziehen müsse und schon durch diese Einschränkung nur Fälle einer naheliegenden Gefahr für das geschützte Rechtsgut erfaßt würden, überzeugt dies nicht. Denn die Feststellung der Subventionserheblichkeit beruht nicht auf einem Gefährlichkeitsurteil des Richters, sondern auf einer Subsumtion der Angaben unter die Voraussetzungen des § 264 Abs. 7 StGB. Bereits mit der Festlegung dessen, was subventionserheblich im Sinne des § 264 Abs. 1 StGB sein soll, ist ein generelles Gefährlichkeitsurteil schon tatbestandlich erfolgt. Für den Richter besteht dadurch bezüglich des konkreten Tatgeschehens weder die Möglichkeit noch ein Anlaß, eine eigene Gefahrprognose zu stellen.

Möglicherweise ist jedoch auf Grund des Tatbestandsmerkmals *„vorteilhaft"*, das der Wortlauttatbestand des § 264 Abs. 1 Nr. 1 StGB ausdrücklich benennt und in § 264 Abs. 1 Nr. 2 und 3 als ungeschriebenes Tatbestandsmerkmal[19] enthalten ist, im Einzelfall die generelle Ge-

---

[18] Vgl. *Gallas*, Heinitz-Festschrift, S. 171 (180 ff.); *Schönke/Schröder/Cramer*, vor § 306 Rdn. 3; *Horn* in SK, vor § 306 Rdn. 18; *Jescheck*, LB, S. 211 f.

[19] Vgl. zum Merkmal der Vorteilhaftigkeit bei § 264 Abs. 1 Nr. 2 StGB *Göhler*, Prot., S. 2680, 2725 f.; *Samson* in SK, § 264 Rdn. 68, 71; *Tiedemann* in LK, § 264 Rdn. 77; *Berz*, BB 1976, 1435 (1437); *Müller-Emmert/Maier*, NJW

fährlichkeit der Tathandlung festzustellen. Die Funktion dieses Tatbestandsmerkmals besteht darin, nur solche Täuschungshandlungen durch § 264 StGB zu erfassen, die die Subventionsvoraussetzungen in einem günstigeren Licht erscheinen lassen, als sie tatsächlich sind.[20] Die diesbezüglichen Feststellungen sind durch einen Vergleich der gegebenenfalls erfolgten Subventionierung bei Angabe des tatsächlichen Sachverhalts und der möglichen Subventionierung auf Grund des vorgetäuschten Sachverhalts zu treffen.[21] Geht der Saldo eines solchen Vergleichs zu Gunsten der vorgetäuschten Subventionierungsvoraussetzungen aus, so ist die Tathandlung vorteilhaft im Sinne des § 264 StGB und damit unter den weiteren Tatbestandsvoraussetzungen tatbestandsmäßig.[22] Daraus wird offenkundig, daß auch bezüglich des Tatbestandsmerkmals „vorteilhaft" kein Raum für eine Beurteilung der Gefahrlage durch den Richter ist. Diese ist bereits in § 264 StGB gesetzlich für den Fall festgelegt, daß die gemachten oder unterlassenen Angaben des Subventionsnehmers „vorteilhaft" sind, wobei die Vorteilshaftigkeit an Hand präziser Kriterien durch Subsumtion festzustellen ist.

Enthält danach § 264 StGB keinen Anhaltspunkt dafür, daß für jeden von dieser Vorschrift erfaßten Einzelfall die generelle Gefährdung bezüglich des geschützten Rechtsguts zu beurteilen ist, handelt es sich bei § 264 StGB auch nicht um ein abstrakt-konkretes Gefährdungsdelikt im Sinne der von *Schröder* vorgenommenen Typisierung. Damit erübrigt sich auch eine Stellungnahme zu der Frage, ob es überhaupt eine eigenständige Deliktsgruppe von abstrakt-konkreten Gefährdungsdelikten neben den abstrakten Gefährdungsdelikten gibt.

3. Ergebnis zu 1. und 2.

Es ist mithin *zusammenfassend* festzuhalten, daß der Tatbestand des § 264 StGB keine Feststellungen darüber erfordert, ob es zu einer Gefährdung des durch ihn geschützten Rechtsguts tatsächlich gekommen ist. Eine Gefährdung wird vielmehr im Falle der Tatbestandserfüllung als vorliegend unterstellt. Da, wie nachgewiesen wurde, auch nicht

---

1976, 1657 (1660); zum Merkmal der Vorteilhaftigkeit bei § 264 Abs. 1 Nr. 3 StGB vgl. *Tiedemann*, a. a. O., Rdn. 81; *Samson*, a. a. O., Rdn. 64; *Göhler/Wilts*, DB 1976, 1609 (1613 Anm. 28); *Berz*, a. a. O.; *Müller-Emmert/Maier*, a. a. O.

[20] Vgl. RegE, S. 25; *Göhler*, Prot., S. 2678, 2680; *Tiedemann*, Prot., S. 2479; *ders.*, in LK, § 264 Rdn. 66; *Schönke/Schröder/Lenckner*, § 264 Rdn. 47; *Samson* in SK, § 264 Rdn. 56; *Lackner*, § 264 Anm. 5 a; *Dreher/Tröndle*, § 264 Rdn. 20; *Müller-Emmert/Maier*, NJW 1976, 1657 (1660).

[21] Vgl. *Tiedemann* in LK, § 264 Rdn. 66; *Dreher/Tröndle*, § 264 Rdn. 20; *Lackner*, § 264 Anm. 5 a; *Samson* in SK, § 264 Rdn. 58; *Schönke/Schröder/Lenckner*, § 264 Rdn. 47; *Berz*, BB 1976, 1435 (1437).

[22] Zum Inhalt des Tatbestandsmerkmals „vorteilhaft" vgl. auch unten S. 107.

jeder tatbestandlich erfaßte Einzelfall denknotwendig eine konkrete Gefährdung des durch § 264 StGB geschützten Rechtsguts beinhaltet, ist der Subventionsbetrug in Übereinstimmung mit der überwiegend vertretenen Ansicht[23] ein abstraktes Gefährdungsdelikt.

4. § 264 StGB als abstraktes Gefährdungsdelikt

Gegen eine so umfassende Strafbarkeit, wie sie durch die Fassung des § 264 StGB als abstraktes Gefährdungsdelikt eröffnet wird, sind Bedenken erhoben worden.[1] Der Straftatbestand erfasse neben Fällen, die unzweifelhaft einen materiellen Unrechtsgehalt hätten, zugleich auch Sachverhalte, bei denen es an einem solchen Unrecht fehle. Zur Verdeutlichung verweist *Lampe*[2] darauf, daß eine lediglich mündliche Erklärung, die dumm und falsch sei und deren Unwahrheit sogleich aufgedeckt werde, bereits ebenso den Tatbestand des § 264 StGB erfülle wie ein Verhalten, das so angelegt sei, daß es zur Erlangung einer Subventionierung tatsächlich komme. *Gössel*[3] führt als Beispiel für eine nach seiner Meinung erfolgte Ausdehnung der Strafbarkeit bei § 264 StGB auf nichtstrafwürdiges Verhalten den Fall an, daß unrichtige oder unvollständige Angaben, die zu einer Subventionsbewilligung führen, auch dann die Voraussetzungen des § 264 StGB erfüllen, wenn die Subventionierung zwar nicht auf Grund der angegebenen Tatsachen, jedoch auf Grund des tatsächlich vorliegenden Sachverhalts erfolgt wäre. Die Ausreichung der Subvention stehe in diesem Fall im Einklang mit dem Subventionszweck, während eine Verletzung oder Gefährdung des durch § 264 StGB zu schützenden Rechtsguts nur in Frage komme, wenn die gezahlten Subventionen nicht dem Subventionszweck entsprechend verwandt würden. Ferner ist bei den Beratungen darauf hingewiesen worden, daß abstrakte Gefährdungsdelikte nur zur Regelung solcher Übergriffe angemessen seien, bei denen ein irreparabler Schaden entstehe, ein Ausgleich des einmal eingetretenen Schadens also absolut unmöglich sei. Drohe aber lediglich ein Vermögensschaden, so sei dessen Verhinderung zwar stets wünschenswert, eine auf eine ge-

---

[23] RegE, S. 25; *Dreher/Tröndle,* § 264 Rdn. 4; *Lackner,* § 264 Anm. 1; *Schönke/Schröder/Lenckner,* § 264 Rdn. 5; *Samson* in SK, § 264 Rdn. 7; *Maurach/Schroeder,* BT 1, S. 400, 431; *Wessels,* BT 2, S. 111; *Berz,* BB 1976, 1435 (1436); *Heinz,* GA 1977, 193 (210); *Jung,* JuS 1976, 757 (758); *Lohmeyer,* Wirtschaftskriminalität, S. 56 f.; *Wilts,* Prot., S. 2751; *Gössel,* Prot., S. 2615; *Tiedemann,* ZStW 87 (1975), 253 (270); einschränkend dagegen *ders.* in LK, § 264 Rdn. 13.

[1] *Gössel,* Prot., S. 2618; *Wirtschaftsverbände,* Prot., S. 2621; *Junge,* Prot., S. 2520; *Ostman von der Leye,* Prot., S. 2657, 2659, 2477; *Dahs* jr., NJW 1974, 1538 (1541); *Lampe,* Prot., S. 2511 f.; kritisch auch *Dreher/Tröndle,* § 264 Rdn. 4; *Samson* in SK, § 264 Rdn. 16 ff., 12; *Haft,* ZStW 88 (1976), 365 (367 f.).

[2] Prot., S. 2512.

[3] Prot., S. 2616 f.

nerelle Gefahrenlage vorverlegte Strafbarkeit erscheine jedoch wegen der Ersetzbarkeit des Schadens unangemessen.[4] Soweit in Nebengesetzen bereits Vermögensdelikte als abstrakte Gefährdungsdelikte abgefaßt seien, wie etwa in den §§ 399, 400 AktG, 82 GmbHG, 147 GenG, 17, 18 RechnungslegungsG, 4 UWG und 35 DepotG, erfolge eine strafrechtliche Ahndung nur für den Fall vorsätzlicher Begehung, während dagegen § 264 Abs. 3 StGB darüber hinaus leichtfertiges Verhalten pönalisiere. Zudem müsse sowohl bei § 35 DepotG wie auch bei § 4 UWG der Täuschungshandlung bereits eine Schadensrelevanz innewohnen.[5]

Gegen diese Gesichtspunkte ist vorgebracht worden, es gehe bei § 264 StGB nicht nur um den Schutz von individuellem Vermögen, sondern auch oder sogar in erster Linie um das Funktionieren der öffentlichen Finanzwirtschaft, also überindividuelle Interessen. Diese erforderten aber ein strafrechtliches Eingreifen bereits vor dem Eintritt eines Vermögensschadens.[6] Maßgeblich sei allein, ob auf eine abstrakte Gefährdung reduzierte Tatbestände dem Rechtsstaatsprinzip und damit dem Schuldgrundsatz gerecht würden, ob also das von ihnen erfaßte Verhalten als sozialschädliches Unrecht qualifiziert werden könne. Dies sei aber bei § 264 StGB der Fall.[7] Zudem gebiete geradezu der Grundsatz der Verhältnismäßigkeit der eingesetzten Mittel, die Mißstände etwa im Subventionswesen statt durch den Aufbau eines umfassenden Kontrollapparates oder durch staatliche Reglementierungen, die jeden einzelnen, also auch den Rechtstreuen, belasten würden, durch eine Ausweitung des strafrechtlichen Schutzes einzudämmen.[8] Ferner ist den vorgebrachten Bedenken gegen die Tatbestandsfassung entgegnet worden, es handele sich bei dieser Vorschrift tatsächlich nicht um ein abstraktes, sondern um ein abstrakt-konkretes oder konkretes Gefährdungsdelikt[9]. Die Richtigkeit dieser Auffassungen ist allerdings bereits zuvor widerlegt worden.[10]

Gegenstand der Diskussion über die Ausweitung der Strafbarkeit in § 264 StGB über den vom Betrugstatbestand erfaßten Bereich hinaus sind damit zwei unterschiedliche, zu trennende Problemkreise. Zum einen resultieren die Bedenken gegen einen § 264 StGB als abstraktes Gefährdungsdelikt aus Zweifeln an der Vereinbarkeit der abstrakten

---

[4] So *Wirtschaftsverbände*, Prot., S. 2621; vgl. auch *Dahs* jr., NJW 1974, 1538 (1541).

[5] *Gössel*, Prot., S. 1617 f.

[6] Vgl. *Wilts*, Prot., S. 2640; grundlegend *Göhler*, Prot., S. 2658.

[7] So RegE, S. 15.

[8] *Wilts*, Prot., S. 2639; vgl. dazu auch *Tiedemann*, ZRP 1976, 49 (54).

[9] Vgl. RegE, S. 5; *Preisendanz*, § 264 Anm. 2 c; *Göhler*, Prot., S. 2659; *Göhler/Wilts*, DB 1976, 1609 (1613).

[10] Vgl. dazu oben 2. Abschnitt, I. 1. und 2.

Gefährdungsdelikte mit dem Schuldgrundsatz. Zum anderen bestehen Zweifel, ob die Vorverlegung der Strafbarkeit vor den Eintritt eines Verletzungserfolgs bei einem Vermögensdelikt nicht im Hinblick auf den geringen Unrechtsgehalt von Vermögensangriffen[11] ein Verstoß gegen das für das Strafrecht geltende Subsidiaritätsprinzip[12] bedeutet.[13] Im Verhältnis dieser beiden Probleme zueinander ist die Frage nach der Vereinbarkeit der getroffenen Regelung mit dem Schuldprinzip die vorrangige. Denn erst wenn eine Strafvorschrift überhaupt schuldhaft begangenes Unrecht erfaßt, ist weitergehend in Betracht zu ziehen, ob es zur Gewährleistung eines geregelten Zusammenlebens gerade einer *straf*rechtlichen Maßnahme bedarf. Daß nämlich nicht schon jedes Unrecht zwingend einer Strafdrohung zu unterwerfen ist, folgt aus dem unbestreitbaren Charakter des Strafrechts als ultima ratio.[14]

a) Die Vereinbarkeit von § 264 StGB als abstraktes Gefährdungsdelikt mit dem Schuldprinzip

In den Beratungen über die Abfassung eines Tatbestands Subventionsbetrug sind — wie bereits dargestellt — Bedenken dagegen erhoben worden, daß § 264 StGB auch Fälle erfasse, die keine Rechtsgutgefährdung beinhalten und damit Handeln ohne Unrechtsgehalt bestrafe. Dadurch verstoße § 264 StGB gegen das Schuldprinzip.[15] Zur Verdeutlichung der Problematik sei ein weiterer, die zuvor aufgeführten Beispiele von *Lampe* und *Gössel*, ergänzender Fall benannt:

Eine Unternehmensleitung beschließt, einen Antrag auf Subventionierung zu stellen. Der zuständige, verantwortlich handelnde Ressortchef veranlaßt die Zusammenstellung der erforderlichen Unterlagen. Noch vor Abschluß dieser Arbeiten erhält er zuverlässig davon Kenntnis, daß bereits so viele Anträge der Bewilligungsstelle vorliegen, daß alle nunmehr noch eingehenden Anträge wegen Erschöpfung der Mittel mit Sicherheit nicht mehr bewilligt werden können. Aus betriebsinternen Gründen entschließt sich jedoch der Ressortchef, die aussichtslose Beantragung entsprechend dem Willen der Unternehmensleitung vorzunehmen. Bei der Beantragung werden, da es mangels Bewilligungs-

---

[11] Vgl. nur *Samson* in SK, § 264 Rdn. 12.

[12] Vgl. BVerfGE 39, 1 (46 f.); *Baumann*, LB, S. 27; *Jescheck*, LB, S. 40, 2 f.; *Maurach/Zipf*, AT 1, S. 37; *Rudolphi* in SK, vor § 1 Rdn. 14; *Welzel*, LB, S. 6; *Arthur Kaufmann*, Henkel-Festschrift, S. 89 (100 ff.); *R. Lange*, Strafanspruch, S. 75 (94); *Maiwald*, Maurach-Festschrift, S. 9 (22 f.).

[13] Diesen zweiten Gesichtspunkt läßt der RegE, S. 15 außer Betracht, wenn dort allein auf die Vereinbarkeit der abstrakten Gefährdungsdelikte mit dem Schuldgrundsatz abgestellt wird.

[14] Vgl. *Rudolphi* in SK, vor § 1 Rdn. 14; *Maurach/Zipf*, AT 1, S. 27 ff.

[15] Vgl. die Nachweise oben 2. Abschnitt, I. Anm. 4.

aussicht nicht mehr auf Einzelheiten ankommt, nur noch grob überschlagene Angaben gemacht, die, wie der Ressortchef als Antragsteller in Kauf nimmt, in einzelnen Punkten eine vorteilhaftere Lage darstellen, als sie tatsächlich gegeben ist. Entsprechend den Vorerkundigungen wird der Antrag wegen Erschöpfung der Mittel abgelehnt.[16]

Bei diesem Sachverhalt ist der Tatbestand des § 264 StGB rechtswidrig und schuldhaft erfüllt, obwohl von vornherein eine Gefährdung des Rechtsguts Vermögen, aber auch der darüber hinaus von einem Teil des Schrifttums als Rechtsgut angenommenen Planungs- und Dispositionsfreiheit, wie auch der Täter weiß, ausgeschlossen ist. Ähnliche Fallkonstellationen, bei denen die Gefährdung des geschützten Rechtsguts zweifelsfrei bei Begehung der Tat vom Täter wissentlich ausgeschlossen ist, sind kein Sonderproblem des § 264 StGB, sondern können sich bei allen abstrakten Gefährdungsdelikten ergeben. Es fragt sich deshalb, worin die strafrechtliche Lehre das Unrecht solcher Verhaltensweisen sieht.

aa) Die Begründung des Unrechts der abstrakten Gefährdungsdelikte in Rechtsprechung und Schrifttum

Die herrschende Meinung[17] stellt im wesentlichen auf zwei Gesichtspunkte ab. Sie begründet die Strafwürdigkeit einer solchen Handlung zum einen mit der durch die Handlung hervorgerufenen generellen Gefahr und zum anderen mit einer unwiderleglichen Vermutung einer aus dem Verhalten resultierenden Gefahr für das Rechtsgut. Dabei wird entweder nur einer dieser Gesichtspunkte oder es werden beide Aspekte zur Begründung herangezogen.[18]

Stellt man auf das Argument der generellen Gefahr einer Handlung für das betreffende Rechtsgut ab, so mag diese Klassifizierung für eine Vielzahl von Fällen oder vielleicht sogar für den Regelfall zutreffen. Die hier interessierenden und von den Kritikern einer solchen Begründung hervorgehobenen Sachverhalte zeichnen sich jedoch

---

16 Der Fall ist dem im Schrifttum verschiedentlich behandelten Sachverhalt zu § 306 StGB nachgebildet, wonach jemand sein eigenes nur von ihm bewohntes Haus in Brand setzt, nachdem er sich zuvor vergewissert hat, daß sich tatsächlich niemand darin aufhält; vgl. etwa *Arthur Kaufmann*, JZ 1963, 425 (432); *Schröder*, ZStW 81 (1969), 7 (15); *Rudolphi*, Maurach-Festschrift, S. 51 (59); *Brehm*, Gefährdungsdelikt, S. 5 mit weiteren Nachweisen.

17 *Lackner*, vor § 13 Anm. IV 3; *Preisendanz*, Vorbem. B I 3 bb (S. 7); *Jescheck*, LB, S. 211; *Maurach/Zipf*, AT 1, S. 302; *M. E. Mayer*, LB, S. 129; *Welzel*, LB, S. 63; *Wessels*, AT, S. 6; *Finger*, Frank-Festgabe Bd. 1, S. 230 (245); für § 330 a StGB: BGHSt. 1, 124 ff.; für § 100 c StGB: BGHSt. 17, 50 (57).

18 Dabei bleibt unberücksichtigt, daß dogmengeschichtlich beide Begründungen zwei völlig unterschiedlichen Theorien entstammen, und zwar der Theorie der generellen Gefahr und der Theorie der abstrakten Gefahr; vgl. bei *Brehm*, Gefährdungsdelikt, S. 10 f.

gerade dadurch aus, daß die generelle Gefahr *nicht* bestand, weil sie erkannt und bewußt ausgeschlossen worden ist. Die generell gefährliche und deshalb als Unrecht eingestufte Handlung ist in einem solchen Fall individuell ungefährlich und kann folglich nicht das Unrecht des Verhaltens begründen.[19]

Ebenso vermag die Annahme der unwiderleglichen Vermutung, durch jede Tathandlung trete eine generelle Gefahr für das geschützte Rechtsgut ein, nicht darüber hinwegzutäuschen, daß sich im Einzelfall lediglich vermutete Gefahr und tatsächlich aber nicht vorhandene Gefahr gegenüberstehen können. Wird aber eine Gefahr als bei jeder Tatbestandsverwirklichung als gegeben vermutet, gleich ob sie tatsächlich vorhanden ist oder nicht, so läuft dies im Ergebnis darauf hinaus, daß es auf das Vorliegen einer tatsächlichen Gefahr nicht ankommt. Die tatsächliche Gefährdung kann damit auch nicht das Unrecht der Handlung begründen. Die Theorie der unwiderleglich vermuteten Gefahr beinhaltet mithin keine Begründung des Unrechts auch solcher Verhaltensweisen, bei denen ein Gefahreintritt ausgeschlossen ist, sondern setzt es als vorhanden voraus.[20]

Verschiedentlich sind Versuche unternommen worden, die aufgezeigten Widersprüchlichkeiten in der Begründung der herrschenden Meinung durch andersartige Erklärungen des Unrechts der abstrakten Gefährdungsdelikte zu beseitigen.

Bereits *Binding* unternahm einen Erklärungsversuch des Unrechts der Gefährdungsdelikte, indem er nur Delikte, die eine *konkrete* Gefährdung zum Gegenstand haben, den Kriminaldelikten zuordnete. Die Gruppe der herkömmlich als abstrakte Gefährdungsdelikte bezeichneten Tatbestände löste er in konkrete Gefährdungsdelikte und solche, die nicht ihrer Gefährlichkeit wegen unter Strafe gestellt sind und deshalb bloß einfachen Ungehorsam beinhalten, auf.[21] Die Einbeziehung eines Teils der abstrakten Gefährdungsdelikte in die Gruppe der „konkreten" Gefährdungsdelikte gelang *Binding* allerdings nur durch eine eigenwillige Definition des Begriffs der konkreten Gefahr. Darunter verstand er nämlich die vollendete Anwendung des tatbestandlich festgelegten Angriffsmittels gegen das geschützte Gut.[22] Eine Gefährdung sollte dagegen ausgeschlossen sein, wenn der Täter von Anfang an erfolgreich bemüht war, seiner Handlung die Gefährlichkeit selbst zu nehmen oder von Dritten nehmen zu lassen.[23]

---

[19] Vgl. auch *Brehm*, Gefährdungsdelikt, S. 43; *Volz*, Gefährdungsdelikte, S. 30, 33 mit Hinweis auf die der Begründung der herrschenden Meinung zugrundeliegenden Unrechtsfiktion.

[20] Vgl. *Brehm*, Gefährdungsdelikt, S. 40.

[21] *Binding*, Normen Bd. 1, S. 408 f.

[22] *Binding*, Normen Bd. 1, S. 384 f.

Binding verkennt bei einer solchen Begründung allerdings, daß bei einer Überleitung bestimmter abstrakter Gefährdungsdelikte in nach seiner Terminologie „konkrete" Gefährdungsdelikte die von ihm bekämpfte Gefährdungspräsumtion tatsächlich nicht ausgeräumt, sondern lediglich verlagert wird. Denn der Schluß von der Anwendung des Angriffsmittels auf eine tatsächlich vorliegende Gefährdung des Rechtsguts beinhaltet nur ein Wahrscheinlichkeitsurteil, das im Einzelfall zwar zutreffen, aber auch verfehlt sein kann. Die eigentlich nach seinem Gedankenansatz erforderliche Feststellung, daß nämlich das von der Vorschrift geschützte Rechtsgut tatsächlich in Gefahr gebracht wurde, erfolgt dadurch nicht.[24] Zu Recht weist allerdings *Brehm*[25] darauf hin, daß es unzutreffend wäre, *Binding* diesbezüglich einen groben Denkfehler zu unterstellen. Denn *Binding* hat nur von der Anwendung des Angriffsmittels auf eine „konkrete" Gefährdung des Rechtsguts schließen können, weil er den Begriff der Gefährdung als Erschütterung der Daseinsgewißheit des gefährdeten Gutes[26] verstand und damit Vorgänge schon als „konkrete" Gefährdung begreifen mußte, die nach allgemeiner Auffassung nur abstrakte Gefährdungen beinhalten. So soll nach einem von ihm dargestellten Beispiel eine vollendete (konkrete) Gefährdung vorliegen, sobald eine Person in hilfloser Lage verlassen wird, ohne daß es auf weitere Umstände des Einzelfalles ankommt.[27] Bei einem solchen Verständnis der konkreten Gefährdung stellt sich in der Tat nicht die Frage der Präsumtion. Das, was sich nach allgemeinem Verständnis von abstrakter und konkreter Gefährdung lediglich noch als Wahrscheinlichkeit einer Gefährdung darstellt, muß dann nach der von *Binding* entwickelten Begriffsbildung als „konkrete" Gefahr erscheinen. Das ändert jedoch nichts daran, daß zwar qua definitione, nicht aber tatsächlich eine konkrete Gefahr allein schon durch die Anwendung des Angriffsmittels eintritt. Insofern hält auch *Binding* an der Gefährdungspräsumtion der herrschenden Lehre fest.[28] Im übrigen vermag *Binding*

---

[23] *Binding*, Normen Bd. 1, S. 386.

[24] Vgl. *Cramer*, Gefährdungsdelikt, S. 53; *Volz*, Gefährdungsdelikte, S. 38 Anm. 62. Dagegen meint *Brehm*, Gefährdungsdelikt, S. 59 f., die vorgenannten Autoren hätten *Bindings* Gefahrbegriff mißverstanden. *Binding* habe Gefahr im Sinne einer Prognose gemeint, während seine Kritiker darunter eine tatsächlich vorliegende Gefahr für das Rechtsgut verstünden. Diese Auffassung *Brehms* findet bei *Binding* keine Stütze. Denn die Theorie *Bindings* würde bei dem Verständnis des Gefahrbegriffs in diesem Sinne auf die Aussage hinauslaufen, konkrete Gefahr ist die Wahrscheinlichkeit einer Gefahr (= Gefahrprognose). Dann handelt es sich aber bei der gesamten Konstruktion nur um Etikettenschwindel.

[25] Gefährdungsdelikt, S. 58.

[26] *Binding*, Normen Bd. 1, S. 387.

[27] *Binding*, Normen Bd. 1, S. 388 unter Bezugnahme auf den von ihm dargestellten Sachverhalt auf S. 383 f.

[28] So auch *Cramer*, Gefährdungsdelikt, S. 53.

hinsichtlich der Delikte, die auch nach seiner Auffassung nicht den konkreten Gefährdungsdelikten zuzuordnen sind, nicht den Strafgrund zu erklären. Allein die Bestrafung wegen eines Normverstoßes ist Pönalisierung rein formalen Unrechts. Die Verwirklichung bloß formalen Unrechts war aber zu keiner Zeit ein hinreichender Grund für eine Bestrafung.[29]

Rabl geht von dem Grundsatz aus, daß zu jedem Tatbestand ein Erfolg gehöre, da einem Delikt ein „materialer" Angriff auf rechtlich geschützte Interessen immanent sein müsse.[30] Strafbar seien deshalb nur Verhaltensweisen, die zu einem Erfolg führten, wobei *Rabl* drei Erfolgskategorien unterscheidet:[31] die Verletzung, die Verletzung und eine dadurch weitergehende Gefährdung sowie die (konkrete[32]) Gefährdung. In den abstrakten Gefährdungsdelikten sieht er solche konkreten Gefährdungen typisiert. *Rabl* erkennt, daß die „schablonenhafte" Erfassung von Verhalten durch einen Gesetzestatbestand allerdings dazu führen kann, daß im Einzelfall das typisch gefährliche Verhalten konkret ungefährlich ist. Diesem Umstand soll dadurch Rechnung getragen werden, daß die tatbestandlich aufgestellte Vermutung der konkreten Gefährdung „im Prozeß beweisbedürftig und widerlegbar" sein soll.[33]

Die Auffassung von *Rabl* ist mit dem Standpunkt der herrschenden Meinung, die ein Erfolgsunrecht als einzige Grundlage für eine Unrechtsbegründung ablehnt,[34] nicht vereinbar. *Rabl* könnte wegen seiner extrem auf den Erfolg ausgerichteten Theorie weder die Strafbarkeit der schlichten Tätigkeitsdelikte noch die des Versuchs erklären.[35] Bei den abstrakten Gefährdungsdelikten führt seine Meinung dazu, daß schon der bloße Zufall einer nicht konkreten Gefährdung durch das Täterverhalten Straffreiheit zur Folge hat. Hält sich etwa nur zu-

---

[29] Vgl. nur *v. Hippel*, Strafrecht II, S. 132 Anm. 1, S. 101; *Frank*, Studien, S. 18; *Wanjeck*, GS 31 (1879), S. 1 (2); *Wach*, GS 25 (1873), S. 432 (459); *Jescheck*, LB, S. 38; *Maurach/Zipf*, AT 1, S. 174.

[30] *Rabl*, Gefährdungsvorsatz, S. 16.

[31] *Rabl*, Gefährdungsvorsatz, S. 19 f.

[32] *Rabl*, Gefährdungsvorsatz, S. 21.

[33] *Rabl*, Gefährdungsvorsatz, S. 21.

[34] Vgl. *Hirsch* in LK, vor § 51 Rdn. 8; *Lackner*, vor § 13 Anm. III 3 b; *Samson* in SK, vor § 32 Rdn. 5; *Schönke/Schröder/Lenckner*, vor § 13 Rdn. 58; *Bockelmann*, AT, S. 51 f.; *Jescheck*, LB, S. 191; *Maurach/Zipf*, AT 1, S. 227; *Welzel*, LB, S. 62; *Wessels*, AT, S. 4; *Gallas*, Bockelmann-Festschrift, S. 155 (161 ff.); *Krauß*, ZStW 76 (1964), 19 (59 ff.); *Rudolphi*, Maurach-Festschrift, S. 51 ff.; *Schünemann*, Schaffstein-Festschrift, S. 159 (171); *Otto*, ZStW 87 (1975), 539 (566 ff.). Weitergehend noch die Auffassung, wonach der Erfolgsunwert für das Unrecht überhaupt keine Bedeutung haben soll: vgl. *Horn*, Gefährdungsdelikte, S. 78 ff.; *Zielinski*, Erfolgsunwert, S. 128 ff., 205 ff.; für die Fahrlässigkeitstat: *Armin Kaufmann*, Welzel-Festschrift, S. 393 (404 ff.); *Schaffstein*, Welzel-Festschrift, S. 557 (559 ff.).

[35] So auch *Brehm*, Gefährdungsdelikt, S. 70.

fällig niemand in der Räumlichkeit, die in Brand gesetzt wird, auf, fehlt es an dem von *Rabl* geforderten konkreten Gefährdungserfolg und damit an einer danach notwendigen Strafbarkeitsvoraussetzung. Ein solches Ergebnis ist jedoch mit der gesetzgeberischen Intention nicht vereinbar. Insbesondere aber verletzt die von ihm vertretene und ebenso die später von *Schröder*[36] für Teilbereiche der abstrakten Gefährdungsdelikte aufgegriffene Ansicht der widerlegbaren Gefährdungspräsumtion den verfassungsrechtlich geschützten Grundsatz „in dubio pro reo", da Ausgangspunkt nicht eine Unschuldsvermutung, sondern eine Schuldvermutung ist und die Lasten und Risiken einer Schuldentlastung dem Angeklagten auferlegt werden.[37]

Schröder[38] baut im wesentlichen auf der These der widerleglichen Vermutung von *Rabl* seine eigene Begründung der abstrakten Gefährdungsdelikte auf, will aber nicht wie dieser bei allen Tatbeständen eine Widerlegbarkeit der Gefahrvermutung zulassen, sondern beläßt es hinsichtlich bestimmter, durch Auslegung zu ermittelnder Tatbestände bei einer unwiderleglichen Vermutung. Dadurch führt zwar auch seine Ansicht zu einer Einschränkung der Strafbarkeit bei abstrakten Gefährdungsdelikten, jedoch kann sie die gegen die zuvor dargestellten Meinungen erhobenen Bedenken nicht ausräumen: Soweit bei Tatbeständen von einer widerleglichen Vermutung ausgegangen wird, ist dies nicht mit dem Grundsatz „in dubio pro reo" in Einklang zu bringen,[39] soweit der Tatbestand eine unwiderlegliche Vermutung enthalten soll, fehlt es aber an einer Begründung für das Unrecht der Tat, wenn eine Gefährdung des Rechtsguts im Einzelfall nicht vorliegt.

Ausgangspunkt der Überlegungen von *Cramer* ist, daß er als Voraussetzung für kriminelles Unrecht die objektive Feststellung einer Beeinträchtigung eines Rechtsguts fordert.[40] Eine solche Beeinträchtigung

---

[36] ZStW 81 (1969), 7 (16).

[37] Vgl. *Cramer*, Gefährdungsdelikt, S. 56 ff.; *Vermander*, Hilfspflicht, S. 38 Anm. 62; *Stree*, in dubio, S. 16 ff., 44 ff.; *Brehm*, Gefährdungsdelikt, S. 70; *Volz*, Gefährdungsdelikte, S. 32 f.

[38] ZStW 81 (1969), 7 (16 f.).

[39] Zu Recht gegen einen von *Schröder* für möglich gehaltenen Entlastungsbeweis etwa beim Raufhandel — vgl. *Schönke/Schröder*, 17. Aufl., § 227 Rdn. 1, 15 — *Hirsch* in LK, 10. Aufl., § 227 Rdn. 1, da dieses Erfordernis ein strafprozessualer Fremdkörper ist, der sich mit dem Grundsatz „in dubio pro reo" nicht vereinbaren läßt; ebenso nunmehr auch *Schönke/Schröder/Stree*, § 227 Rdn. 15. — Eine Möglichkeit der Harmonisierung dieses Lösungswegs mit dem Grundsatz „in dubio pro reo" bestünde jedoch darin, daß bei Zweifeln über die Gefährlichkeit des Handelns freigesprochen würde. Das würde allerdings bedeuten, daß damit aus solchen abstrakten Gefährdungsdelikten konkrete Gefährdungsdelikte würden. Vgl. *Horn*, Gefährdungsdelikte, S. 25 f.; *Schünemann*, JA 1975, 797.

[40] *Cramer*, Gefährdungsdelikt, S. 67.

sei bei der Verletzung der Eintritt eines Schadens, bei der konkreten Gefährdung die Wahrscheinlichkeit einer Verletzung und bei der abstrakten Verletzung die Wahrscheinlichkeit einer konkreten Gefährdung.[41] Das Merkmal der Wahrscheinlichkeit einer Gefährdung ist nach Auffassung von *Cramer* den abstrakten Gefährdungsdelikten durch den Begriff der Geeignetheit immanent, und zwar unabhängig davon, ob der gesetzliche Tatbestand diesen Begriff verwendet oder nicht.[42] Bei letzterer Gruppe soll eine einschränkende Tatbestandsauslegung diesem Gesichtspunkt Rechnung tragen.[43] Durch die so gewonnene Einschränkung des Anwendungsbereichs der abstrakten Gefährdungsdelikte werden nur solche Verhaltensweisen tatbestandlich erfaßt, die geeignet sind, rechtlich geschützte Interessen in eine konkrete Gefahr zu bringen. Ob im Einzelfall die Handlung tatsächlich eine konkrete Gefährdung herbeiführt, ist nach dieser Auffassung unerheblich, da immerhin die Wahrscheinlichkeit einer solchen Gefahr bestanden habe.[44]

Gegen die Auffassung von *Cramer* ist vorgebracht worden, daß die Definition der abstrakten Gefährdung als Wahrscheinlichkeit einer konkreten Gefährdung ohne Sinn sei, da sie auf eine Feststellung der Wahrscheinlichkeit einer Verletzung hinauslaufe.[45] Im Ergebnis handele es sich bei einer solchen Eingrenzung der abstrakten Gefährdungsdelikte um deren Umgestaltung zu konkreten Gefährdungsdelikten.[46] Zutreffend erscheint dagegen, daß die abstrakten Gefährdungsdelikte durch die Einbeziehung des Kriteriums der Geeignetheit oder einer in diese Richtung abzielenden restriktiven Auslegung des Tatbestands eher zu einer Art abstrakt-konkreter Gefährdungsdelikte im Sinne der Ansicht von *Schröder*[47] verwandelt werden. Denn unter dem Gesichtspunkt der Geeignetheit soll die im Tatbestand festgelegte Wahrscheinlichkeitsprognose bezüglich eines konkreten Einzelfalls überprüft werden. Dabei finden jedoch nicht die individuellen Umstände insgesamt, sondern lediglich insofern Berücksichtigung, als auf die objektive Gefährdungsgeeignetheit der konkreten Tat abgestellt wird.[48]

---

[41] *Cramer*, Gefährdungsdelikt, S. 68 f.

[42] *Cramer*, Gefährdungsdelikt, S. 69 f.

[43] *Cramer*, Gefährdungsdelikt, S. 74.

[44] *Cramer*, Gefährdungsdelikt, S. 75.

[45] So *Arthur Kaufmann*, JZ 1963, 425 (433); ablehnend auch *Volz*, Gefährdungsdelikte, S. 51; differenzierend *Brehm*, Gefährdungsdelikt, S. 79 ff.

[46] *Brehm*, Gefährdungsdelikt, S. 83 spricht von einem letzten Versuch, beim abstrakten Gefährdungsdelikt einen Erfolg nachzuweisen. Vgl. auch *Arthur Kaufmann*, JZ 1963, 425 (433); *Horn*, Gefährdungsdelikte, S. 24.

[47] ZStW 81 (1969), 7 (18 ff.); *ders.*, JZ 1967, 522 ff.

[48] Zu den Merkmalen von abstrakt-konkreten Gefährdungsdelikten vgl. oben 2. Abschnitt, I. 2.

Brehm[49] hat auf weitere Probleme hingewiesen, die sich aus der Bestimmung der Geeignetheit einer konkreten Gefährdung ergeben. Er stellt die Frage, wie zu entscheiden sei, wenn ein Täter auf Grund besonderer Informationen herausgefunden habe, daß in dem Wohnhaus, das sonst nie leer stehe, sich gerade zur Tatzeit ausnahmsweise einmal niemand aufhalte, sein Mittäter dagegen davon nichts wisse. Müsse in diesem Fall bei dem einen Täter das Tatbestandsmerkmal „Gebäude, welche zur Wohnung von Menschen dienen" anders ausgelegt werden als bei dem anderen? Die Antwort auf diese Frage kann nur lauten, daß wegen der objektiven Bestimmung der Geeignetheit von deren Vorliegen hinsichtlich beider Personen auszugehen ist. Anders lassen sich Friktionen nicht vermeiden. Zugleich wird aber durch diese Fallkonstellation offenkundig, daß auch *Cramer* durch die im Ergebnis gefährdungserfolgsbezogenen Gesichtspunkte nicht die abstrakten Gefährdungsdelikte mit dem Schuldgrundsatz jedenfalls bei einer aus individuellen Umständen folgenden absoluten Ungefährlichkeit der Tat in Einklang bringen kann.[50]

Volz versucht, das Unrecht der abstrakten Gefährdungsdelikte nicht aus einem Erfolg bezüglich des geschützten Rechtsgutes, sondern aus der Bedeutung des Verhaltens des Täters zu erklären. Der Täter geht nach dieser Ansicht ein Risiko ein, mit seiner generell gefährlichen Handlung ein Rechtsgut zu verletzen.[51] Dieses Eingehen eines Risikos gegenüber dem Rechtsgut bedeute eine Pflichtverletzung, ohne daß eine Prognose über die tatsächlichen Verhaltensfolgen angestellt werden müsse.[52] Das Unwerturteil stehe mit dem Eingehen des Risikos fest.[53] In den Fällen, in denen der Täter der generellen Gefährlichkeit seines Verhaltens entgegenwirke, fehle es an einer Pflichtverletzung und eine Strafbarkeit müsse deshalb entfallen.[54] Ein solcher Strafbarkeitsausschluß soll aus einem in §§ 90 a a. F., 158, 310, 186 StGB manifestierten allgemeinen Wertprinzip folgen, das nach der Meinung von *Volz* beinhaltet, daß der Täter, der die typische Gefahr eines Verhaltens ab-

[49] Gefährdungsdelikt, S. 84.

[50] So auch *Schünemann*, JA 1975, 797 (798). Der Hinweis von *Cramer* in *Schönke/Schröder*, vor § 306 Rdn. 3 b, wegen des Erfordernisses der in *concreto* gegebenen Geeignetheit sei dieser von *Schünemann* vorgebrachte Einwand unzutreffend, verkennt, daß nicht die Berücksichtigung des Einzelfalls als solcher in Zweifel gezogen wird, sondern nur die mangelnde Beachtung der subjektiven individuellen Umstände. Zur Frage der zwangsläufigen Abstraktion beim Eignungsurteil vgl. auch *Brehm*, Gefährdungsdelikt, S. 127.

[51] *Volz*, Gefährdungsdelikte, S. 143.

[52] *Volz*, Gefährdungsdelikte, S. 147.

[53] *Volz*, Gefährdungsdelikte, S. 148.

[54] *Volz*, Gefährdungsdelikte, S. 162 ff.

wehrt, straflos sein soll.[55] Der Risikoausschluß soll bereits zu einem Nichtvorliegen eines tatbestandlichen Handelns führen.[56]

Während der Ansatz der Überlegungen von *Volz* insofern zutreffend erscheint, als er einen Erklärungsversuch des Unrechts der abstrakten Gefährdungsdelikte unter dem Gesichtspunkt des Handlungsunwerts vornimmt,[57] so bleibt doch die von ihm entwickelte Unrechtsbegründung unklar;[58] so z. B. wenn er meint, die typisch gefährliche Handlung erhöhe normalerweise das erlaubte Risiko, also (!) auch im Einzelfall.[59] Die Unschlüssigkeit einer solchen Aussage wird bei der Untersuchung von *Volz* zum Risikoausschluß deutlich.[60] Darin zeigt sich, daß die Feststellung eines generellen Risikos für den Einzelfall doch nur dann aussagefähig ist, wenn auch die individuellen Umstände Berücksichtigung finden. Zudem ist die Konstruktion der Ausklammerung der Risikoausschlußfälle aus der Strafbarkeit durch eine Analogie in der von *Volz* vorgeschlagenen Weise nicht haltbar.[61] Dabei ist auch bedenklich, daß allein schon die *Überzeugung* des Täters, seine Handlung sei ungefährlich, zum Risikoausschluß führen soll.[62] Denn zum einen widerspricht gerade dies der gesetzlichen Bewertung, zum anderen aber kann der Täter selbst bei fahrlässiger Verkennung der tatsächlichen Umstände, die die Gefährlichkeit des Handelns ausmachen, nicht gegebenenfalls wegen fahrlässiger Begehung bestraft werden, da auch in diesem Fall des nur vermeintlichen Risikoausschlusses bereits die Tatbestandsmäßigkeit des Verhaltens entfallen soll.[63]

Horn[64] und *Brehm*[65] sehen den entscheidenden Grund für die Strafbarkeit der abstrakten Gefährdungsdelikte ebenfalls nicht in der Herbeiführung eines Gefährdungserfolges für das geschützte Rechtsgut, sondern stellen auf die Vornahme einer Handlung, die sorgfaltswidrig in bezug auf den Eintritt der Verletzung eines bestimmten Rechtsgutes ist, ab.[66] Ob eine solche Verletzung tatsächlich verwirklicht wird oder

---

[55] *Volz*, Gefährdungsdelikte, S. 164 ff.

[56] *Volz*, Gefährdungsdelikte, S. 168.

[57] So auch *Rudolphi*, Maurach-Festschrift, S. 51 (60).

[58] Vgl. dazu auch *Brehm*, Gefährdungsdelikt, S. 87 f.

[59] So *Volz*, Gefährdungsdelikte, S. 144.

[60] *Volz*, Gefährdungsdelikte, S. 162 ff.

[61] Vgl. auch *Brehm*, Gefährdungsdelikt, S. 88.

[62] So aber ausdrücklich *Volz*, Gefährdungsdelikte, S. 166 f., 170.

[63] Vgl. auch *Brehm*, Gefährdungsdelikt, S. 88.

[64] Gefährdungsdelikte, S. 28, 94 ff.

[65] Gefährdungsdelikt, S. 126 ff., 138.

[66] Die bemerkenswerte Begründung des Unrechts der abstrakten Gefährdungsdelikte aus dem Gesichtspunkt des sorgfaltswidrigen Verhaltens erfolgte für den partiellen Bereich des allgemein als abstraktes Gefährdungs-

nicht, läßt die Sorgfaltswidrigkeit unberührt. Während *Horn* wegen der andersartig gelagerten Fragestellung seiner Arbeit diese Überlegungen nicht vertieft,[67] hat *Brehm* die Konsequenzen einer solchen Unrechtsbegründung aufgezeigt. Danach kann der in einer Sorgfaltspflichtwidrigkeit liegende Unrechtsgehalt der Verwirklichung eines abstrakten Gefährdungsdelikts nur dann festgestellt werden, wenn der Täter nicht dahingehende „Sonderkenntnisse" hat, daß im konkreten Einzelfall die generell sorgfaltspflichtwidrige Handlung unter den speziellen gegebenen Umständen sicher ungefährlich und deshalb nicht sorgfaltspflichtwidrig ist.[68] *Brehm* folgert weiter, daß auch derjenige, der Erkundigungen darüber anstelle, ob seine Handlung ein Rechtsgut in Gefahr bringe und auf Grund eines Irrtums zu dem Schluß komme, sie sei ungefährlich, während sie tatsächlich gefährlich ist, nicht pflichtwidrig handele.[69] Allerdings differenziert *Brehm* die Beachtlichkeit von Sonderkenntnissen danach, ob die Norm einen unmittelbaren Rechtsgüterschutz bezweckt, dann sollen Sonderkenntnisse die Pflichtwidrigkeit ausschließen, oder aber, ob die Norm lediglich eine bestimmte Ordnung erzwingen soll, dann soll Pflichtwidrigkeit auch angenommen werden, wenn der Täter Sonderkenntnisse bezüglich der konkreten Ungefährlichkeit seiner Handlung hat.[70]

Bedenklich ist allerdings die dogmatische Begründung, mit der *Brehm* seine Ergebnisse untermauert. Es soll in den Fällen des sorgfaltsgemäßen Verhaltens nicht an der Erfüllung des Tatbestands, sondern an der Rechtswidrigkeit mangeln. Bei abstrakten Gefährdungsdelikten sei neben der formellen Verbotswidrigkeit — damit meint er die Erfüllung des Tatbestands — ferner positiv die Pflichtwidrigkeit des Täterverhaltens — das ist die Frage der Rechtswidrigkeit — festzustellen.[71] Dadurch unterscheidet *Brehm* aber im Ergebnis zwischen einer formellen und einer materiellen Rechtswidrigkeit. Eine solche Differenzierung birgt jedoch die Gefahr einer Loslösung vom geltenden Recht in sich und ist deshalb abzulehnen.[72] Zweifelhaft ist ferner, daß auch derjenige nicht pflichtwidrig gehandelt haben soll, der zwar Erkundungen ange-

---

delikt verstandenen § 186 StGB schon durch *Hirsch*, Ehre, S. 167 ff. und ihm folgend *Welzel*, LB, S. 313; *E. A. Wolff*, ZStW 81 (1969)), 886 (907 f.).

[67] Vgl. den Hinweis bei *Horn*, Gefährdungsdelikte, S. 95.

[68] *Brehm*, Gefährdungsdelikt, S. 127 ff.

[69] *Brehm*, Gefährdungsdelikt, S. 132.

[70] *Brehm*, Gefährdungsdelikt, S. 139 ff., 144 ff. Als Beispiel für die Gruppe der zuletzt genannten Normen verweist Brehm auf Vorschriften der Straßenverkehrsordnung.

[71] *Brehm*, Gefährdungsdelikt, S. 115 ff.

[72] Zur Kritik vgl. nur eingehend *Hirsch* in LK, 9. Aufl., vor § 51 Rdn. 12; ferner auch *Maurach/Zipf*, AT 1, S. 359 f.; *Bockelmann*, AT, S. 90. Zu den Gefahren eines Begriffs der „materiellen" Rechtswidrigkeit auch *Jescheck*, LB, S. 187.

stellt hat, diese sich jedoch auf Grund eines Irrtums als unzutreffend erwiesen haben.[73] Beachtlich erscheint weiter, daß *Brehm* sich schließlich doch gehalten sieht, hinsichtlich eines Teils der abstrakten Gefährdungsdelikte, z. B. bezüglich Vorschriften der Straßenverkehrsordnung, von der zuvor als entscheidend erkannten rechtsgutbezogenen Sorgfaltspflicht zu lösen und den Gesichtspunkt des Ordnungssystems einzuführen. Auch ihm gelingt es damit nicht, ein einheitliches Prinzip für alle abstrakten Gefährdungsdelikte aufzustellen. Möglicherweise ist allerdings die These von *Schünemann*[74] zutreffend, wonach es eine einheitliche Begründung des Unrechts der abstrakten Gefährdungsdelikte nicht gibt und eine Differenzierung deshalb bei jeder in Betracht kommenden Unrechtsbegründung notwendig ist.

Die bisherige Diskussion des Unrechtsgehalts der abstrakten Gefährdungsdelikte hat gezeigt, daß sich das Unrecht dieser Deliktsgruppe nicht aus einem Gefährdungserfolg begründen läßt. Es gibt bezüglich jedes abstrakten Gefährdungsdelikts Sachverhalte, die zwar die Voraussetzungen des Tatbestands erfüllen, jedoch zugleich weder eine konkrete noch eine generelle Gefahr für das geschützte Rechtsgut beinhalten. Zu überzeugenden Ergebnissen können deshalb nur Lösungsansätze gelangen, die das Unrecht des betreffenden Deliktstatbestands aus dem Verhaltensunwert zu begründen versuchen. Aber auch die dazu bislang entwickelten Begründungen vermögen — wie aufgezeigt — nicht alle Fragen dogmatisch befriedigend zu lösen. Es würde die Zielsetzung dieser Arbeit allerdings überschreiten, nunmehr hier den Versuch zu unternehmen, eine allgemeingültige Lösung der Problematik der abstrakten Gefährdungsdelikte auszuarbeiten. Zur Aufgabe gestellt ist allein die Frage nach dem durch § 264 StGB erfaßten Unrecht auf der Grundlage der allgemeinen strafrechtlichen Lehren. Die Fragestellung lautet mithin, worin unter Berücksichtigung der unterschiedlichen Auffassungen zum Unrecht der abstrakten Gefährdungsdelikte das Unrecht des § 264 StGB zu sehen ist.

bb) Das durch § 264 StGB erfaßte Unrecht

Aus den vorgegangenen Ausführungen ergibt sich, daß auch bezüglich § 264 StGB die Begründung des tatbestandlich erfaßten Unrechts mit einem auf das geschützte Rechtsgut bezogenen Gefährdungserfolg nicht möglich ist. Dieser unhaltbare Gefährdungserfolgsaspekt ist allerdings im Regierungsentwurf[75] sowie von *Göhler*[76] und *Wilts*[77] vertre-

---

[73] So *Brehm*, Gefährdungsdelikt, S. 132.

[74] JA 1975, 797 (798).

[75] So RegE, S. 5; ähnlich auch *Preisendanz*, § 264 Anm. 2 c.

[76] *Göhler*, Prot., S. 2659; *Göhler/Wilts*, DB 1976, 1609 (1613).

ten worden, wobei der Regierungsentwurf sogar davon ausging, daß in jedem tatbestandlich erfaßten Fall bereits eine konkrete Gefahr für das Rechtsgut entstanden sei. Diese Auffassung ist jedoch bereits an anderer Stelle widerlegt worden.[78]

Das von § 264 StGB erfaßte Unrecht könnte sich jedoch aus dem von der Vorschrift vorausgesetzten Verhalten des Täters ergeben. Den im Tatbestand des § 264 StGB aufgeführten Handlungsmodifikationen ist das riskante Verhalten des Täters in bezug auf eine Verletzung des Rechtsguts Vermögen des Staates gemeinsam. In Anbetracht des generellen Risikos, das mit der Existenz eines Subventionsantrags mit unrichtigen oder unvollständigen subventionserheblichen Angaben im Hinblick auf die Gewährung oder Belassung von Subventionsmitteln verbunden ist, stellt das Einreichen oder Bestehenlassen eines solchen Antrags ein sorgfaltswidriges Verhalten des Täters gegenüber dem staatlichen Vermögen dar. § 264 StGB könnte somit eine vertypte Sorgfaltspflichtverletzung[79] beinhalten und würde dadurch hinsichtlich des von der Vorschrift erfaßten Unrechts einem Fahrlässigkeitsdelikt gleichen. Ein Unterschied zu Fahrlässigkeitsdelikten besteht allerdings bei einer solchen Unrechtsbegründung darin, daß bei diesen strafbegründend zu dem sorgfaltspflichtwidrigen Verhalten ein Handlungserfolg hinzutreten muß.

Die vergleichsweise Heranziehung von Fahrlässigkeitsdelikten zur Stützung der Auffassung, daß allein schon ein sorgfaltswidriges Verhalten strafbares Unrecht beinhalten kann, ist deshalb nur zutreffend, wenn der bei den Fahrlässigkeitsdelikten regelmäßig[80] zum Verhalten hinzutretende Handlungserfolg nicht erst unrechtskonstituierend ist. Dies ist aber nach heute herrschender Meinung[81] nicht der Fall. Danach ist Strafgrund schon das sorgfaltswidrige Verhalten und nicht erst die Erfolgsverursachung, wenn auch diese einen eigenen Unwert enthält. Der Erfolg ist bloße „Zufallskomponente" im Fahrlässigkeitsdelikt.[82] Daraus wird teilweise gefolgert, ihm komme nur eine limitie-

---

[77] *Göhler/Wilts*, DB 1976, 1069 (1613).

[78] Vgl. oben 2. Abschnitt, I. 1. und 2.

[79] Den Gesichtspunkt der Sorgfaltspflichtverletzung stellte bereits ausdrücklich der *Sonderausschuß* heraus; vgl. Bericht, S. 8.

[80] Eine Ausnahme bilden insofern lediglich die fahrlässig begehbaren abstrakten Gefährdungsdelikte. Vgl. dazu unten Anm. 90.

[81] Vgl. BGH VRS 14, 30 (31); OLG Köln NJW 1963, 2381 (2382); BGHZ 24, 21 (26); *Baumann*, LB, S. 459; *Bockelmann*, AT, S. 56; *Blei*, Strafrecht I, S. 266 f.; *Hirsch* in LK, 9. Aufl., vor § 51 Rdn. 160; *Jescheck*, LB, S. 472; *Lackner*, § 15 Anm. III 1 a aa; *Maurach/Zipf*, AT 1, S. 228; *Schönke/Schröder/Cramer*, § 15 Rdn. 122; *Welzel*, LB, S. 136; *Wessels*, AT, S. 131, 133 f. jeweils mit weiteren umfangreichen Nachweisen.

[82] Vgl. nur *Exner*, Fahrlässigkeit, S. 83; *Engisch*, Untersuchungen, S. 331, 341 f.

rende Funktion bezüglich der Bestrafung von Sorgfaltspflichtverletzungen zu.[83] Weitergehend ist noch die Auffassung, der Erfolg bei Fahrlässigkeitsdelikten sei lediglich eine objektive Bedingung der Strafbarkeit.[84]

Für die hier interessierende Frage ist eine Klärung der Standpunkte, inwieweit dem Erfolg bei den Fahrlässigkeitsdelikten möglicherweise doch über die Strafbarkeitsbegrenzung hinausgehende Funktion zukommt, nicht erforderlich, da aus der Begründung des Unrechts der Fahrlässigkeitsdelikte durch die herrschende Meinung bereits ersichtlich ist, daß allein schon die sorgfaltswidrige Handlung als Teil des fahrlässigen Delikts strafbares Unrecht enthält. Ein Erfolgseintritt ist insofern verzichtbar.[85] Wenn bei den Fahrlässigkeitsdelikten zusätzlich zu einem sorgfaltswidrigen Verhalten auch noch ein Erfolgseintritt tatbestandlich vorausgesetzt wird, so bedeutet dies lediglich, daß bei den betreffenden Tatbeständen nicht *jede* Sorgfaltspflichtverletzung einer strafrechtlichen Ahndung unterworfen werden soll, sondern nur eine solche, die sich in einem Erfolg realisiert hat.[86] Wollte man nämlich die im Rahmen bestehender Fahrlässigkeitsdelikte denkbaren Sorgfaltswidrigkeiten tatbestandlich typisieren, so müßten eine große Anzahl von Handlungsmodifikationen im einzelnen aufgeführt werden, was aber, wie *Hirsch*[87] es treffend bezeichnet, „als ‚Planwirtschaft' des Sozialverhaltens vorerst in den Bereich dogmatischer Utopie gehört". Soweit sich allerdings eine Typisierung von bestimmten Pflichtwidrigkeiten verwirklichen läßt und der Gesetzgeber von dieser Möglichkeit Gebrauch macht, erfaßt ein solcher Tatbestand ebenso ein auf einer Sorgfaltswidrigkeit beruhendes Handlungsunrecht, wie es auch bei Fahrlässigkeitsdelikten zugrunde liegt und eine strafrechtliche Sanktionierung zuläßt.[88]

---

[83] *Engisch*, Untersuchungen, S. 342; *Welzel*, Fahrlässigkeit, S. 21; *ders.*, LB, S. 136; *Hirsch*, Tatbestandsmerkmale, S. 308 Anm. 122; *ders.*, Ehre, S. 169. Im Ergebnis ebenso, jedoch mit unterschiedlicher Begründung *Armin Kaufmann*, ZfRV 1964, 41 (54); *Horn*, Gefährdungsdelikte, S. 99 ff.; *Lüderssen*, ZStW 85 (1973), 288 (295); *Zielinski*, Erfolgsunwert, S. 209 ff.

[84] So etwa *Armin Kaufmann*, ZfRV 1964, 41 ff.; *ders.*, Welzel-Festschrift, S. 393 (410 ff.); *Horn*, Gefährdungsdelikte, S. 78 ff.; *Schaffstein*, Welzel-Festschrift, S. 557 (561); *Zielinski*, Erfolgsunwert, S. 128 ff., 200 ff. Vgl. dazu *Hirsch* in LK, vor § 51 Rdn. 189.

[85] Vgl. schon *Hirsch*, Ehre, S. 169. Das gilt erst recht für die Vertreter der Auffassung, die in dem Erfolg bei den Fahrlässigkeitsdelikten eine objektive Bedingung der Strafbarkeit sehen. Vgl. ferner auch *Welzel*, LB, S. 313; *E. A. Wolff*, ZStW 81 (1969), 886 (907 f.).

[86] So *Hirsch*, Ehre, S. 169; vgl. auch *Armin Kaufmann*, ZfRV 1964, 41 (44); *Welzel*, Fahrlässigkeit, S. 21.

[87] *Hirsch*, ZStW 83 (1971), 140 (164); zustimmend *Schroeder*, ZStW 91 (1979), 257 (260).

[88] Der Parallele des Unrechtsgehalts von Fahrlässigkeits- und abstrakten Gefährdungsdelikten zustimmend auch *Schroeder*, ZStW 91 (1979), 257 (259 f.).

Es gleichen sich also Fahrlässigkeits- und Gefährdungsdelikte in ihrem materiellen Gehalt: Beiden Deliktstypen ist strafbegründend das sorgfaltswidrige Verhalten des Täters zu eigen. In ihrer tatbestandlichen Ausgestaltung unterscheiden sie sich jedoch dadurch, daß bei den Fahrlässigkeitsdelikten die Sorgfaltswidrigkeit nicht tatbestandlich beschrieben ist, sondern an Hand der Gesamtumstände bei Verursachung des tatbestandlich vorausgesetzten Erfolgs zu ermitteln ist,[89] während sie bei den Gefährdungsdelikten detailliert vertypt ist, so daß die Sorgfaltspflichtwidrigkeit des Verhaltens bereits hinreichend bestimmt ohne Berücksichtigung eines Handlungserfolgs festgestellt werden kann.[90]

Für den Tatbestand Subventionsbetrug bedeutet dies, daß ein Verstoß gegen den Schuldgrundsatz nicht vorliegt, wenn durch die Vorschrift nur Verhaltensweisen erfaßt werden, die stets als eine schuldhafte Sorgfaltspflichtverletzung bezüglich des geschützten Rechtsguts[91] Vermögen des Staates anzusehen sind. Eine Feststellung darüber setzt zunächst eine Bestimmung der vermögensrelevanten Sorgfaltspflichten im Rahmen eines Subventionsverfahrens losgelöst von den in § 264 StGB getroffenen Regelungen voraus.

Maßstab für die objektiv zu fordernde Aufmerksamkeit beim Erkennen und Vermeiden von Gefahren für das geschützte Rechtsgut ist der gewissenhafte und besonnene Mensch des Verkehrskreises, dem der Handelnde angehört.[92] Aus der Erkennbarkeit der Gefahr ergibt sich die Pflicht zu sachgemäßem äußeren Verhalten mit dem Ziel, den Eintritt des tatbestandsmäßigen Erfolgs zu vermeiden.[93]

Für das Subventionsverfahren folgt daraus, daß der Antragsteller sich so zu verhalten hat, daß die Gefahr einer Schädigung des staatlichen Vermögens nicht eintritt. Dabei liegt eine Gefährdung des staatlichen Vermögens bereits in dem Risiko des zweckverfehlenden Einsatzes von Subventionsmitteln. Diese ist nur auszuschließen, wenn alle Einzelheiten, die Grundlage für eine Gewährung oder Belassung von

---

[89] Vgl. *Welzel*, LB, S. 131.

[90] Die fahrlässigen abstrakten Gefährdungsdelikte, vgl. etwa §§ 163, 316 Abs. 2 StGB, enthalten eine Kombination beider Tatbestandsformen. Die Sorgfaltspflichtverletzung ist bei diesen tatbestandlich vertypt, so daß die Pflichtwidrigkeit der vorgenommenen Handlung bereits mit der Verwirklichung der im Tatbestand vorausgesetzten Handlung feststeht und nicht erst von einem Handlungserfolg her zu ermitteln ist.

[91] Die Sorgfaltspflichtverletzung muß gegenüber dem Rechtsgut erfolgt sein, denn die Pflichtwidrigkeit folgt aus dem Verbot, das Rechtsgut zu verletzen; vgl. BGHSt. 5, 271 (273 ff.); 20, 315 (320 f.); *Baumann*, LB, S. 460; *Jescheck*, LB, S. 468; *Maurach/Gössel/Zipf*, AT 2, S. 69; *Welzel*, LB, S. 132; *Schönke/Schröder/Cramer*, § 15 Rdn. 122 jeweils mit weiteren Nachweisen.

[92] RGZ 126, 329 (331).

[93] Vgl. *Engisch*, Untersuchungen, S. 273 ff.

Subventionsmitteln sein können, dem Subventionsgeber im Subventionsverfahren vom Subventionsnehmer bekanntgegeben werden. Daraus resultiert die Verpflichtung des Subventionsnehmers, nur wahre und vollständige Angaben zu machen und den Subventionsgeber über Änderungen der tatsächlichen Verhältnisse in Kenntnis zu setzen. Diese Verpflichtung ist gesetzlich in §§ 3, 4 SubvG normiert.[94]

Mißt man an diesen Kriterien die von § 264 StGB als Unrecht eingestuften Verhaltensweisen, so erfaßt jede Tatbestandsmodalität eine typisierte Sorgfaltswidrigkeit. Durch die gemachten oder unterlassenen Angaben entsteht eine Abweichung zwischen der für die Subventionierung allein maßgeblichen tatsächlichen Sachlage und den für eine Subventionsvergabe praktisch entscheidenden, vorgegebenen Umständen. Damit besteht in diesen Fällen das generelle Risiko einer tatsächlich nicht begründeten Subventionierung, also eines Vermögensschadens. Der Subventionsnehmer verhält sich in bezug auf dieses Risiko riskant und deshalb sorgfaltswidrig. Ob diese Feststellung allgemeine Geltung haben kann oder ob es möglicherweise Fälle eines beachtlichen Risikoausschlusses gibt, soll an Hand von den als problematisch erkannten Fällen[95] überprüft werden.

cc) Problematische Sachverhalte

(1) Zunächst ist der von *Lampe*[96] angeführte Fall in Betracht zu ziehen, wonach der Subventionsnehmer eine dumme und falsche Angabe macht, deren Unwahrheit sogleich aufgedeckt wird. In einem solchen Fall stellt sich die Frage, ob der Subventionsnehmer überhaupt die tatbestandlichen Voraussetzungen des § 264 StGB erfüllt hat. Ist die Erklärung offensichtlich objektiv völlig absurd, etwa wenn ein Antragsteller behauptet, er betreibe in einer Dreizimmerwohnung eine Hühnerfarm mit zwanzigtausend Hühnern, so ist doch zweifelhaft, ob die Voraussetzungen der Angabe einer subventionserheblichen Tatsache vorliegen. Der Tatbestand Subventionsbetrug setzt voraus, daß überhaupt eine im Subventionsverfahren verwertbare Angabe gemacht wird. Bei Angaben, die so sehr von dem tatsächlich Möglichen abweichen, daß sie offensichtlich objektiv ungeeignet sind, zur Grundlage einer Subventionsentscheidung herangezogen zu werden, können danach schon keine Angaben im Sinne des § 264 StGB sein. Selbst wenn der Antragsteller dies nicht erkennen sollte, ändert dies nichts an der objektiven Beurtei-

[94] Zum Sinn und Zweck der Regelungen vgl. *Göhler,* Prot., S. 2725 ff. Für Subventionen nach Landesrecht, vgl. § 1 Abs. 2 SubvG, gelten die §§ 2—6 SubvG auf Grund entsprechender Landesgesetze nunmehr ebenfalls; vgl. die Gesetzesnachweise bei *Tiedemann* in LK, § 264 Rdn. 85.

[95] Vgl. oben 2. Abschnitt, I. 4. und 4. a)

[96] Prot., S. 2512.

lung seiner Erklärung. Es läge in diesem Fall gegebenenfalls lediglich Versuch vor, der jedoch beim Tatbestand Subventionsbetrug straflos ist, so daß insofern weitergehend versuchter Betrug, §§ 263, 22, 23 StGB, in Betracht käme. Sind die Angaben dagegen zwar unwahrscheinlich, jedoch nicht offensichtlich objektiv absolut ungeeignet, eine subventionserhebliche Tatsache kundzutun, so kommt es für die Frage, ob die Handlung ein Unrecht enthält, nicht darauf an, daß der Subventionsgeber sogleich die Unrichtigkeit erkennt. Allein die Abgabe der Erklärung ist bereits sorgfaltswidrig in bezug auf eine Subventionsgewährung. Denn diese wird nur dadurch verhindert, daß sich der Subventionsgeber trotz der grundsätzlich nicht auszuschließenden Richtigkeit der Angaben für eine Zurückweisung entscheidet. Die Verhinderung einer Subventionierung durch den Subventionsgeber kann jedoch den Unwert des vom Antragsteller verwirklichten riskanten Verhaltens nicht beseitigen.

(2) Von nicht unerheblich praktischer Bedeutung ist insbesondere eine andere Fallgruppe, die vor allem *Gössel*[97] für nicht zutreffend durch § 264 StGB geregelt hält.[98] Dabei geht es um Sachverhalte, bei denen der Täter bezüglich subventionserheblicher Tatsachen unrichtige Angaben macht, der Subventionszweck[99] jedoch erreicht wird, und zwar entweder, weil aus anderen nicht angegebenen Gründen ein Subventionsanspruch des Antragstellers bestand[100] oder weil lediglich gegen formale Voraussetzungen des Subventionsvergabeverfahrens verstoßen wurde[101] oder weil der Antragsteller das Gesetzesziel der Subventionierung auf andere Weise als von ihm angegeben erreicht.[102]

---

[97] Prot., S. 2616 f.

[98] Der Bericht, S. 5 übergeht dagegen die von *Gössel* erhobenen Einwände mit dem Hinweis, die von diesem vorgetragene Problemlage könne bei der Ausgestaltung des Straftatbestandes nicht ernsthaft in Betracht gezogen werden. Dagegen hatte bereits auch *Tiedemann*, ZStW 86 (1974), 897 (912 ff.) der Frage der Zweckerfüllung trotz Täuschung über das Vorliegen der Vergabevoraussetzungen auf Grund seiner rechtstatsächlichen Untersuchungen Bedeutung beigemessen; vgl. ferner *ders.* in LK, § 264 Rdn. 14; *ders.*, Subventionskriminalität, S. 316 ff.

[99] Daß es bei der Beurteilung der Zweckerreichung einer Subventionierung stets nur auf die Erreichung des Primärzwecks ankommen kann, ist bereits zuvor dargelegt worden, vgl. S. 54 f.

[100] So der von *Gössel*, Prot., S. 2616 f. gebildete Sachverhalt; vgl. oben 2. Abschnitt, I. 4.

[101] Der Antragsteller beantragt unter unrichtiger Angabe der Baustellen seiner Arbeitnehmer Schlechtwettergeld nach dem Arbeitsförderungsgesetz nur bei *einem* Arbeitsamt, obwohl die tatsächlichen Baustellen im Bereich mehrerer Arbeitsämter liegen, so daß eine Beantragung getrennt nach Baustellen bei mehreren Arbeitsämtern hätte erfolgen müssen; vgl. *Tiedemann*, ZStW 86 (1974), 897 (912).

[102] Der Antragsteller wrackt das Frachtschiff nicht ab, wie gesetzlich vorgesehen, baut es jedoch zum Sportboot um und erreicht auf diese Weise die

Im Zusammenhang mit dem *Betrugs*tatbestand, § 263 StGB, hat *Tiedemann*[103] zu der Frage Stellung genommen, ob ein solches Verhalten zu einem Vermögensschaden führt. Wäre ein solcher in jedem der hier interessierenden Fälle gegeben, stünde außer Zweifel, daß auch im Rahmen des § 264 StGB stets die Täuschungshandlung bereits eine Sorgfaltswidrigkeit in bezug auf einen solchen Vemögensschaden beinhalten würde. Jedoch kann von einem Vermögensschaden bei diesen Sachverhalten nicht in jedem Einzelfall ausgegangen werden. Nach herrschender Meinung liegt kein Vermögensschaden vor, wenn durch eine Täuschung eine Leistung veranlaßt wird, diese zugleich aber zu einer Befreiung von einer Verbindlichkeit für den Leistenden führt.[104] Die täuschungsbedingte Vermögensminderung wird bei dieser Sachlage durch die Befreiung von einer Verbindlichkeit gegenüber dem Vermögensempfänger kompensiert.

Problematisch ist allerdings die Schadensfrage, wenn kein *Anspruch* auf die Leistung besteht. *Tiedemann*[105] und *Lackner*[106], die sich, soweit ersichtlich, als einzige mit dieser Frage näher befaßt haben, nehmen an, daß bei eindeutiger Erfüllung des Subventionszweckes durch den Subventionsempfänger trotz Täuschung über das tatsächliche Vorliegen der zur Bewilligung erforderlichen *formalen* Voraussetzungen kein Vermögensschaden vorliege. Die Berücksichtigung der Zweckerreichung müse jedoch auf Ausnahmefälle beschränkt bleiben.[107] Offen bleibt dabei allerdings, was alles zu den verwaltungsmäßigen Vergabevoraussetzungen zu zählen ist, ob also etwa die Erklärung, ein Schiff werde abgewrackt, während es tatsächlich zum Sportschiff umgebaut wird, lediglich eine Formalie ist, die den Subventionszweck unberührt läßt. Zutreffend erscheint, Zweckerfüllung in den Fällen anzunehmen, in denen eindeutig bloße Formalien, wie etwa örtliche Zuständigkeitsfragen, berührt sind. In allen anderen Fällen läßt sich dagegen eine Zweckerfüllung ohne Erfüllung von auch scheinbar nur verwaltungsmäßigen Vergabevoraussetzungen in keinem Fall feststellen, ohne nicht die eigene interpretatorische Vorstellung vom Subventionszweck an die Stelle des zur Zwecksetzung befugten Subventionsgebers zu setzen. So

---

durch die Subventionierung angestrebte Reduzierung der Tonnage des gewerblichen Schiffverkehrs; vgl. *Tiedemann*, ZStW 86 (1974), 897 (912 f.).

[103] ZStW 86 (1974), 897 (912 ff.); *ders.*, Subventionskriminalität, S. 316 f.

[104] Vgl. RGSt. 64, 342 (344); 433 (435); BGHSt. 3, 160 (162); 20, 136 (137 f.); vgl. auch BGH, LM § 263 Nr. 26; *Lackner* in LK, § 263 Rdn. 155; *ders.*, § 263 Anm. 2 b aa; *Schönke/Schröder/Cramer*, § 263 Rdn. 117; *Cramer*, Vermögensbegriff, S. 160; *Hirsch*, ZStW 84 (1972), 380 (394 f.); *Welzel*, LB, S. 375; *ders.*, NJW 1953, 652.

[105] ZStW 86 (1974), 897 (913).

[106] In LK, § 263 Rdn. 176.

[107] So *Tiedemann*, ZStW 86 (1974), 897 (915).

enthält etwa die Aussage, der Subventionszweck im Rahmen der Schiffsabwrackung sei bereits durch die Verminderung der Tonnage durch Schiffsnutzungsänderung erfüllt, eine Außerachtlassung der Vermögensentscheidung des Subventionsgebers, der im konkreten Einzelfall die Subventionierung nur unter der als subventionserheblich festgestellten Voraussetzung erteilt hat, nämlich daß das Schiff tatsächlich abgewrackt wird. Sollte zudem der Unterschied zwischen Abwracken und Umbauen des Schiffs tatsächlich nur formalen Charakters sein, dann würde sich die Frage stellen, wieso diese Unterscheidung überhaupt subventions*erheblich* sein soll und ferner, wieso der Antragsteller in diesem Fall nicht das tatsächliche Vorhaben mit dem Schiff preisgegeben hat.

Unter dem Gesichtspunkt des Vermögensschadens beim Betrugstatbestand sind die mit der hier behandelten Fallgruppe angesprochenen Fragen, wie sich gezeigt hat, nicht hinreichend geklärt, so daß eine Untersuchung im einzelnen dazu erforderlich ist, ob § 264 StGB bei den interessierenden Sachverhalten nur solche Handlungen erfaßt, die sorgfaltswidrig in bezug auf das durch die Strafvorschrift geschützte Vermögen sind.

Fall 1: Ein Subventionsanspruch kann auf die Voraussetzungen A oder B gestützt werden. Die Subventionierung ist in beiden Fällen gleich hoch und verfolgt den gleichen Zweck. Bei dem Antragsteller liegen nur die Voraussetzungen A vor. Er gibt im Antrag jedoch die Voraussetzungen B als gegeben an.[108]

Der Subventionsnehmer hat in diesem Fall durch seine unrichtige Angabe einer subventionserheblichen Tatsache (Voraussetzungen B liegen vor) kein Risiko einer zweckverfehlenden Subventionierung verursacht, da materiell die Vergabevoraussetzungen (nämlich A) vorlagen. Der Antragsteller hat sich aus diesem Grund zwar verfahrenswidrig verhalten, jedoch kein Unrecht im Hinblick auf das staatliche Vermögen verwirklicht. Wenn er auch die Voraussetzungen der unrichtigen Angabe einer subventionserheblichen Tatsache erfüllt hat, so handelte er aber nicht tatbestandsmäßig, da die Angabe nicht vorteilhaft im Sinne des § 264 Abs. 1 Nr. 1 StGB ist. Vorteilhaft ist nur die Angabe, die die Aussicht auf Bewilligung der Subvention zu verbessern geeignet ist.[109] Gegenüber der Angabe der tatsächlich vorliegenden Voraussetzungen A ist die angegebene Voraussetzung B in keiner Hinsicht günstiger.[110]

---

[108] So abstrahiert der Fall von *Gössel*, Prot., S. 2616 f.

[109] So *Tiedemann* in LK, § 264 Rdn. 66; *Berz*, BB 1976, 1435 (1437); *Dreher/Tröndle*, § 264 Rdn. 20; *Lackner*, § 264 Rdn. 5; vgl. ferner oben S. 113 f.

[110] So auch für einen gleichgelagerten Sachverhalt *Schmidt-Hieber*, NJW 1980, 322 (325). Die Bedeutung des Tatbestandsmerkmals „vorteilhaft“ hat

Damit steht aber fest, daß der Antragsteller nicht tatbestandsmäßig im Sinne des § 264 StGB handelte und mithin diese Vorschrift nicht, wie von *Gössel* befürchtet, bei solchen Sachverhalten nichtexistentes Unrecht unter Strafe stellt.

Fall 2: Der Antragsteller täuscht Tatsachen vor, die eine andere Zuständigkeit ergeben als die, die tatsächlich vorliegt. Bei richtigen Angaben wäre eine Subventionierung gleichfalls erfolgt, jedoch durch eine örtlich andere Stelle.[111]

Auch in diesem Fall hat der Subventionsnehmer durch sein Verhalten kein Risiko einer zweckverfehlenden Subventionierung und damit eines Vermögensschadens verursacht. Sein Verhalten beinhaltet lediglich eine verwaltungsmäßige Unkorrektheit. Dem entspricht, daß das Handeln des Antragstellers auch nicht tatbestandsmäßig im Sinne von § 264 Abs. 1 Nr. 1 StGB ist. Die Angaben sind zwar unrichtig und beziehen sich auch auf eine subventionserhebliche Tatsache, sie sind aber nicht „vorteilhaft" im Sinne des Gesetzes. Stellt man darauf ab, daß etwa die Subventionierung durch das bewilligende Arbeitsamt nicht erfolgt wäre, wenn dieses Kenntnis über die tatsächliche Lage der Baustellen gehabt hätte, da es bezüglich dieser örtlich unzuständig war, so sind die Angaben grundsätzlich geeignet, die Aussicht auf Bewilligung der Subvention zu verbessern, und daher „vorteilhaft". Eine solche Beurteilung setzt allerdings die Einbeziehung der bloß formal, nicht aber für den Subventionszweck bedeutsamen örtlichen Zuständigkeit voraus. Jedoch würde die Berücksichtigung auch rein verwaltungsmäßig formaler Aspekte bei der Feststellung der Vorteilhaftigkeit die Schutzrichtung des Tatbestandes verkennen. Bei dieser geht es allein um das Rechtsgut Vermögen und nicht um die Ordnungsmäßigkeit der Verwaltung oder des Subventionsverfahrens. Das Tatbestandsmerkmal „vorteilhaft" ist daher so zu verstehen, daß die Aussicht auf Bewilligung der Subvention im Hinblick auf die materiellen Subventionsvergabevoraussetzungen verbessert sein muß. Dies ist aber bei dem Verstoß gegen bloß formale Subventionsvergabevoraussetzungen, wie etwa die örtliche Zuständigkeit, nicht der Fall.[112]

Fall 3: Der Antragsteller gibt an, eine bestimmte Handlung vorzunehmen, für die eine Subvention gezahlt wird. Tatsächlich nimmt er

Gössel, Prot., S. 2617 offensichtlich verkannt, als er den hier behandelten Fall problematisierte.

[111] Vgl. den von *Tiedemann*, ZStW 86 (1974), 897 (912) wiedergegebenen Sachverhalt bezüglich der Beantragung von Schlechtwettergeld nach dem Arbeitsförderungsgesetz.

[112] In diesem Sinne sind auch die Ausführungen von *Lackner* in LK, § 263 Rdn. 176 und *Tiedemann*, ZStW 86 (1974), 897 (912 ff.) zutreffend, die konsequent zu einer Verneinung eines Vermögensschadens führen.

diese jedoch nicht vor, erreicht jedoch mit seiner Maßnahme den *End*zweck der Subventionierung.[113]

Der Antragsteller macht bei einem solchen Sachverhalt unrichtige Angaben über subventionserhebliche Tatsachen. Diese Angaben sind für den Subventionsnehmer auch vorteilhaft, denn durch die Angabe, er nehme die für die Subventionierung erforderliche Handlung vor, verbessert er die Aussicht auf die Bewilligung der Subvention. Bei dieser Subventionsvoraussetzung handelt es sich nämlich nicht nur um eine formale, sondern um eine *materielle* Anforderung. Denn eine Subventionierung für die tatsächlich vom Antragsteller vorgenommene Handlung ist in den Subventionsvergabevoraussetzungen überhaupt nicht vorgesehen, so daß in diesem Fall auch keine Subventionierung erfolgt wäre. Daß schließlich der Endzweck[114] der Subventionierung doch noch erreicht wird, ist unerheblich. Die Pflichten im Subventionsverhältnis, also auch die Verhaltenspflichten des Subventionsnehmers, werden allein durch den Primärzweck bestimmt.[115] Nur wenn dieser durch den Subventionsnehmer erfüllt ist, liegt eine Zweckerfüllung und damit kein Vermögensschaden der öffentlichen Hand vor.[116] Daraus ergibt sich aber zugleich, daß bei Nichterfüllung des Primärzwecks ein Vermögensschaden und damit die diesbezügliche unrichtige, unvollständige oder unterlassene Angabe ein sorgfaltswidriges Verhalten in bezug auf das staatliche Vermögen darstellt. Somit erfaßt § 264 StGB auch bei solchen Sachverhalten strafbares Handlungsunrecht.

Für die untersuchte Fallgruppe kann mithin für alle drei Unterfälle festgestellt werden, daß ein tatbestandsmäßiges Handeln nur dann vorliegt, wenn tatsächlich ein sorgfaltswidriges Verhalten in bezug auf das staatliche Vermögen vorliegt.

(3) Mit der Erörterung einer weiteren Sachverhaltsgruppe soll die Überprüfung des in § 264 StGB erfaßten Unrechts an Hand von Einzelfällen abgeschlossen werden. Es handelt sich in dieser letzten Gruppe um solche Fälle, bei denen der Antragsteller weiß, daß die Beantragung der Subvention eindeutig aussichtslos ist, er sie jedoch etwa aus betrieblichen Gründen dennoch unter unzutreffenden Tatsachenangaben vornimmt.[117] Damit ist die Frage des bewußten Ausschlusses des Handlungsrisikos angesprochen.

---

[113] Vgl. den von *Tiedemann*, ZStW 86 (1974), 897 (912 f.) wiedergegebenen Sachverhalt bezüglich der Abwrackprämie von Frachtschiffen.

[114] Zur Terminologie und zur Unterscheidung zwischen End- und Primärzweck vgl. oben S. 54 f.

[115] Vgl. nur *Henke*, Wirtschaftssubventionen, S. 72 mit weiteren Nachweisen.

[116] Dazu bereits oben S. 54.

[117] Vgl. den Sachverhalt oben 2. Abschnitt I. 4. a).

Brehm[118] vertritt die Auffassung, bei Sonderkenntnissen in bezug auf den Nichteintritt eines Gefährdungserfolgs entfalle die Rechtswidrigkeit des Verhaltens. *Volz*[119] kommt über eine andere dogmatische Konstruktion zu einem Strafbarkeitsausschluß mangels Tatbestandsmäßigkeit. Jedoch läßt eine allgemeine Berücksichtigung von Sonderkenntnissen oder aktiven Ausschlusses des Handlungsrisikos die Besonderheiten der einzelnen Tatbestände außer Betracht. Dies erkennen auch *Brehm* und *Volz* an, wenn sie die gewonnenen Erkenntnisse in bezug auf bestimmte Delikte relativieren.[120] Die Frage ist somit: Handelt es sich bei § 264 StGB um ein Delikt, bei dem das Handlungsrisiko durch ein vorsorgendes Verhalten ausgeschlossen werden kann? Nach *Brehm* soll es bei der Beantwortung dieser Frage auf den Normzweck ankommen.[121] Es gebe Vorschriften, bei denen es nicht so sehr auf die generelle Gefährlichkeit der einzelnen Handlung ankomme, sondern auf die Konstituierung einer bestimmten Organisationsform. Dazu zählt *Brehm* Regelungen der Straßenverkehrsordnung. *Volz* vermag die Gruppe der Delikte, bei denen ein Risikoausschluß nicht möglich sein soll, lediglich negativ gegenüber den beiden anderen Tatbestandsgruppen, die er gebildet hat, abzugrenzen.[122]

Auch bezüglich dieses Problemkreises können die hier zu § 264 StGB angestellten Überlegungen nicht Anspruch auf Allgemeingültigkeit für die gesamte Dogmatik der abstrakten Gefährdungsdelikte erheben, sondern nur für die Gesamtfrage zu verfolgende Lösungsansätze bieten. Danach erscheint es zutreffend, hinsichtlich des riskanten Verhaltens, das die abstrakten Gefährdungsdelikte tatbestandlich erfassen, zu differenzieren. Es gibt nämlich Tatbestände, bei denen das riskante Verhalten ohne Zutun eines Dritten bereits zu einem Gefährdungs- oder Verletzungserfolg führen kann, und es gibt solche, bei denen das riskante Verhalten erst die Voraussetzungen dafür schafft, daß durch ein dazutretendes Verhalten eines Dritten ein Gefährdungs- oder Verletzungserfolg ermöglicht ist. Zur ersten Gruppe wären etwa §§ 186, 229, 306 StGB zu zählen, zur zweiten Gruppe z. B. §§ 153 ff., 267 und auch 264 StGB. Der Unterschied liegt darin, daß im ersten Fall der Handelnde unmittelbaren Einfluß auf den Ausschluß des Risikos eines Handlungserfolgs hat, während er im zweiten Fall mangels Eingriffsmöglichkeiten nach Beendigung des riskanten Verhaltens den weiteren Verlauf nicht mehr steuern kann. So mag etwa der Antragsteller bei

---

118 Gefährdungsdelekt, S. 127 ff.; vgl. dazu auch oben S. 98.

119 Gefährdungsdelikte, S. 162 ff.; vgl. dazu auch oben S. 96 f.

120 Vgl. *Brehm*, Gefährdungsdelikt, S. 137 ff.; *Volz*, Gefährdungsdelikte, S. 191 ff.

121 *Brehm*, Gefährdungsdelikt, S. 138 f.

122 *Volz*, Gefährdungsdelikte, S. 194 ff.

einer Subvention noch so „zuverlässige" Informationen darüber erhalten haben, daß ein zu stellender Antrag wegen Erschöpfung der Mittel abgelehnt werde, entschließt sich aber im Nachhinein der Subventionsgeber wegen der großen Zahl der zurückgewiesenen Anträge dennoch, vielleicht sogar nach vorangegangener abschlägiger Bescheidung, eine Subventionierung vorzunehmen, so hat sich trotz zunächst eindeutiger Risikolosigkeit der Beantragung das generelle Risiko einer Falschangabe bei Antragstellung realisiert. Daraus folgt, daß wegen des nur bedingten Einflusses des Antragstellers auf die vermögensrelevanten Verhaltensweisen des Subventionsgebers, ein Risikoausschluß nicht möglich ist. Mithin kann bezüglich § 264 StGB die Sorgfaltswidrigkeit des Verhaltens nicht durch Sonderwissen ausgeschlossen werden. Auch in diesen Fällen verwirklicht der Subventionsnehmer bei Erfüllung der tatbestandlichen Voraussetzungen somit Handlungsunrecht.

dd) Das Unrecht des Unterlassens in § 264 Abs. 1 Nr. 2 StGB

Während in den vorangegangenen Abschnitten das von § 264 StGB erfaßte Unrecht ohne Unterscheidung von Tun und Unterlassen behandelt wurde, besteht im Hinblick auf die Ausgestaltung des § 264 Abs. 1 Nr. 2 StGB als echtes Unterlassungsdelikt Veranlassung, auf die Frage des Unterlassens gesondert einzugehen. § 264 Abs. 1 Nr. 2 StGB unterwirft den Verstoß gegen eine gesetzliche Pflicht zur Aufklärung der gleichen Strafbarkeit wie den in Nr. 1 und 3 enthaltenen Verstoß gegen die Verpflichtung zur wahrheitsgemäßen und vollständigen Erklärung über subventionserhebliche Tatsachen bei Beantragung von Subventionen. Auch die Unterlassensregelung enthält als unrechtsbegründend ein sorgfaltswidriges Verhalten, nämlich die pflichtwidrige Nichtaufklärung des Subventionsgebers. *Vermander*[123] hat bereits in seiner Abhandlung zu § 330 c StGB nachgewiesen, daß auch echte und unechte abstrakte Gefährdungsunterlassungsdelikte denkbar sind.[124] Ein Grund für die Schaffung eines echten Unterlassenstatbestands neben der Begehungsform des § 264 Abs. 1 Nr. 1 StGB lag unter anderem wohl darin, problematische Konstruktionen einer Garantenpflicht in der Rechtsprechung[125] zu vermeiden.[126] Da jedoch das Unterlassen in § 264 StGB dem

---

[123] Hilfspflicht, S. 41 ff.

[124] Ebenso gibt es fahrlässige echte und unechte Unterlassungsdelikte, die nach der hier vertretenen Auffassung konsequenterweise die Parallelfigur zu den echten und unechten abstrakten Gefährdungsunterlassungsdelikten darstellen. Zu den fahrlässigen Unterlassungsdelikten vgl. etwa *Jescheck*, LB, S. 514 f.; *Maurach/Gössel/Zipf*, AT 2, S. 139; *Welzel*, LB, S. 207, 222 f.

[125] Vgl. etwa RGSt. 66, 56 (58); 70, 151 (155); BGHSt. 6, 198 ff. Vgl. dazu *Herzberg*, Unterlassung, S. 74 ff.; *Bockelmann*, Eb. Schmidt-Festschrift, S. 437 ff.; *ders.*, BT 1, S. 61.

gleichen Strafrahmen unterworfen ist wie das von dieser Vorschrift umfaßte positive Tun, fragt sich, ob sich das tatbestandlich zugrundegelegte positive Tun und das Unterlassen hinsichtlich ihres Unrechtsgehalts entsprechen.[127] Das muß in Anbetracht der insbesondere[128] in § 3 SubvG niedergelegten umfangreichen Mitteilungspflichten zweifelhaft erscheinen.[129] Diese eröffnen die Möglichkeit einer der Begehung gleichen Bestrafung auch für solche Unterlassungen, die lediglich den Unrechtsgehalt von Ordnungswidrigkeiten haben. Aus diesem Grund schlägt auch der Alternativentwurf in § 201 Abs. 1 Nr. 4 AE ein echtes Unterlassungsdelikt nur für die Fälle vor, in denen es der Täter *vor* Inanspruchnahme der Subventionierung unterläßt, Veränderungen der für die Bewilligung erheblichen Umstände der Bewilligungsstelle anzuzeigen. Es muß vermieden werden, daß sich die Subventionsverwaltung durch die Statuierung von Mitteilungspflichten *nach* Inanspruchnahme der Subvention einen Ersatz für unzureichende oder fehlende Verwendungskontrollen schafft. De lege lata besteht nur dann eine Chance, die Anwendbarkeit des § 264 Abs. 1 Nr. 2 StGB auf Fälle des dem positiven Tun gleichwertigen Unterlassens zu beschränken, indem die Voraussetzungen der Mitteilungspflichten extrem restriktiv ausgelegt werden.

ee) Die Schuld bei § 264 StGB

Nachdem zuvor der Unrechtsgehalt des Tatbestands Subventionsbetrug ermittelt worden ist, läßt sich nunmehr der Gegenstand der für eine Strafbarkeit erforderlichen Schuld feststellen. Schuld setzt neben der Schuldfähigkeit als weitere Elemente die Möglichkeit der Unrechtseinsicht und die Möglichkeit, sich der Unrechtseinsicht gemäß zu verhalten, voraus. Dabei ist beim fahrlässigen Delikt im Rahmen der Möglichkeit der Unrechtseinsicht stets positiv die individuelle Erkennbarkeit der Sorgfaltswidrigkeit zu ermitteln. Ferner ist bei dieser Deliktsgruppe im Zusammenhang mit dem Merkmal der Möglichkeit, der Unrechtseinsicht gemäß zu handeln, grundsätzlich der Gesichtspunkt der Unzumutbarkeit bedeutsam.[130]

---

126 *Tiedemann*, ZStW 87 (1975), 253 (293); *Göhler/Wilts*, DB 1976, 1609 (1614); vgl. ferner Bericht, S. 4; *Berz*, BB 1976, 1435.

127 Vgl. zum Entsprechen von Handeln und Unterlassen § 13 Abs. 1 Satz 2 StGB sowie *Jescheck*, LB, S. 510 f.; *Maurach/Gössel/Zipf*, AT 2, S. 146; *Schönke/Schröder/Stree*, § 15 Rdn. 4. Bei einer Täuschungshandlung ist diese Frage auch dann nicht ausgeschlossen, wenn sich die Aufklärungspflicht aus Gesetz ergibt; vgl. etwa *Lackner* in LK, § 263 Rdn. 69. Bezüglich § 264 StGB vgl. *Tiedemann* in LK, § 264 Rdn. 65 am Ende.

128 Neben der Begründung einer Mitteilungspflicht durch das Subventionsgesetz kommen auch andere gesetzliche Regelungen in Betracht, z. B. § 5 Abs. 3 GasölverwendungsG-Landwirtschaft.

129 Vgl. auch *Tiedemann*, ZStW 87 (1975), 253 (293); *Maurach/Gössel/Zipf*, AT 2, S. 166; ebenso Begründung zu § 201 AE.

Obwohl § 264 StGB hinsichtlich seines Unrechtsgehalts dem eines Fahrlässigkeitsdelikts — jedoch ohne Erfolgseintritt — gleicht, richtet sich der Umfang der Schuldprüfung stets nur danach, ob eine Vorsatztat oder eine Fahrlässigkeitstat vorliegt. Bei vorsätzlicher Verwirklichung der tatbestandlichen Voraussetzungen des § 264 StGB bedarf es deshalb keiner positiven Feststellungen, weder bezüglich der individuellen Erkennbarkeit der Sorgfaltswidrigkeit, denn diese ergibt sich regelmäßig bereits aus der vorsätzlichen Verwirklichung des Unrechtstatbestands, noch hinsichtlich der individuellen Zumutbarkeit, gemäß der Unrechtseinsicht zu handeln, da auch diese bei einem vorsätzlichen Verstoß gegen die Sorgfaltsanforderungen grundsätzlich vorliegt. Im Falle des leichtfertigen Verhaltens, § 264 Abs. 3 StGB, gelten dagegen die allgemeinen Grundsätze der Schuldprüfung bei Fahrlässigkeit.

ff) Ergebnis

Die Untersuchung des Tatbestands Subventionsbetrug, § 264 StGB, als abstraktes Gefährdungsdelikt hat somit ergeben, daß die Vorschrift mit dem Schuldgrundsatz in Einklang steht. Das Unrecht der Handlung liegt in einem sorgfaltswidrigen Verhalten in bezug auf das geschützte Rechtsgut, wobei das Tatbestandsmerkmal „vorteilhaft“ im Einzelfall als tatbestandslimitierend zu verstehen ist.

b) Die Vereinbarkeit des § 264 StGB mit dem Subsidiaritätsprinzip

Hat die vorangegangene Untersuchung auch die Vereinbarkeit des § 264 StGB als abstraktes Gefährdungsdelikt mit dem Schuldgrundsatz ergeben, so bedeutet dies jedoch nicht, daß durch diese Vorschrift nur solches Verhalten erfaßt wird, dessen *strafrechtliche* Sanktionierung als einzige Möglichkeit der Verwirklichung eines Rechtsgüterschutzes erscheint.

Nach dem Grundsatz der Subsidiarität[1] darf das Strafrecht Beschränkungen der allgemeinen Handlungsfreiheit nur dann und in dem Umfang vornehmen, wie dies zum Schutz der Gesellschaft unvermeidlich ist.[2] Ergänzend erfordert das rechtsstaatliche Prinzip der Verhältnismäßigkeit, daß von dem Mittel der Strafdrohung nur „behutsam und

---

[130] Vgl. nur *Welzel*, LB, S. 157 ff.; *Hirsch* in LK, 9. Aufl., vor § 51 Rdn. 162 mit weiteren Nachweisen.

[1] Vgl. BVerfGE 39, 1 (46 f.); *Baumann*, LB, S. 27; *Jescheck*, LB, S. 40, 2 f.; *Maurach/Zipf*, AT 1, S. 37; *Rudolphi* in SK, vor § 1 Rdn. 14; *Welzel*, LB, S. 6; *Arthur Kaufmann*, Henkel-Festschrift, S. 89 (100 ff.); *R. Lange*, Strafanspruch, S. 75 (94); *Maiwald*, Maurach-Festschrift, S. 9 (22 f.).

[2] So *Jescheck*, LB, S. 2 f.; vgl. ferner BVerfGE 39, 1 (46 f.); *Maurach/Zipf*, AT 1, S. 27 ff.; *Rudolphi* in SK, vor § 1 Rdn. 14; *Welzel*, LB, S. 6.

zurückhaltend" Gebrauch gemacht wird.[3] Eine solche Formel vermag jedoch nur *deutliche* Überschreitungen der Grenzen einer Strafbewehrung aufzuzeigen, während sie sich im wesentlichen als Leitprinzip auf die Funktion einer Orientierungshilfe für den Gesetzgeber beschränkt.[4] Die Auswahl der zu treffenden Maßnahme ist daher vielfach keine Rechtsfrage, sondern eine rechtspolitische Entscheidung. So beschränkt sich die im Hinblick auf die Ausgestaltung des § 264 StGB als abstraktes Gefährdungsdelikt aufgeworfene *Rechts*frage darauf, ob durch den Tatbestand die aufgezeigten Grenzen des Subsidiaritätsgrundsatzes *deutlich* überschritten sind.

Davon kann jedoch nicht ausgegangen werden. Die Strafvorschrift verfolgt den Schutz staatlichen Vermögens gegen Schädigungen aus einem zweckverfehlenden Einsatz. Dabei ist der Subventionsgeber notwendigerweise auf die Mitwirkung des Subventionsnehmers angewiesen, wenn nicht die Mittelvergabe von einer alleinigen vollständigen Ermittlung des Sachverhalts durch die Bewilligungsstelle abhängen soll. Im letzteren Fall würde jedoch eine Ermittlungstätigkeit der Bewilligungsstelle einen für den Antragsteller einschneidenderen Eingriff darstellen, als die Auferlegung bestimmter Sorgfaltspflichten.[5] Das ergibt sich daraus, daß jede Ermittlung über den zu ermittelnden Gegenstand hinaus zwangsläufig zu weitergehenden Erkenntnissen führen kann, obwohl diese für die Subventionsvergabe als solche nicht erforderlich sind. Die strafbewehrte Auferlegung von Sorgfaltspflichten im Subventionsverfahren zum Schutz des staatlichen Vermögens im Interesse aller ist danach für denjenigen, der eine Verminderung des staatlichen Vermögens, nämlich die Subventionsvergabe, erstrebt, eine grundsätzlich angemessene Beschränkung seiner Handlungsfreiheit.[6]

Ist auch die Ausgestaltung des § 264 StGB als abstraktes Gefährdungsdelikt im Hinblick auf den Subsidiaritätsgrundsatz nicht verfassungswidrig, so fragt sich jedoch, ob der Gesetzgeber bei der Entscheidung für die Deliktsform der abstrakten Gefährdung nicht gegen das im Subsidiaritätsgrundsatz ferner enthaltene generelle Leitprinzip der Beschränkung der strafrechtlichen Mittel auf das unbedingt Erforderliche verstoßen hat. Die Kritik bezüglich § 264 StGB wendet sich insbesondere dagegen, daß bei einem Vermögensdelikt, wie es der Tatbestand Subventionsbetrug darstellt, nicht erst die Verletzung, sondern schon die Gefährdung strafrechtlichen Sanktionen unterworfen wird.[7]

---

[3] So BVerfGE 39, 1 (47).

[4] *Arthur Kaufmann*, Henkel-Festschrift, S. 89 (102).

[5] Vgl. dazu auch *Wilts*, Prot., S. 2639; *Tiedemann*, ZRP 1976, 49 (54).

[6] Vgl. auch Bericht, S. 8.

[7] Vgl. *Lampe*, Prot., S. 2512; *Gössel*, Prot., S. 1616 ff.; *Junge*, Prot., S. 2520;

Eine solche Vorverlegung der Strafbarkeit rechtfertige sich nur hinsichtlich solcher Delikte, deren Rechtsgüterschutz mangels Wiederherstellbarkeit des ursprünglichen Zustands nur bei Erfassung auch diesbezüglicher Gefährdungen effektiv sei.[8]

Dem ist im Ansatz zuzustimmen, wenn auch ergänzende Gesichtspunkte in Betracht zu ziehen sind. So kann sich die Notwendigkeit einer Vorverlagerung des Rechtsgüterschutzes vor den Zeitpunkt des Erfolgseintritts auch daraus ergeben, daß der Eintritt einer Rechtsgutverletzung vielfach nicht offenkundig wird und deshalb ein effektiver Rechtsgüterschutz, der erst auf den Eintritt einer Rechtsgutverletzung abstellt, nicht erfolgen kann. In diesem Fall hat die Vorverlegung des Rechtsgüterschutzes den Effekt, schon rechtsgutgefährdende Handlungen zu vermeiden, mit der Folge, daß durch die damit verbundene generalpräventive Wirkung ein wirksamer Rechtsgüterschutz erreicht werden kann.

Dies läßt sich an Hand der Rechtsgutverletzung bei Subventionserschleichungen verdeutlichen: Während bei einer Körperverletzung, einem Diebstahl oder einem nicht subventionsbezogenen Betrug die Rechtsgutverletzung dem Opfer in aller Regel im Zusammenhang mit der Verletzungshandlung bekannt wird und dadurch die Möglichkeit zu einer Strafverfolgung unmittelbar eröffnet ist, bleibt sie bei Subventionserschleichungen dem Geschädigten vielfach verborgen. Der durch eine Subventionserschleichung eingetretene Vermögensschaden wird nämlich nur dann erkennbar, wenn durch Zufall oder durch Ermittlungen festgestellt wird, daß die Subventionsvoraussetzungen entgegen den Angaben nicht oder nicht mehr vorliegen. Erst dadurch wird feststellbar, daß ein Fall der Zweckverfehlung und damit ein Vermögensschaden vorliegt. Die von der Praxis und insbesondere von *Tiedemann*[9] angeführten Erschleichungsfälle machen deutlich, wie oft es dem Zufall überlassen war, solche Rechtsgutverletzungen bekannt werden zu lassen und dadurch einer strafrechtlichen Ahndung zuzuführen.

Es wäre jedoch verfehlt, daraus sogleich zu folgern, es sei für einen effektiven Vermögensschutz im Bereich der Subventionsvergabe erforderlich, den *strafrechtlichen* Schutz bezüglich des Vermögens vorzuverlagern. Das Subsidiaritätsprinzip beinhaltet gerade auch die sekundäre Natur des Strafrechts.[10] Diese besteht darin, daß auf das Strafrecht

---

Ostman von der Leye, Prot., S. 2659; *Wirtschaftsverbände*, Prot., S. 2621; *Haft*, ZStW 88 (1976), 365 (367 f.).

[8] *Wirtschaftsverbände*, Prot., S. 2621; ferner auch *Dahs* jr., NJW 1974, 1538 (1541).

[9] Subventionskriminalität, S. 47 ff.

nur als „ultima ratio" zurückzugreifen ist, so daß überall dort, wo Maßnahmen des bürgerlichen oder des öffentlichen Rechts ausreichenden Rechtsgüterschutz gewährleisten können, für strafrechtliche Sanktionen kein Raum ist. Läßt sich also die aufgezeigte Problematik des Vermögensschutzes bei Subventionserschleichungen durch verwaltungsrechtliche Maßnahmen beseitigen, bestünde keine Veranlassung für einen § 264 StGB als Gefährdungsdelikt.

Die Frage der verwaltungsmäßigen Ausgestaltung der Subventionsverfahren war Gegenstand eingehender Erörterungen der *Sachverständigenkommission.*[11] So sehr auch die Kriminogenität von Subventionsvergabeverfahren und das Erfordernis erheblicher verwaltungsmäßiger Änderungen in das Blickfeld rückten,[12] wollte man allerdings nicht auf eine zusätzliche strafrechtliche Absicherung verzichten.[13] Ob sich nicht doch ein Prüfungs- und Kontrollsystem entwikkeln ließe, das geeignet wäre, Zweckverfehlungen in so hohem Maße aufzuklären, daß sich ein effektiver Rechtsgüterschutz für das staatliche Vermögen ergeben würde, kann aus strafrechtlicher Sicht nicht beantwortet werden. Immerhin bewährt sich im Steuerrecht, das bezüglich der indirekten Subventionen den direkten Subventionen gleichgelagerte Probleme zu bewältigen hat, die unter dem Begriff der Betriebsprüfung bekannte Außenprüfung[14], so sehr, daß dort der Straftatbestand der Steuerhinterziehung auch die Reform der Abgabenordnung als Verletzungsdelikt überdauert hat. Zuzugeben ist allerdings, daß es im Strafgesetzbuch bis zur Schaffung des § 264 StGB keinen der Steuerhinterziehung gleichstrukturierten Straftatbestand gab, so daß zwar das Aufspüren von Schädigungshandlungen hätte verbessert und damit die Erkennbarkeit von Vermögensschädigungen auf verwaltungsmäßigem Weg hätte hergestellt werd können, jedoch ein effektiver Rechtsgüterschutz gegebenenfalls an der tatsächlichen Ahndungsmöglichkeit gescheitert wäre.

Die damit zusammenhängenden praktischen Schwierigkeiten insbesondere beim Nachweis des subjektiven Tatbestands des Betruges sind bereits zuvor verschiedentlich erwähnt worden.[15] Dabei mußte allerdings die Beantwortung der Frage ausgeklammert bleiben, ob nicht auch diese Beweisschwierigkeiten durch eine bessere Normierung des

---

[10] Vgl. exempl. *Rudolphi* in SK, vor § 1 Rdn. 14; *Maurach/Zipf,* AT 1, S. 27 ff.

[11] Vgl. Tagungsberichte, S. 12 ff.; vgl. ferner *Götz,* Subventionserschleichung, S. 19 ff.; *ders.,* Tagungsberichte, Anlage 2, S. 1 ff.

[12] Tagungsberichte, S. 12 f.; vgl. ferner oben 1. Abschnitt, II. 2. a) Anm. 25.

[13] Vgl. *Sachverständigenkommission,* Tagungsberichte, S. 63 f.

[14] Vgl. §§ 193 ff. AO.

[15] Vgl. *Göhler,* Tagungsberichte, Anlage 14.

Subventionsvergaberechts hätten reduziert oder sogar beseitigt werden können. Selbst wenn man aber die Schaffung eines Sondertatbestands zur Sanktionierung von Subventionserschleichungen als notwendig voraussetzt, ist damit allerdings noch immer nicht präjudiziert, daß dieser Tatbestand als *abstraktes* Gefährdungsdelikt ausgestaltet werden muß. Für ein Verletzungsdelikt spräche, daß der für die Erschleichungen von indirekten Subventionen relevante Paralleltatbestand des Steuerrechts, die Steuerhinterziehung (§ 370 AO), als Verletzungsdelikt ausgestaltet ist.[16] Ferner hätte sich auch angeboten, einen solchen Tatbestand als konkretes Gefährdungsdelikt zu schaffen.[17] In beiden Fällen wäre stets wie auch beim abstrakten Gefährdungsdelikt die Sorgfaltswidrigkeit entscheidendes, strafbares Unrecht, wohl wäre die Strafbarkeit auf Fälle des Verletzungs- oder konkreten Gefährdungserfolgseintritts limitiert.

Es ist nicht zuletzt auf das nachdrückliche Eintreten von *Tiedemann* für ein abstraktes Gefährdungsdelikt zurückzuführen, daß sich die mit der Schaffung von § 264 StGB ergriffenen strafrechtlichen Maßnahmen nicht auf ein Verletzungs- oder konkretes Gefährdungsdelikt beschränken. Während im Referentenentwurf[18] noch ein konkretes Gefährdungsdelikt vorgesehen war, enthielt der Regierungsentwurf[19] ein abstraktes Gefährdungsdelikt. *Göhler*[20] berichtet, daß in den Beratungen des Bundesrates der Vorschlag der Einführung eines abstrakten Gefährdungsdelikts sehr kontrovers diskutiert worden sei, jedoch schließlich knapp die Mehrheit gefunden habe. *Tiedemann*[21] hält allein die Schaffung eines abstrakten Gefährdungsdelikts für zutreffend und stellt hinsichtlich des Bemühens um strafrechtliche Beschränkung fest, der Regierungsentwurf sei nur nach langen Widerständen auf diesen zutreffenden legislatorischen Weg geraten oder *gedrängt* worden.

Die Grundlagen für die Ansicht, im Wirtschaftsbereich müßten Straftatbestände notwendigerweise als abstrakte Gefährdungsdelikte geschaffen werden, hat *Tiedemann* bereits in seiner Habilitationsschrift gelegt. Im Rahmen der Erörterung der „Ausbildung eines so-

---

16 Dies hätte sich um so mehr angeboten, als § 370 AO von der gesamten Gestaltung her Vorbild für § 264 StGB war. Vgl. nur Referentenentwurf, S. 28; RegE, S. 17. Eine Kombination von abstraktem Gefährdungsdelikt und Verletzungsdelikt mit abgestufter Strafdrohung enthielt die „Rohskizze" von *Göhler*, Tagungsberichte, Anlage 14, S. 2 ff.

17 Für ein konkretes Gefährdungsdelikt hatte sich das Bundesministerium der Justiz ausgesprochen, vgl. Referentenentwurf, S. 2.

18 S. 2.

19 S 4, 14.

20 Prot., S. 2659.

21 ZStW 87 (1975), 253 (270); *ders.*, Wirtschaftsstrafrecht Bd. 1, S. 82.

zialen Rechtsgutbegriffes"[22] erläutert er, daß sich insbesondere im Wirtschaftsstrafrecht feststellen lasse, daß ein am Rechtsgüterschutz orientiertes Strafrecht nur zu verwirklichen sei, wenn neben den Individualrechtsgütern auch überindividuelle und abstrakte Zielsetzungen als Schutzgüter anerkannt würden.[23] Eine Beeinträchtigung solcher Zielsetzungen lasse sich aber kaum positiv als Verletzungserfolg ermitteln. Ein Schutz könne daher nur durch die Auferlegung von Verhaltenspflichten erfolgen.[24] Das Rechtsgut und damit die Rechtsgutverletzung trete gegenüber einer solchen Rechtspflicht und damit einem Rechtspflichtverstoß in den Hintergrund.[25]

Später hat *Tiedemann*[26] an anderer Stelle seinen Standpunkt an Hand konkreter Beispiele verdeutlicht. Die Bilanzstraftatbestände etwa hätten sich aus dem praktischen Ungenügen des Betrugstatbestands entwickelt. Angesichts der Bedeutung des kaufmännischen Rechnungswesens im modernen Wirtschaftsleben sei allerdings eine Loslösung des Schutzgutes vom Bezug auf den Vermögensschutz des Einzelnen erfolgt. Die Bilanz sei „selbständige Institution und Mittel des Wirtschaftens" geworden und das Strafrecht trage „dieser Entwicklung neuer Rechtsgüter durch Gewährung eines eigenen Strafschutzes Rechnung".[27] Da aber die Verletzung überindividueller Institutionen — wie der Bilanz— schwerlich denkbar sei, trete in einem Bereich, der durch überindividuelle, soziale Interessen gekennzeichnet sei, der „Aktunwert" in den Vordergrund.[28] Der Begriff des abstrakten Gefährdungsdelikts sei insofern verfehlt. Wolle man jedoch an dieser Bezeichnung festhalten, so stelle jedenfalls das „abstrakte Gefährdungsdelikt das typische, dem Wesen des überindividuellen Rechtsguts entsprechende Mittel der Gesetzestechnik" dar.[29]

Da *Tiedemann*[30] das Schutzgut des § 264 StGB in dem überindividuellen Rechtsgut der „Planungs- und Dispositionsfreiheit" sieht, folgt

---

[22] *Tiedemann*, Tatbestandsfunktionen, S. 113 ff.

[23] *Tiedemann*, Tatbestandsfunktionen, S. 116 ff. Als Beispiel für solche Zielsetzungen nennt *Tiedemann*, a. a. O., S. 124: Budgetgleichgewicht, Geldwertstabilität, ausgeglichene Zahlungsbilanz, Neutralität des Geldes, reine Konkurrenz, Stabilität der Konjunktur.

[24] *Tiedemann*, Tatbestandsfunktionen, S. 124 f.

[25] *Tiedemann*, Tatbestandsfunktionen, S. 126.

[26] ZStW 87 (1975), 253 (269 ff.) = Wirtschaftsstrafrecht Bd. 1, S. 81 ff.

[27] *Tiedemann*, ZStW 87 (1975), 253 (272); *ders.*, Wirtschaftsstrafrecht Bd. 1, S. 84.

[28] *Tiedemann*, ZStW 87 (1975), 253 (273); *ders.*, Wirtschaftsstrafrecht, S. 85. So nunmehr auch bezüglich § 264 StGB *Tiedemann* in LK, § 264 Rdn. 13.

[29] *Tiedemann*, ZStW 87 (1975), 253 (274); *ders.*, Wirtschaftsstrafrecht, S. 84 f.

[30] Subventionskriminalität, S. 323 ff.; *ders.* in LK, § 264 Rdn. 13; *ders.*, Prot., S. 2468 f.

für ihn daraus zwangsläufig, daß der Tatbestand allein als abstraktes Gefährdungsdelikt zu statuieren ist. Den Ausführungen von *Tiedemann* ist aber auch zu entnehmen, daß er die „Erweiterung des Rechtsgutsbegriffs auf das rechtlich geschützte Interesse“[31] als ein dogmatisches Erfordernis ansieht, um „die Aufgabe des Strafrechts weiterhin einheitlich im Rechtsgüterschutz“ sehen zu können.[32] Daraus läßt sich entnehmen, daß es erst überindividueller Rechtsgüter bedarf, soweit durch Individualrechtsgüter kein ausreichender strafrechtlicher Schutz gewährleistet ist.[33] Ist aber, wie aufgezeigt,[34] bei Subventionserschleichungen der Rückgriff auf ein überindividuelles Rechtsgut nicht erforderlich, sondern lassen sich Unrecht und Schuld des in Frage stehenden Tatbestandes bereits aus einem Individualrechtsgut, nämlich dem Vermögen, erklären, so ist auch nicht *zwingend* erforderlich, den Straftatbestand als *abstraktes* Gefährdungsdelikt zu gestalten.

Tiedemann[35] hat ferner auf einen weiteren Grund hingewiesen, der es nach seiner Ansicht notwendig erscheinen läßt, gerade bezüglich Subventionserschleichungen ein abstraktes Gefährdungsdelikt zu schaffen. Er ist der Ansicht, bei Einbeziehung des Erfolgs in den Tatbestand sei der Erfolg mit der Täuschungshandlung durch einen Kausalnexus zu verknüpfen. Dies würde darauf hinauslaufen, sämtliche weitere Merkmale des objektiven Betrugstatbestands in den Tatbestand Subventionsbetrug zu übernehmen, so daß die gleichen Beweisschwierigkeiten entstünden, die im Rahmen des § 263 StGB aufgetreten seien.

Diese Konsequenz ergibt sich jedoch nicht. Es ist durchaus möglich, die Strafbarkeit allein von dem durch eine Täuschungshandlung verursachten Erfolg einer Subventionsbewilligung oder -gewährung[36] abhängig zu machen, ohne daß es etwa aus das Vorliegen eines Irrtums des Subventionsgebers ankäme. Strafgrund wäre in diesem Fall ebenfalls die Pflichtwidrigkeit bei Beantragung der Subvention, es müßte lediglich ein dadurch bewirkter Erfolg hinzutreten.[37] Der Kausalzusammenhang bestünde unabhängig davon, daß der Subventionsgeber

---

[31] *Tiedemann*, Tatbestandsfunktionen, S. 121.

[32] *Tiedemann*, Tatbestandsfunktionen, S. 117.

[33] Vgl. auch bei *Tiedemann*, Tatbestandsfunktionen, die Begriffe „Zwischeninteresse“ (S. 121) und „Zwischenziele“ (S. 124), die den subsidiären Charakter dieser „Rechtsgüter“ auch begrifflich hervorheben.

[34] Vgl. oben 1. Abschnitt, II. 1. d) und 3.

[35] Tagungsberichte, Anlage 1, S. 27 f. = Wirtschaftsstrafrecht Bd. 2, S. 107 f.

[36] Für Subventionsbewilligung *Tiedemann*, Tagungsberichte, Anlage 1, S. 26 f.; *ders.*, Wirtschaftsstrafrecht Bd. 2, S. 107.

[37] In diesem Fall entspräche der Unrechtsgehalt dem eines Fahrlässigkeitsdelikts. Jedoch würde der subjektive Tatbestand nicht Fahrlässigkeit, sondern Vorsatz oder im Fall des § 264 Abs. 3 StGB Leichtfertigkeit voraussetzen.

sich über die Richtigkeit der Angaben Vorstellungen macht oder ihre Unrichtigkeit kennt. Die Bewililgung erfolgt auch in diesem Fall auf Grund des Antrags, der die Voraussetzungen einer Subventionierung als gegeben vorgibt. Nach der conditio-sine-qua-non-Formel ist die Beantragung unter Angabe der Subventionsvoraussetzungen eine Bedingung, die nicht wegfallen könnte, ohne daß nicht auch der Erfolg ausbliebe.

Gegen die Schaffung eines Tatbestands Subventionsbetrug als *konkretes* Gefährdungsdelikt hat *Tiedemann*[38] sich mit Bedenken hinsichtlich der Praktikabilität der Vorschrift gewandt. Entweder müsse die Formel der konkreten Gefährdung „leerlaufen", da der Richter direkt oder indirekt aus der erfolgten Subventionierung auf die frühere Gefährdung schließe, oder aber die prozessuale Feststellung einer ex ante bestehenden Gefährdungssituation müse ihn vor fast unüberwindliche Beweisschwierigkeiten stellen.

Ob die praktischen Schwierigkeiten des Nachweises einer *konkreten* Gefährdung indes tatsächlich so gravierend sind, erscheint zweifelhaft. Die Frage ließe sich in der Regel bereits bei Kenntnis der konkreten Vergabeumstände im Einzelfall beantworten. Diese gelangen aber ohnehin stets zur Kenntnis der Ermittlungsbehörde und sind auch prozessual ohne Schwierigkeiten festzustellen.

Es sind nach alledem keine Gründe ersichtlich, die es bei einer verwaltungsseitigen Verbesserung der Subventionsvergabeverfahren *zwingend* erscheinen lassen, den Tatbestand Subventionsbetrug im Gegensatz zu der Parallelvorschrift § 370 AO als abstraktes Gefährdungsdelikt auszugestalten. In Anbetracht dessen, daß im Strafgesetzbuch bis zum Inkrafttreten des 1. WiKG ein Vermögensschutz mittels abstrakter Gefährdungsdelikte auf einzelne durch zusätzliche Erfordernisse eingegrenzte Tatbestände beschränkt war, wäre aber eine überzeugende Begründung für das Erfordernis eines Tatbestands Subventionsbetrug als *abstraktes* Gefährdungsdelikt im Hinblick auf die damit verbundene Strafausweitung notwendig gewesen. Selbst *Tiedemann* schien schließlich nicht mehr an die kriminalpolitische Bedeutung seines Vorschlags zu glauben. Bei der Anhörung vor dem Sonderausschuß für die Strafrechtsreform erklärte er:[39] „Sofern es eine parlamentarische Mehrheit so will, mag insoweit die strafrechtsdogmatische Einsicht der politischen Entscheidung geopfert, also notfalls der Spezialtatbestand Subventionserschleichung als Erfolgsdelikt ausgestaltet werden." Strafrechts*dogmatisch* bedarf es jedoch — wie aufgezeigt — nicht eines abstrakten Gefährdungsdelikts.

---

[38] ZStW 87 (1975), 253 (270); *ders.*, Wirtschaftsstrafrecht Bd. 1, S. 83.

[39] *Tiedemann*, Prot., S. 2469.

Um wenigstens ex post gegebenenfalls aus *kriminalpolitischen* Gründen den Tatbestand Subventionsbetrug als abstraktes Gefährdungsdelikt rechtfertigen zu können, wäre daher von Interesse, rechtstatsächliche Untersuchungen[40] gezielt darauf zu richten, ob und in welchem Umfang Verurteilungen zu verzeichnen sind, die gerade darauf beruhen, daß § 264 StGB als abstraktes Gefährdungsdelikt keinen Gefährdungs- oder Verletzungserfolg voraussetzt. Die bisher vorliegenden Zahlen zu den Verurteilungen in den Jahren 1977 und 1978 ermöglichen eine solche differenzierte Betrachtung nicht. Im übrigen sind sowohl die Anzahl der Verurteilungen[41] wie auch die Höhe der ausgesprochenen Strafen[42] so gering, daß für den Fall, daß diese Angaben repräsentativ sein sollten, der gesamte Komplex der Subventionserschleichungen rechtspolitisch neu zu überdenken wäre. Allerdings wird eine aussagefähige Analyse erst möglich sein, wenn § 264 StGB einige Jahre in Kraft ist, da zur Zeit gemäß § 2 StGB noch eine Reihe von Verurteilungen im Bereich von Wirtschaftssubventionen nach § 263 StGB erfolgen.[43]

Zweifelhaft muß die bedenkliche Ausweitung des strafrechtlichen Vermögensschutzes auch so lange erscheinen, wie sich der Gesetzgeber offensichtlich nicht im Stande sieht, eine Subventionsgesetzgebung zu schaffen, die für Mißverständlichkeiten von vornherein keinen Raum bietet. Ein Beispiel dafür ist das am 24. 12. 1974 verkündete Gesetz zur Förderung von Investitionen und Beschäftigungen (InvZulG) 1975[44]. Gemäß § 4 a InvZulG 1975, später umbenannt in § 4 b InvZulG 1975, wird unter anderem begünstigt, wer bestimmte Wirtschaftsgüter nach dem 30. Novenmber 1974 „bestellt" hat. Durch diese zeitliche Limitierung der Subventionierung wurden insbesondere Investoren, die noch in den letzten Novembertagen Bestellungen abgegeben hatten, motiviert, eine Aufhebung der Kauf- oder Lieferverträge zu veran-

---

[40] Eine erste Voraussetzung dafür schafft die bundesweite Erfassung von Wirtschaftsstraftaten durch die Staatsanwaltschaften und die Auswertung der ermittelten Daten durch *Kaiser* im Max-Planck-Institut für ausländisches und internationales Strafrecht. Vgl. dazu auch Bundesminister der Justiz, recht Nr. 22/1980 vom 21. April 1980.

[41] Im Jahr 1977: 21 Personen, darunter 4 Jugendliche, im Jahr 1978: 37 Personen, darunter 1 Heranwachsender und 2 Jugendliche.

[42] Zu 1977: 17 Erwachsene Geldstrafe, 4 Jugendliche „Zuchtmittel". In keinem Fall Untersuchungshaft. Zu 1978: Von 35 nach allgemeinem Strafrecht Verurteilten 4 Erwachsene Freiheitsstrafe: 1 unter 6 Monaten mit Strafaussetzung, 2 6 Monate, 1 zwischen 9 und 12 Monaten. 31 Erwachsene Geldstrafe. Von 2 Jugendlichen 1 Jugendstrafe zwischen 1 und 2 Jahren. 1 Jugendlicher „Zuchtmittel". Die Jugendliche, die zu einer Jugendstrafe verurteilt wurde, war zwischen 3 und 5 Monaten wegen Fluchtgefahr in Untersuchungshaft.

[43] Vgl. zu dem gemäß § 2 StGB anzuwendenden Gesetz *Kohlmann/Giemulla*, DStZ A 1979, 244 (245).

[44] BGBl. I, S. 3676.

lassen und anschließend, nunmehr innerhalb des Begünstigungszeitraums, eine Neubestellung vorzunehmen. In Anbetracht einer Vielzahl von Fragen, die der Begriff der Bestellung aufwirft, sind jetzt Finanzverwaltung[45], Rechtsprechung[46] und Schrifttum[47] darum bemüht, festzustellen, ob die bloße Angabe des Datums der Zweitbestellung unter Verschweigen der vorangegangenen Erstbestellung eine Täuschungshandlung darstellt.[48] Wohl zutreffend hält auch *Tiedemann*[49] die Voraussetzungen einer Täuschung für nicht gegeben. Die Rechtsprechung ist uneinheitlich. Die Konsequenz aus der Verneinung einer Täuschungshandlung wäre, daß auch die Voraussetzungen des § 264 StGB nicht vorliegen.[50] Das bedeutet aber, daß selbst eine extreme Ausweitung der Strafbarkeit nicht Regelungslücken schließen kann, die im Gesetzgebungsverfahren offengelassen wurden.[51]

Darüber hinaus besteht aber die Gefahr, daß sich aus unzureichenden gesetzlichen Regelungen ergebende Rechtsunsicherheiten bei ausgesprochen weiten Straftatbeständen zu Lasten des Rechtsunterworfenen „gelöst" werden. So erscheint es nicht ausgeschlossen, daß Strafgerichte bei Subsumtion der dargestellten Sachverhalte bei einer Zweitbestellung unter die Voraussetzungen des § 264 Abs. 1 Nr. 1 StGB unbedenklich das Tatbestandsmerkmal „unvollständige Angaben macht" für gegeben ansehen würden. Sollte es ferner am diesbezüglichen Vorsatz des Antragstellers fehlen, käme immer noch Leichtfertigkeit gemäß § 264 Abs. 3 StGB in Betracht.

Dieses Beispiel zeigt, wie einerseits Unzulänglichkeiten bei der Normierung von Subventionsvergabevoraussetzungen bei zutreffender

---

45 Vgl. Bundesminister der Finanzen, BStBL. 1977 I, S. 246 ff.

46 Vgl OLG Koblenz NJW 1980, 1586; vgl. ferner die Nachweise bei *Tiedemann*, NJW 1980, 1557 ff., insbesondere S. 1559 Anm. 28.

47 Vgl. *Baumann/Boorberg*, BB 1980, 567 ff.; *Beker*, FR 1979, 557 ff.; *Kohlmann/Brauns*, FR 1979, 279 ff., 479 ff.; *Schmidt-Hieber/Küster*, FR 1979, 426 ff.; *Schmidt-Hieber*, NJW 1980, 322 (326); *Tiedemann*, NJW 1980, 1557 ff.; vgl. auch *Gail/Grothe*, BB 1975, 551 ff.; *Mühl*, BB 1975, 53 ff.; *Zitzmann*, BB 1978, 1562 ff.

48 Bei den in diesem Zusammenhang interessierenden Sachverhalten kommt gemäß § 2 StGB in der Regel nur Strafbarkeit gemäß § 263 StGB und nicht nach § 264 StGB in Betracht. Vgl. dazu *Kohlmann/Giemulla*, DStZ A 1979, 244 (245).

49 NJW 1980, 1557 ff.; ebenso auch *Baumann/Boorberg*, BB 1980, 567 ff.; *Beker*, FR 1979, 557 ff.; *Kohlmann/Brauns*, FR 1979, 279 ff., 479 ff.

50 So wohl auch *Tiedemann*, NJW 1980, 1557 (1559).

51 Als solche stellt sich das Fehlen einer Bestimmung dar, die eine Umdatierung, Kündigung oder Neubestellung ausdrücklich untersagt oder als zulageschädlich bezeichnet. *Tiedemann*, Subventionskriminalität, S. 218 f. mit weiteren Nachweisen, hatte bereits auf die besondere Kriminogenität von zeitbezogenen Subventionsmaßnahmen hingewiesen, so daß den mit der Subventionsvergabe befaßten Stellen die Regelungsproblematik hätte bekannt sein können.

Auslegung auch weiter Straftatbestände einen strafrechtlichen Vermögensschutz verhindern. Andererseits wird aber auch die Gefahr offensichtlich, daß auch solche Sachverhalte unter eine sehr weite Tatbestandsfassung „subsumiert“ werden können.

Zusammenfassend ist somit festzuhalten, daß die zwingende Notwendigkeit der Ausgestaltung des § 264 StGB als abstraktes Gefährdungsdelikt nicht dargetan ist. Erst rechtstatsächliche Untersuchungen könnten ergeben, daß sich eine solche Tatbestandsfassung zumindest kriminalpolitisch rechtfertigen ließe. Statt dessen wird durch die weite Tatbestandsfassung die Gefahr begründet, daß Rechtsunsicherheiten in den Subventionsvergabevoraussetzungen zu Lasten des Antragstellers ausfallen können.

II. Die Strafbarkeit der Leichtfertigkeit gemäß § 264 Abs. 3 StGB

Während die Fassung des § 264 StGB als abstraktes Gefährdungsdelikt bei den Beratungen bloßen Widerspruch verursachte, rief die Frage, ob nicht nur eine vorsätzliche, sondern auch eine leichtfertige Tatbestandsverwirklichung strafbar sein sollte, engagierte Stellungnahmen hervor. So konzedierte *Tiedemann* in seiner Anhörung vor dem Sonderausschuß für Srafrechtsreform zwar einerseits, notfalls den Spezialtatbestand der Subventionserschleichung als Erfolgsdelikt auszugestalten, hielt dagegen andererseits die Leichtfertigkeitsinkriminierung für das entscheidende unumgängliche Kernstück[1] des neuen § 264 StGB, ohne das der neue Tatbestand praktisch wertlos sei.[2] Den Kritikern einer Leichtfertigkeitsbestrafung wirft er vor, sich überwiegend zu weigern, die Argumente der Befürworter einer Leichtfertigkeitsbestrafung zur Kenntnis zu nehmen.[3]

Die Befürworter[4] einer Leichtfertigkeitsbestrafung verweisen darauf, daß kriminalpolitisch ein nachweisbares Bedürfnis für die Bestra-

---

[1] So *Tiedemann*, Prot., S. 2469; *ders.* in LK, § 264 Rdn. 101; vgl. ferner *Botz*, Prot., S. 2493; *Penner*, Prot., S. 2643; *Preisendanz*, § 264 Anm. 8.

[2] So *Tiedemann*, ZStW 87 (1975), 253 (276).

[3] *Tiedemann* in LK, § 264 Rdn. 101.

[4] Vgl. vor allem *Tiedemann* in LK, § 264 Rdn. 101 ff.; *ders.*, Subventionskriminalität, S. 326 ff.; *ders.*, Gutachten, C 49, 72; *ders.*, Tagungsberichte, Anlage 1, S. 28 f. = Wirtschaftsstrafrecht Bd. 2, S. 108 f.; *ders.*, Prot., S. 2469, 2474; *ders.*, ZStW 87 (1975), 253 (276) = Wirtschaftsstrafrecht Bd. 2, S. 87 f.; *ders.*, Grundlagen Bd. 13/1, S. 19 (37 ff.); *ders.*, ZStW 88 (1976), 231 (254); vgl. ferner *Sachverständigenkommission*, Tagungsberichte, S. 84 ff.; Referentenentwurf, S. 2, 55 ff.; RegE, S. 27; Bericht, S. 8; § 201 AE mit Begründung; *Berz*, BB 1976, 1435 (1438); *Botz*, Prot., S. 2493, 2495; *Göhler/Wilts*, DB 1976, 1609 (1615); *Lubitz*, Tagungsberichte, Anlage 10, S. 5; *Müller-Emmert/Maier*, NJW 1976, 1657 (1661); zurückhaltend in der Zustimmung *Blei*, Strafrecht II, S. 218 („vertretbar“). — Wenn *Tiedemann*, Tagungsberichte, Anlage 1, S. 29 meint, der Vor-

fung von leichtfertigem Handeln bestehe. Ohne diese Möglichkeit seien Fälle der Arbeitsteilung und Fälle, in denen vorgegeben werde, es sei die Subventionserheblichkeit bestimmter Tatsachen nicht erkannt worden, strafrechtlich nicht zu erfassen. Dennoch handele es sich aber bei der Leichtfertigkeitsbestrafung nicht um eine Verdachtsstrafe für nicht nachweisbares vorsätzliches Handeln, da der Subventionsnehmer in besonderem Maße zur Sorgfalt verpflichtet sei. Diese Sorgfaltspflicht reiche noch über die des steuerrechtlich Verpflichteten hinaus, da dem Steuerrecht jeder unterliege, während der Subventionsnehmer erst durch seine Entscheidung, am Subventionsverfahren teilzunehmen, sich aus eigener Willensfreiheit in ein Pflichtverhältnis gegenüber dem Staat begebe. Daraus sei auch gerechtfertigt, das leichtfertige, gefährdende Verhalten bei direkten Subventionen in § 264 StGB mit Kriminalstrafe zu pönalisieren, während bei indirekten Subventionierungen die leichtfertige Steuerverkürzung mittels § 378 AO lediglich als Ordnungswidrigkeit geahndet werde. Zudem sei aber auch die Einstufung von leichtfertigen Steuerverkürzungen als bloße Ordnungswidrigkeiten äußerst zweifelhaft. Der Hinweis der Kritiker, daß fahrlässige Vermögensdelikte im übrigen Nebenstrafrecht bislang lediglich in Bereichen geschaffen worden seien, in denen von den Verpflichteten auf Grund ihrer Berufszugehörigkeit größere Sorgfalt erwartet werden müsse, treffe keineswegs durchgängig zu. Zudem sei er aber auch deshalb verfehlt, weil es sich bei § 264 StGB nicht um ein Vermögensdelikt handele.

Die Kritiker[5] halten dagegen die Leichtfertigkeitsbestrafung für unvereinbar mit herkömmlichen strafrechtlichen Grundsätzen oder

---

schlag habe „auch bei solchen Autoren Zustimmung gefunden, die im übrigen Skepsis und Kritik gegenüber den wirtschaftsstrafrechtlichen Reformbemühungen angemeldet" hätten und sich dabei auf *Hirsch*, ZStW 84 (1972), 397 (402) und *R. Lange*, Strafrechtsreform, S. 32 bezieht, beinhaltet dieser Hinweis eine doppelte Irreführung: Zum einen handelt es sich bei den benannten Autoren nicht um „engagierte Gegner einer Reform des Wirtschaftsstrafrechts" (so *Tiedemann*, Grundlagen Bd. 13/1, S. 19 (37) unter Hinweis auf *Hirsch*, a. a. O.), zum anderen aber haben sie gerade den von *Tiedemann* unterbreiteten Anregungen einer Leichtfertigkeitsbestrafung nicht zugestimmt. *R. Lange*, Strafrechtsreform, S. 33 hat ausgeführt: „Ob auch ein Auffangtatbestand leichtfertiger Begehungsweise in Betracht kommt, kann nicht nur anhand dieses Spezialproblems geprüft werden ..." und *Hirsch*, a. a. O. meint: „Eine andere Frage wäre, ob man sie als Ordnungswidrigkeit fordern soll, wenngleich auch insoweit größte Vorsicht geboten ist."

[5] Vgl. *Dreher/Tröndle*, § 264 Rdn. 24; *Lackner*, § 264 Anm. 6 b; *Samson* in SK, § 264 Rdn. 16 ff.; *Diemer-Nicolaus*, Schmidt-Leichner-Festschrift, S. 31 (52 ff.); *Dreher*, GA 1972, 61; *Gössel*, Prot., S. 2617; *Haberland*, Tagungsberichte, Anlage 9, S. 2; *Hirsch*, ZStW 84 (1972), 397 (402); *Junge*, Prot., S. 2520; *Lampe*, Prot., S. 2512, 2517, 2519; *R. Lange*, Strafrechtsreform, S. 32 f.; *Laumann*, Tagungsberichte, Anlage 4, S. 16; *Mann*, Tagungsberichte, Anlage 11, S. 4; *Schubarth*, ZStW 92 (1980), 80 (100 ff.); *Wirtschaftsverbände*, Prot., S. 2622; kritisch ferner *Blei*, Prot., S. 2505, 2507; *Otto*, JZ 1975, 293 (294). Die

doch für höchst bedenklich im Hinblick auf den Schuldgrundsatz. Sie heben hervor, daß der geringe Unrechtsgehalt eines Vermögensdelikts kombiniert mit der geringen Schuldschwere von leichtfertigem Handeln zu einer Strafbarkeit nichtkriminellen Unrechts führe. Diese Bedenken habe man jedoch vernachlässigt, weil es im Grunde nicht um die Bestrafung leichtfertigen Handelns, sondern um die Bestrafung vorsätzlichen, jedoch als solches nicht nachweisbaren Verhaltens gehe. Die Leichtfertigkeitsbestrafung ermögliche damit eine Verdachtsstrafe und verstoße somit gegen die Unschuldsvermutung. Auf Grund dieser Zielsetzung habe man sich über den bestehenden Grundsatz der Nichtstrafbarkeit fahrlässiger Vermögensschädigungen hinweggesetzt. Auch die im übrigen verfolgte Parallelität zur Ahndung von Steuerhinterziehungen sei im Hinblick auf die Ermöglichung einer Verdachtsstrafe aufgegeben und die leichtfertige Subventionserschleichung als *Strafvorschrift* und nicht — wie es vertretbar erscheine — als Bußgeldvorschrift geschaffen worden.

Daß sich die Kritiker bislang nicht von der Notwendigkeit einer Bestrafung der Leichtfertigkeit als *kriminelles* Unrecht überzeugen ließen, scheint nicht so sehr — wie *Tiedemann*[6] meint — eine Frage der Weigerung, die Argumente der Befürworter zur Kenntnis zu nehmen, zu sein, sondern mag vielmehr damit zusammenhängen, daß bei den Begründungen eine Erörterung des Unrechtsgehalts von leichtfertigen Subventionserschleichungen zunächst deutlich hinter dem Hinweis auf die Beweiserfordernisse zurücktrat.[7] So wurde darauf verwiesen, daß komplizierte und vor allem subjektiv gefaßte Straftatbestände gleichsam automatisch zu prozessualen Schwierigkeiten führten. Daher müsse für komplizierte Vorsatzdelikte entgegen der bisherigen Systematik der Vermögensschutztatbestände des Strafgesetzbuches die Berechtigung von Auffangtatbeständen leichtfertiger Begehungsweise oder von Vorschalttatbeständen im Vorfeld der eigentlichen Rechtsgutsverletzung erwogen werden.[8] Auch die Begründung, warum die Leichtfertigkeitsahndung nicht auf Bußgeldvorschriften zu beschränken sei, wurde zunächst nur mit an einer Verdachtsstrafe orientierten Überlegungen untermauert: Wenn Leichtfertigkeitstatbestände der Sache nach Auffangtatbestände für nicht nachweisbare vorsätzliche Zuwiderhandlungen

„Rohskizze" von *Göhler*, Tagungsberichte, Anlage 14, S. 7 sieht lediglich eine Ordnungswidrigkeitenregelung vor. Immerhin beschränkte auch *Tiedemann*, Subventionskriminalität, S. 369 seinen Vorschlag zunächst auch auf eine Leichtfertigkeitsbestrafung der durch § 264 Abs. 1 Nr. 1 StGB erfaßten Handlungen; ebenso § 201 Abs. 2 AE.

[6] In LK, § 264 Rdn. 101.

[7] Zu dieser Entwicklung vgl. auch *Schubarth*, ZStW 92 (1980), 80 (100 f.).

[8] *Tiedemann*, ZRP 1970, 256 (258); vgl. auch *ders.*, Verbrechen, 1. Aufl., S. 30; *ders.*, Verbrechen, 2. Aufl., S. 17; ähnlich ferner *Franzheim*, GA 1972, 353 (356).

seien, wenn zudem notwendigerweise dasselbe geschädigte Rechtsgut in Frage stehe, erscheine es nicht folgerichtig und systemwidrig, die leichtfertige Subventionserschleichung als bloße Ordnungswidrigkeit auszugestalten.[9]

Bereits *Lüderssen*[10] hat allerdings darauf hingewiesen, daß noch bei den Arbeiten zur Strafrechtsreform eine distanzierte Haltung hinsichtlich der Schaffung von Auffangtatbeständen zu verzeichnen gewesen ist. Eine Reihe von Tatbestandsfassungen des E 1962 sind nicht in den Alternativentwurf aufgenommen worden, da die Vorschriften den Eindruck erweckt haben, es gehe nicht um die Bestrafung fahrlässiger Handlungen, sondern um Fälle, in denen der Vorsatz nicht nachzuweisen ist. Die Konsequenz, die im Alternativentwurf aus Schwierigkeiten der Beweisführung gezogen wird, besteht darin, die Strafbarkeit verschiedentlich ganz entfallen zu lassen, da mitunter eine Strafbedürftigkeit nicht vorliege oder aber fragwürdig sei. Auf dem 49. Deutschen Juristentag wurde aber deutlich, daß selbst allein auf Beweiserleichterungen abzielende Straftatbestände überwiegend Zustimmung erwarten können. So erhielt ein Ergänzungsantrag von *Grünwald*[11], der darauf gerichtet war, Leichtfertigkeitstatbestände nicht vorzusehen, soweit sie geschaffen würden, um eine Bestrafung bei Beweisschwierigkeiten hinsichtlich des Vorsatzes zu ermöglichen, keine Mehrheit. Auf der kurz nach dem 49. Deutschen Juristentag durchgeführten Strafrechtslehrertagung waren erneut die materiellrechtlichen Auswirkungen von Beweiserfordernissen Gegenstand der Erörterungen.[12] Wenn sich nun auf Grund der bei diesen Veranstaltungen deutlich gewordenen Vorbehalte gegen eine Leichtfertigkeitsbestrafung zum Zwecke der Beweiserleichterung ein Teil des Schrifttums nicht zu einer Zustimmung zu § 264 Abs. 3 StGB entschließt, kann diese Auffassung nicht pauschal mit dem Vorwurf der Ignoranz bezüglich der Gegenargumente abgetan werden. Vielmehr ist im einzelnen festzustellen, welche Fälle durch § 264 Abs. 3 StGB erfaßt werden, und ob sie die Ahndung als *kriminelles* Unrecht rechtfertigen.

1. Die Leichtfertigkeit in § 264 Abs. 3 StGB

Am häufigsten findet sich die Definition der Leichtfertigkeit als besonders starker Grad von Fahrlässigkeit, etwa entsprechend der

---

9 So *Tiedemann*, Gutachten, S. C 49.

10 ZStW 85 (1973), 288 (303 ff.).

11 Sitzungsbericht, S. M 123, M 114.

12 Vom 1. bis 4. Oktober 1972 in Kiel; vgl. zum Inhalt der Diskussion *Hünerfeld*, ZStW 85 (1973), 438 (448 ff.) sowie das Referat von *Lüderssen*, ZStW 85 (1973), 288 ff.

groben Fahrlässigkeit im Sinne des Zivilrechts, wobei im Strafrecht im Gegensatz zum Zivilrecht auch auf die persönlichen Fähigkeiten des Täters abzustellen ist.[13] Die Leichtfertigkeit ist danach abzugrenzen gegenüber der leichten Fahrlässigkeit einerseits und dem bedingten Vorsatz andererseits. In der Begründung[14] zu § 18 Abs. 3 StGB E 1962, der eine Legaldefinition der Leichtfertigkeit enthält, wird davon ausgegangen, daß die Rechtsprechung eine inhaltliche Bestimmung im einzelnen vorzunehmen habe. Leichtfertigkeit komme, so heißt es, in Betracht, wenn der Täter in grober Achtlosigkeit nicht erkenne, daß er den Tatbestand verwirkliche, aber auch dann, wenn er sich in frivoler Rücksichtslosigkeit über die klar erkannte Tatbestandsverwirklichung hinwegsetze oder eine besonders ernst zu nehmende Pflicht verletze. Jedoch präzisieren solche Formulierungen den Leichtfertigkeitsbegriff kaum mehr als die in der Rechtsprechung verwendeten Feststellungen, es müsse die erforderliche Sorgfalt in ungewöhnlich großem Maße verletzt worden sein, oder der Täter habe zu beachten, was im gegebenen Fall jedem einleuchten müsse.[15] Klarzustellen ist jedenfalls, daß die Abgrenzung von leichter und grober Fahrlässigkeit unabhängig von der Unterscheidung zwischen bewußter und unbewußter Fahrlässigkeit ist: Auch bei leichtfertigem Handeln sind Fälle bewußter und unbewußter Fahrlässigkeit denkbar,[16] lediglich der Grad der Pflichtwidrigkeit bei der Einschätzung, den Erfolg vermeiden zu können (bewußte Fahrlässigkeit) oder bei der Nichtausnützung der Möglichkeit, die Gefahr des Eintritts des tatbestandlichen Erfolgs vorauszusehen (unbewußte Fahrlässigkeit), ist gegenüber der leichten Fahrlässigkeit größer.

---

[13] Vgl. RG JW 1936, 388 Nr. 20 (389); RGSt. 71, 34 (37); 174 (176); BGHSt. 14, 240 (255); 20, 315 (323 f., 327); BayObLGSt. 1956, 13 (16); BayObLG NJW 1959, 734 (735); st. Rspr.; *Dreher/Tröndle*, § 15 Rdn. 20; *Lackner*, § 15 Anm. III 2; *Samson* in SK, Anh. zu § 16 Rdn. 4; *Schönke/Schröder/Cramer*, § 15 Rdn. 203, 103; *Schroeder* in LK, § 16 Rdn. 208 ff.; *Maurach/Gössel/Zipf*, AT 2, S. 62; *Jescheck*, LB, S. 461 f.; *Schmidhäuser*, LB, S. 447; *Stratenwerth*, LB, S. 305; vgl. ferner *Arzt*, Schröder-Gedächtnisschrift, S. 119 (123 ff.); *Hall*, Mezger-Festschrift, S. 229 (238 ff.); *Maiwald*, GA 1974, 257 (258 ff.); *Tenckhoff*, ZStW 88 (1976), 897 (898 ff.). § 18 Abs. 3 E 1962 sah eine Legaldefinition vor: „Leichtfertig handelt, wer grob fahrlässig handelt." Vgl. auch die dazu erfolgte Begründung, S. 312.

[14] S. 132; vgl. ferner die Vorschläge und Bemerkungen der Sachbearbeiter in Niederschriften Bd. 12, S. 482 ff.

[15] So die Rechtsprechung zur den objektiven Voraussetzungen der Leichtfertigkeit entsprechenden groben Fahrlässigkeit im Zivilrecht; vgl. RGZ 141, 129 (131); BGHZ 10, 14 (16); 17, 191 (199). Zur Kritik an der fehlenden Präzisierung der Leichtfertigkeit vgl. *Arzt*, Schröder-Gedächtnisschrift, S. 119 (124 ff.).

[16] Vgl. *Maurach/Gössel/Zipf*, AT 2, S. 62; *Schmidhäuser*, AT, S. 447 f.; *Hirsch*, GA 1972, 65 (73); *Maiwald*, GA 1974, 257 (259).

Bezüglich § 264 StGB besteht noch Unsicherheit, wie die Rechtsprechung die Grenze zwischen leichter Fahrlässigkeit und Leichtfertigkeit ziehen wird. Im Schrifttum[17] wird unter den Gesichtspunkten der Schwierigkeit einer Abgrenzung und einer nicht allzu großen Strafbarkeitsausweitung vorgeschlagen, die Leichtfertigkeit restriktiv auszulegen und nur eindeutig grobe Verstöße durch § 264 Abs. 3 StGB zu ahnden. Nur eine derartig grobe Fahrlässigkeit, die an den Vorsatz heranreicht, soll erfaßt werden.[18] Als Beispiele[19] werden etwa die gröbliche Vernachlässigung der Überprüfungs- und Überwachungspflicht des Antragstellers im Hinblick auf die Vorarbeiten eines unzuverlässigen oder unerprobten Mitarbeiters, das völlige Außerachtlassen oder das ganz oberflächliche Behandeln der Vergabevorschriften sowie die grobe Vernachlässigung einer gedanklichen Auseinandersetzung mit der Vollständigkeit der Angaben genannt.

Diese konkreten Anwendungsbeispiele für § 264 Abs. 3 verdeutlichen zugleich, daß in dem Fall, in dem dem Täter die Möglichkeit des Vorliegens der tatbestandlichen Voraussetzungen des § 264 Abs. 1 Nr. 1 StGB *bewußt* ist, kaum mehr abzugrenzen ist, ob Leichtfertigkeit oder dolus eventualis vorliegt. Sieht der Täter die naheliegende Möglichkeit, daß die Angaben, die er macht, unrichtig oder unvollständig sind, so ist die Frage, ob er vorsätzlich oder leichtfertig handelt, danach zu entscheiden, ob er dennoch darauf vertraut, daß sie richtig sind, oder ob er es darauf ankommen läßt. Ganz anders als bei den meisten Fahrlässigkeitsdelikten, bei denen der Erfolg des pflichtwidrigen Verhaltens eine vom Täter unerwünschte Folge ist und deshalb, wenn nicht gegenteilige Anhaltspunkte vorliegen, grundsätzlich davon ausgegangen werden kann, daß der Täter auf das Ausbleiben des Erfolgs vertraut, ist beim Subventionsbetrug der Wille des Täters darauf gerichtet, daß die Angaben, seien sie richtig oder falsch, zur Subventionierung führen. Würde er in seine Vorstellungen nicht auch die Möglichkeit billigend miteinschließen, daß die Subventionierung unter Umständen auf Grund unrichtiger Angaben erfolgt, wäre die notwendige Konsequenz, daß er konkrete Anhaltspunkte dafür haben müßte, daß sich das Risiko seines sorgfaltswidrigen Verhaltens nicht verwirklicht.

Auch im Schrifttum wird darauf hingewiesen, daß die auf die Verletzung des Handlungsobjekts bezogene bewußte Fahrlässigkeit gleich-

[17] Vgl. *Tiedemann* in LK, § 264 Rdn. 102; *ders.*, Prot., S. 2479; *Dreher/Tröndle*, § 264 Rdn. 24; *Schönke/Schröder/Cramer*, § 264 Rdn. 65; *Samson* in SK, § 264 Rdn. 92 f.

[18] Vgl. *Göhler/Wilts*, DB 1976, 1609 (1615); *Dreiss/Eitel-Dreiss*, Wirtschaftskriminalität, S. 76.

[19] Vgl. *Dreher/Tröndle*, § 264 Rdn. 24; *Samson* in SK, § 264 Rdn. 92 f.; *Schönke/Schröder/Cramer*, § 264 Rdn 65; *Tiedemann* in LK, § 264 Rdn. 102; *Dreiss/Eitel-Dreiss*, Wirtschaftskriminalität, S. 76.

bedeutend mit dem Gefährdungsvorsatz ist, wenn der Täter die Gefahr des Eintritts einer Verletzung ernst nimmt und sich mit ihr abfindet.[20] Auf Grund der besonderen Tatsituation bei Subventionserschleichungen wird der Täter in Fällen der bewußten Fahrlässigkeit häufig die Gefahr einer unberechtigten Subventionierung erkannt haben und sich mit einer Fehlleitung im Hinblick auf seinen persönlichen Vorteil abgefunden haben. Ebenso verhält es sich im Fall des in Unkenntnislassens des Subventionsgebers über subventionserhebliche Tatsachen (§ 264 Abs. 1 Nr. 2 StGB) im Bewußtsein der Möglichkeit, daß dadurch eine planwidrige Subventionierung erfolgt oder fortbestehen bleibt.

Daraus wird deutlich, daß wegen des mit der bewußt sorgfaltswidrigen Handlung oder dem bewußt sorgfaltswidrigen Unterlassen verbundenen, für den Täter wirtschaftlich *günstigen* Erfolges der Gewährung oder des Fortbestandes einer Subventionierung besondere Veranlassung besteht, zu untersuchen, ob nicht nur bewußte Fahrlässigkeit, sondern Gefährdungsvorsatz vorliegt. Fraglich erscheint deshalb, ob bei einer zutreffenden Zuordnung der benannten Fallgruppe überhaupt noch in nennenswertem Umfang *bewußt* fahrlässige Subventionserschleichungen festzustellen sind. Ferner machen die Berührungspunkte zwischen Gefährdungsvorsatz und bewußter Fahrlässigkeit ersichtlich, daß sich für das Gericht bei Beweisschwierigkeiten der einfachere Weg über die Bestrafung wegen bewußter Leichtfertigkeit geradezu aufdrängt.[21] Besondere Bedeutung könnte diese Abgrenzungsfrage auch deshalb haben. weil Leichtfertigkeit besonders oft bei bewußter Fahrlässigkeit vorliegt.[22] Jedoch sind bezüglich des Tatbestands Subventionsbetrug über Umfang und Struktur von Leichtfertigkeitstaten so lange keine verläßlichen Angaben möglich, bis entsprechende Daten aus der Strafverfolgungspraxis zumindest Anhaltspunkte geben können.[23]

2. Unrecht und Schuld bei § 264 Abs. 3 StGB

Ist das Unrecht der vorsätzlichen Tatbestandserfüllung bei § 264 StGB die vorsätzliche Sorgfaltswidrigkeit in bezug auf das Vermögen des Staates,[24] so beinhaltet die leichtfertige Begehung eine grob „sorgfaltswidrige Sorgfaltswidrigkeit“ hinsichtlich dieses Rechtsguts. Daß es sich bei der hier vorgenommenen Verdoppelung des Begriffs der Sorg-

---

[20] Vgl. *Schroeder* in LK, § 16 Rdn. 120; *Jescheck*, LB, S. 460 Anm. 31; *Engisch*, Untersuchungen, S. 401 ff.; *Arthur Kaufmann*, Schuldprinzip, S. 154; *Schaffstein*, OLG Celle-Festschrift, S. 173 (180).

[21] Vgl. dazu auch *Preisendanz*, § 264 Anm. 8.

[22] Vgl. auch *Schroeder* in LK, § 16 Rdn. 210 mit weiteren Nachweisen.

[23] Vgl. auch *Samson* in SK, § 264 Rdn. 18.

[24] Vgl. oben 2. Abschnitt, I. 4. a) bb).

faltswidrigkeit nicht um einen Pleonasmus handelt, wird deutlich, wenn man die unterschiedlichen Bezugspunkte des sorgfaltswidrigen Verhaltens hervorhebt. Die Tathandlung des § 264 Abs. 1 StGB beinhaltet eine pflichtwidrige Handlung hinsichtlich des Rechtsguts Vermögen. Diese kann vorsätzlich oder leichtfertig begangen werden. Im ersten Fall kennt der Täter die Sorgfaltswidrigkeit seines Verhaltens, im zweiten Fall denkt der Täter auf Grund grob sorgfaltswidrigen Verhaltens nicht an die Möglichkeit, daß er eine Sorgfaltspflichtverletzung begeht, oder er erkennt zwar die Möglichkeit, daß er sich sorgfaltswidrig verhält, vertraut jedoch grob pflichtwidrig darauf, daß er sorgfaltsgemäß handelt. Die Schuld des Täters einer leichtfertigen Subventionserschleichung folgt dementsprechend aus der individuellen Erkennbarkeit der groben Sorgfaltswidrigkeit und aus der Möglichkeit, sich der Unrechtseinsicht gemäß zu verhalten.[25]

Soweit folglich im Einzelfall leichtfertiges Verhalten mittels § 264 Abs. 3 StGB geahndet wird, erfaßt die Vorschrift schuldhaft verwirklichtes Unrecht. Dadurch ist allerdings noch nicht beantwortet, ob die Leichtfertigkeitstat überhaupt *straf*rechtlich zu ahnden ist und für den Fall der Bejahung, ob sie zu Recht als kriminelles Unrecht zu bestrafen ist. Wird dagegen mit § 264 Abs. 3 StGB als „Auffangtatbestand" nicht nachweisbares vorsätzliches Verhalten erfaßt, so bestätigt die Gegenüberstellung des Unrechts und auch der darauf bezogenen Schuld bei der hier behandelten Vorschrift erneut, daß die Fahrlässigkeit gegenüber dem Vorsatz kein weniger, sondern ein aliud bedeutet.[26] Die Vorstellung vom Fahrlässigkeitsdelikt als „Auffangtatbestand"[27] für Vorsatztaten mag insofern kriminalpolitischen Bedürfnissen entsprechen, ist allerdings dogmatisch kaum zu begründen.[28]

Angesichts der Entscheidung des Gesetzgebers aus rechtspolitischen Gründen für eine Ahndung der Leichtfertigkeit nach § 264 StGB, die auch nicht offensichtlich deutlich die Grenzen einer Strafbewehrung überschreitet,[29] soll bezüglich der Vorschrift Subventionsbetrug die

[25] Zu den Schuldmerkmalen beim Fahrlässigkeitsdelikt vgl. nur *Welzel*, LB, S. 157 ff.; *Hirsch* in LK, 9. Aufl., vor § 51 Rdn. 162 mit weiteren Nachweisen.

[26] So auch die herrschende Meinung; vgl. exempl. BGHSt. 4, 340 (341); *Lackner*, § 15 Anm. IV; *Samson* in SK, Anh. zu § 16 Rdn. 6; *Schönke/Schröder/Cramer*, § 15 Rdn. 3; *Schroeder* in LK, § 15 Rdn. 9; Jescheck, LB, S. 456; *Maurach/Zipf*, AT 1, S. 141; *Maurach/Gössel/Zipf*, AT 2, S. 60; *Schröder*, Sauer-Festschrift, S. 207 (207 f., 244 ff.); *a. A.*: *Schmidhäuser*, LB, S. 451; *Hall*, Mezger-Festschrift, S. 229 (241).

[27] So insbesondere BGHSt. 17, 210 (212 f.).

[28] Vgl. vor allem eingehend *Tröndle* in LK, § 1 Rdn. 91 ff. mit umfangreichen weiteren Nachweisen; vgl. ferner *Jeschek*, LB, S. 456; *Maurach/Zipf*, AT 1, S. 141.

[29] Vgl. dazu oben 2. Abschnitt, I. 4 b).

Frage nicht vertieft werden, ob es auch trotz der Gestaltung der Regelung als abstraktes Gefährdungsdelikt ferner erforderlich war, unter dem zweifelhaften Gesichtspunkt des „Auffangtatbestands" den für das Strafgesetzbuch systematisch neuen Weg der Inkriminierung eines fahrlässigen vermögensschädigenden Verhaltens zu beschreiten.[30] Immerhin hatte auch *Tiedemann*[31] als rechtspolitische Zielsetzung zunächst die Alternative von Auffangtatbeständen *oder* Vorschalttatbeständen formuliert. In § 264 Abs. 3 StGB findet sich nunmehr eine Kumulation beider beweismäßig orientierten Strafbarkeitsausweitungen. Daß diese extensive Tatbestandsgestaltung zudem ein Vermögensdelikt trifft, macht die Leichtfertigkeitsregelung auch im Hinblick auf die ansonsten beigemessene Wertigkeit[32] besonders fragwürdig.

Immerhin räumen auch Kritiker des § 264 Abs. 3 StGB ein, die leichtfertige Begehung einer Subventionserschleichung könne als Ordnungswidrigkeit geahndet werden.[33] Deshalb beschränkt sich die weitere Untersuchung auf die Frage, ob eine für notwendig erachtete Ahndung der Leichtfertigkeit nicht zutreffend als Ordnungswidrigkeit erfolgen müßte.

3. Die Ahndung der leichtfertigen Subventionserschleichung als Ordnungswidrigkeit

a) Das Wesen der Ordnungswidrigkeiten

Die Erwägung der Möglichkeit, den vorsätzlichen Subventionsbetrug als Kriminalunrecht und den leichtfertigen Subventionsbetrug als Ordnungswidrigkeit einzustufen, setzt zunächst jedoch die Klärung des Verhältnisses von Straftaten zu Ordnungswidrigkeiten voraus. Im wesentlichen stehen sich zwei Auffassungen zur Rechtsnatur der Ordnungswidrigkeiten gegenüber:

Nach einer älteren Auffassung, der aluid-Theorie, soll sich das Ordnungsunrecht vom Kriminalunrecht qualitativ abgrenzen lassen. Während dem Kriminalunrecht ein präexistentes Unwerturteil eigen sei, beinhalteten die Ordnungswidrigkeiten grundsätzlich wertfreies Verhalten, das nur aus Zweckmäßigkeitserwägungen einer Ahndung unterworfen sei.[1]

---

[30] Kritisch zur Notwendigkeit *Blei*, Prot., S. 2505, 2507, obwohl er im übrigen den Gesetzesvorschlag unterstützt. Im Ergebnis hält *Blei*, Strafrecht II, S. 218 die Leichtfertigkeitsbestrafung für zumindest vertretbar.

[31] ZRP 1970, 256 (258).

[32] Vgl. dazu auch *Schubarth*, ZStW 92 (1980), 80 (102).

[33] Vgl. *Diemer-Nicolaus*, Schmidt-Leichner-Festschrift, S. 31 (54); *Dreher*, GA 1972, 61; *Hirsch*, ZStW 84 (1972), 397 (402); *Lampe*, Prot., S. 2517, 2519; *Laumann*, Tagungsberichte, Anlage 4, S. 16; *Otto*, JZ 1975, 293 (294); siehe auch *Göhler*, Tagungsberichte, Anlage 14, S. 7 („Rohskizze" § 6).

Nach einer neueren Auffassung, der inzwischen überwiegend vertretenen quantitativen Theorie, ist eine wesensmäßige Unterscheidbarkeit zwischen Straftaten und Ordnungswidrigkeiten abzulehnen. Die Bagatellfälle seien den Ordnungswidrigkeiten zuzuordnen, während die gravierenderen Eingriffe dem Strafrecht vorbehalten werden müßten. Eine klare, allgemeingültige Grenzziehung könne nicht erfolgen. Im Ergebnis sei der Gesetzgeber bei der Zuordnung eines Tatbestands weitgehend frei.[2]

Der heutigen Rechtswirklichkeit entspricht allein eine quantitative Unterscheidung zwischen Straftat und Ordnungswidrigkeit. Die Versuche einer qualitativen Differenzierung, insbesondere unter dem Gesichtspunkt der Intensität des Rechtsgutsangriffs,[3] können nicht überzeugen. Es gibt weite Bereiche, in denen unzweifelhaft Rechtsgutverletzungen oder nicht nur geringes Unrecht den Ordnungswidrigkeiten zugewiesen worden sind.[4] So kann nur als Leitbild gelten, daß den Ordungswidrigkeiten Handlungen geringerer Gefährlichkeit und Verwerflichkeit zuzuordnen sind.[5] Es steht im kriminalpolitischen Ermessen des Gesetzgebers, auch Taten mit Rechtsgutverletzungen und nicht nur geringstem Unrechtsgehalt den Ordnungswidrigkeiten zuzuweisen, solange nicht der Kernbereich des Strafrechts dadurch berührt wird.[6] Da die dem Rechtsstaatsprinzip innewohnende Idee der Gerech-

---

[1] Vgl. etwa BGHSt. (GS) 11, 263 (264, 266); *R. Lange*, GA 1953, 3 ff.; *ders.*, NJW 1953, 687 (688 f.); *ders.*, JZ 1956, 73 (77 ff.); 519 (521); 1957, 233 ff.; *Eb. Schmidt*, Materialien Bd. 1, S. 9 (17); *ders.*, *Niederschriften* Bd. 1, S. 67 f., 333 ff.; *ders.*, Arndt-Festschrift, S. 415 (434); *Wimmer*, NJW 1957, 1169 ff. sowie aus neuerer Zeit *Dreher*, Welzel-Festschrift, S. 917 (929); vgl. ferner BVerfGE 8, 197 (207); 22, 49 (78). Im übrigen siehe die Literaturzusammenstellung bei *Schoreit*, GA 1967, 225.

[2] Vgl. *Baumann*, LB, S. 38 f.; *Jescheck*, LB, S. 45 f.; *H. Mayer*, AT, S. 72; *Schmidhäuser*, LB, S. 258; *Welzel*, LB, S. 16; *ders.*, JZ 1956, 238 (240 f.); 1957, 130 (131 f.); *Hirsch* in LK, 9. Aufl., vor § 51 Rdn. 11; ders., Tatbestandsmerkmale, S. 279 Anm. 40; *ders.*, Ehre, S. 76 f.; *ders.*, ZStW 92 (1980), 218 (242); *Kohlmann*, vor § 377 AO 1977 Rdn. 4 f.; *Rebmann/Roth/Herrmann*, vor § 1 Anm. 11; *Rotberg*, Einführung B (S. 47 f.); *Schönke/Schröder/Stree*, vor § 38 ff. Rdn. 35; *Bockelmann*, ZStW 66 (1954), 111 (122 f.); *Göhler*, vor § 1 Rdn. 5; *Göhler/Buddendiek/Lenzen*, Lexikon, Einf. Rdn. 19; *Krümpelmann*, Bagatelldelikte, S. 177; *Mattes*, ZStW 82 (1970), 25 ff.; vgl. auch den Beschluß der Strafrechtlichen Abteilung des 49. Deutschen Juristentages, Sitzungsbericht, S. M 204.

[3] Vgl. dazu exempl. die Nachweise bei *Maurach*, AT, 4. Aufl., S. 17 f.

[4] Vgl. die zahlreichen Beispiele bei *Göhler/Buddendiek/Lenzen*, Lexikon, Einf. Rdn. 11. Dort sind im einzelnen aus verschiedenen Bereichen des Nebenstrafrechts eine Vielzahl von lediglich mit Geldbuße bedrohten Delikten aufgeführt, die Rechtsgüter des einzelnen oder der Allgemeinheit gefährden. Zutreffend wird darauf verwiesen, daß die Rechtswirklichkeit nicht (mehr) mit den Postulaten der aliud-Theorie in Einklang zu bringen ist (a.a.O., Rdn. 19).

[5] Vgl. auch BVerfGE 27, 18 (28 f.).

[6] Schon *Jescheck*, JZ 1959, 457 (461): „positive Ermessensentscheidung des

tigkeit erfordert, daß Tatbestand und Rechtsfolge sachgerecht aufeinander abgestimmt sind, ist dem Gesetzgeber allerdings verwehrt, Taten mit geringstem Unrechtsgehalt höher als eine Ordnungswidrigkeit einzustufen. Unter dem Gesichtspunkt, daß insofern Kernbereiche der Ordnungswidrigkeiten und der Straftaten auszumachen sind[7] und nur zwischen diesen Bereichen eine graduelle Unterscheidung bedeutsam ist, wird auch von einer qualitativ-quantitativen Betrachtungsweise gesprochen.[8] Tatsächlich ist aber auch die Zuordnung einer Straftat zu dem einen oder anderen Deliktskernbereich keine qualitative Differenzierung, sondern eine graduelle Einordnung, wobei die jeweiligen Kernbereiche Ausgangspunkt und Endpunkt einer graduellen Stufenleiter des Unrechts sind.

b) Die Bedeutung der Zuordnung des § 264 Abs. 3 StGB zu den Straftaten

Geht man mit der inzwischen wohl herrschenden Auffassung von einer quantitativen Differenzierung zwischen Straftaten und Ordnungswidrigkeiten aus, so bedeutet dies nicht zugleich, daß mit der Ausübung des nach dieser Meinung eingeräumten gesetzgeberischen Ermessens bezüglich der Leichtfertigkeitsbestrafung in § 264 StGB zugunsten einer Straftatenregelung, die Erwägung einer Ordnungswidrigkeitenregelung de lege ferenda nicht in Betracht kommt. Die formelle Einordnung zu einem bestimmten Deliktstyp besagt nämlich nicht, daß diese Zuordnung mit dem materiellen Gehalt der Vorschrift in Einklang steht. Verfassungsmäßig abgesichert ist das Postulat der Übereinstimmung von formeller Gestaltung und materiellem Gehalt jedoch nur, soweit es sich um den Kernbereich des Strafrechts oder des Ordnungswidrigkeitenrechts handelt.[9]

§ 264 Abs. 3 StGB gehört mit seinem Regelungsgehalt keinem der beiden Kernbereiche an, so daß insofern das gesetzgeberische Ermessen frei ausgeübt werden konnte. Für den Kernbereich des Strafrechts ergibt sich dies daraus, daß die Pönalisierung von leichtfertigem Verhalten gegenüber dem Vermögen anderer wegen des geringen Unrechtsgehalts nicht durch die grundgesetzliche Wertordnung[10] gefordert wird

---

Gesetzgebers"; *Welzel*, JZ 1957, 130 (133): „... nur das Gesetz (vermag) eine eindeutige Entscheidung über die Zuweisung zu geben." Vgl. BVerfGE 22, 49 (78, 81).

[7] Vgl. dazu BVerfGE 27, 18 (28 ff.).

[8] So ausdrücklich *Maurach/Zipf*, AT 1, S. 19; vgl. ferner *Göhler*, vor § 1 Rdn. 6; *Rotberg*, Einf. B 3 (S. 49); *Schönke/Schröder/Stree*, vor §§ 38 ff. Rdn. 35.

[9] BVerfGE 27, 18 (28 f.). In diesen Bereichen hat der Gesetzgeber folglich auch kein Zuweisungsermessen. Zum gesetzgeberischen Ermessen vgl. *Recknagel*, Ermessen, S. 122 ff.

[10] Vgl. BVerfGE 5, 85 (204 ff.); 6, 32 (40 f.); 7, 198 (204 f.); 21, 362 (372).

und deshalb auch bis zur Schaffung des § 264 Abs. 3 StGB nicht erfolgt ist.[11] Aber auch der Kernbereich der Ordnungswidrigkeiten ist durch § 264 Abs. 3 StGB nicht betroffen. Zwar erscheint bei § 264 Abs. 3 StGB der Grad der Verwerflichkeit der Tätergesinnung[12] — es liegt lediglich eine Sorgfaltswidrigkeit vor — wie auch der Gefährlichkeit[13] der Sorgfaltswidrigkeit — es bleibt bei der Tatbestandserfüllung völlig offen, ob es überhaupt zu einer Rechtsgutgefährdung oder -verletzung kommt — ausgesprochen gering, jedoch kann mangels eines eindeutig festlegbaren Grenzpunktes nicht schon daraus mit überzeugender Stringenz dargetan werden, daß der materielle Unrechtsgehalt des leichtfertigen Subventionsbetrugs allein durch eine Ordnungswidrigkeit zutreffend ausgedrückt wird. Immerhin beschränkt sich das Verhalten nicht nur auf einen Verstoß gegen eine verwaltungsmäßig geforderte Ordnung, sondern enthält eine Pflichtwidrigkeit bezüglich eines durch das Strafrecht geschützten Rechtsguts.

Der Nachweis, daß die Zuordnung des leichtfertigen Verhaltens bei § 264 StGB zum kriminellen Unrecht — wie die Kritiker meinen — unzutreffend ist, kann deshalb nur in der Weise erfolgen, daß die Gründe, die die Einstufung des § 264 Abs. 3 StGB als Straftat bewirkt haben, untersucht werden.

c) Die Gründe der Zuordnung des § 264 Abs. 3 StGB zu den Straftaten im einzelnen

aa) Auffangtatbestand für vorsätzliches Handeln

Aus kriminalpolitischen Gründen hielten die Befürworter die Leichtfertigkeitsbestrafung für unbedingt erforderlich, um dadurch nicht völlig nachweisbare Fälle der vorsätzlichen Tatbegehung doch noch effektiv erfassen zu können.[14] Aus dieser Begründung ließe sich sogar herleiten, daß ohne diese Beweisgesichtspunkte eine Ahndung der leichtfertigen Begehung möglicherweise überhaupt nicht erwogen worden wäre, wobei hier nicht geleugnet werden soll — die vorhergehenden Untersuchungen haben es deutlich gemacht[15] —, daß § 264 Abs. 3 StGB einen materiellen Unrechtsgehalt beinhaltet. Immerhin ist aber der Staat aus dem Grundsatz der Subsidiarität[16] des Strafrechts gehalten, Sanktionen von Unrecht nur als „ultima ratio" anzuwenden.

---

[11] Zu diesbezüglichen Forderungen in der Vergangenheit auch schon *R. Lange*, Rätsel, S. 142.

[12] Vgl. *Jescheck*, LB, S. 45.

[13] *Jescheck*, LB, S. 45.

[14] Vgl. die Nachweise oben 2. Abschnitt, II. Anm. 4.

[15] Vgl. oben 2. Abschnitt, II. 2.

[16] Vgl. dazu oben 2. Abschnitt, I. 4. b) mit weiteren Nachweisen.

Welche Bedeutung dem Beweisaspekt tatsächlich zugekommen ist, läßt sich rückblickend kaum mehr ermitteln.[17] Jedenfalls standen die Beweisgesichtspunkte schon ganz am Anfang der Diskussion als einziges Argument für eine Leichtfertigungsbestrafung,[18] und auch der Hinweis darauf, daß bei Wegfall des § 264 Abs. 3 StGB der neue Tatbestand Subventionserschleichung praktisch insgesamt wertlos wäre, kann allein aus der gewünschten Auffangfunktion dieses Tatbestands verstanden werden. Diese Auffangfunktion wird aber auch in dem erstaunlich hohen Strafrahmen von bis zu drei Jahren Freiheitsstrafe erkennbar. Im Vergleich dazu sei etwa auf § 315 c StGB verwiesen, dessen Fahrlässigkeitsstrafdrohung nur bis zu zwei Jahren beträgt, obwohl diese Regelung als Vorfeldtatbestand zu den Delikten gegen Leib und Leben verstanden wird.[19] Auch § 163 StGB, der sich wegen seiner Tatbestandsstruktur geradezu als Vergleich anbietet, sieht lediglich eine Höchstfreiheitsstrafe von einem Jahr vor. Dies ist besonders bedeutsam, da § 163 StGB sich unter anderem auf § 154 StGB, einen Verbrechenstatbestand, bezieht.[20]

Zudem mögen die Beweisgesichtspunkte es rechtfertigen, daß der Gesetzgeber sich überhaupt für eine Ahndung auch leichtfertigen Handelns entschließt. Hinsichtlich der Art und Höhe der Strafandrohung und damit auch bezüglich der Einordnung als Straftat oder Ordnungswidrigkeit ist aber allein der Schuldgrundsatz[21] maßgeblich. Andernfalls wird unter der Etikettierung der Schuldangemessenheit eine Verdachtsstrafe[22] ermöglicht. Die Zugrundelegung von Beweisschwierigkeiten hinsichtlich vorsätzlicher Begehung bei der Gestaltung der Leichtfertigkeitsbestrafung ist daher eine sachwidrige Erwägung bei der Ausübung des gesetzgeberischen Ermessens.[23] Es kommt allein

---

[17] Die Problematik, daß ex post das Ziel der Schaffung eines Auffangtatbestands *allein* auf Grund von Beweisschwierigkeiten kaum feststellbar ist, ist bereits bei der Diskussion der Strafrechtlichen Abteilung auf dem 49. Deutschen Juristentag deutlich zu Tage getreten; vgl. Sitzungsbericht, S. M 123 zur Abstimmung über den Antrag von *Grünwald*.

[18] Vgl. *Schubarth*, ZStW 92 (1980), 80 (100 f.); ferner oben S. 124 f.

[19] Vgl. auch *Schubarth*, ZStW 92 (1980), 80 (102).

[20] Vgl. auch *Samson* in SK, § 264 Rdn. 20, der eine Reihe weiterer Vergleiche der Höhe der Strafandrohung vornimmt.

[21] Hier unter dem Aspekt des relativ mildesten Mittels; vgl. *Rudolphi* in SK, vor § 1 Rdn. 14.

[22] Die Bedenklichkeit einer solchen Tatbestandsgestaltung liegt nicht darin, daß diese etwa per legem eine Verdachtsstrafe vorsähe, sie ermöglicht lediglich dem Richter eine Gesetzesanwendung, die im Ergebnis einer poena extraordinaria gleichkommt. — Zur Historie der poena extraordinaria vgl. *Eb. Schmidt*, Einführung, S. 177 f., 272, 260 f.; zur Unzulässigkeit der poena extraordinaria vgl. *Klein/Kleinschrod/Konopak*, Archiv, 2. Stück, S. 2 f., 56 ff.; 3. Stück, S. 43 ff., 65 ff., 90, 105 f.; 4. Stück, S. 1 ff., 38 f.

[23] Vgl. auch *Blei*, Prot., S. 2506.

darauf an, ob das *leichtfertige* Verhalten eine Ahndung als Straftat rechtfertigt.

In rechtspolitischer Hinsicht könnte sich ein Bedürfnis für eine Ausweitung der Strafbarkeit im Vermögensschutz auch gegen leichtfertige Einwirkungen daraus ergeben, daß anders ein effektiver Vermögensschutz nicht durchzuführen ist. Dabei handelt es sich, dies sei hervorgehoben, nicht etwa um die gleiche Überlegung, die zuvor unter dem Gesichtspunkt der Beweiserleichterung angestellt wurde, denn in jenem Zusammenhang sollte die Bestrafung aus Gründen der Nichtbeweisbarkeit eines *Vorsatzes* erfolgen, während hier die Frage danach gestellt wird, ob ein Bedürfnis für die *straf*rechtliche Erfassung von *leichtfertigem* Verhalten besteht, weil eine Reihe von Verhaltensweisen keine vorsätzliche Tatbegehung beinhalten und deshalb ein effektiver Vermögensschutz nur durch eine Ahndung des leichtfertigen Handelns als Straftat erfolgen kann. Hier ist zu denken an Fälle des Tatbestandsirrtums bezüglich der normativen Tatbestandsmerkmale des § 264 Abs. 1 Nr. 1 und 2 StGB und an das arbeitsteilige Handeln in einem Unternehmen, wenn es dazu führt, daß die vorsätzlich handelnden Mitarbeiter den Tatbestand des § 264 StGB nicht voll erfüllen und der den Antrag stellende Verantwortliche keine Kenntnis von den tatbestandsausfüllenden Umständen hat. Im ersten Fall handelt es sich überwiegend um Fälle der sogenannten Rechtsfahrlässigkeit, im zweiten Fall um die Frage der Aufsichtspflicht.[24]

bb) Der Irrtum bei § 264 StGB

Um die Relevanz des Irrtums beim Tatbestand Subventionsbetrug zu erfassen, ist zunächst festzustellen, auf welche Umstände sich der Vorsatz bei dieser Vorschrift zu beziehen hat. Sodann läßt sich klären, ob ein gegebenenfalls vorliegender diesbezüglicher Irrtum gemäß § 16 StGB zum Vorsatzausschluß führt oder ob lediglich ein Verbotsirrtum vorliegt. Diese Frage ist bezüglich § 264 StGB deshalb von Bedeutung, weil sich der Inhalt der subventionserheblichen Tatsachen gemäß § 264 Abs. 7 StGB nur aus einer entsprechenden Bezeichnung oder gesetzlichen Subventionsregelung ergibt. Insofern handelt es sich bei § 264 StGB um ein Blankettstrafgesetz.[25] Nach herrschender Lehre ist der Tatbestand eines Blankettgesetzes durch die blankettausfüllenden Merkmale zu ergänzen. Auf die in dieser Weise vervollständigte Straf-

---

[24] Vgl. *Göhler/Wilts*, DB 1976, 1609 (1615); zur Frage der Arbeitsteilung insbesondere Bericht, S. 8; *Berz*, BB 1976, 1435 (1438); *Müller-Emmert/Maier*, NJW 1976, 1657 (1661); *Tiedemann*, Subventionskriminalität, S. 326; zur Frage des Irrtums insbesondere *Tiedemann*, Tagungsberichte, Anlage 1, S. 28 f.; *ders.*, Prot., S. 2468.

[25] Vgl. zum Begriff des Blankettstrafgesetzes *Warda*, Abgrenzung, S. 5.

vorschrift sind die allgemeinen Irrtumsregeln anzuwenden: Der Irrtum über ein objektives Merkmal der das Blankett ausfüllenden Norm ist Tatbestandsirrtum, der Irrtum über die Existenz der ausfüllenden Norm Verbotsirrtum.[26]

Bezüglich § 264 StGB bedeutet dies, daß sich der Vorsatz insbesondere auf die Subventionserheblichkeit der Tatsachen, auf die Unrichtigkeit und Unvollständigkeit der Angaben sowie auf das Vorliegen einer Subvention im Sinne des § 264 Abs. 6 StGB zu beziehen hat. Ist der Täter in Unkenntnis der aufgeführten tatsächlichen Umstände oder fehlt ihm die Bedeutungskenntnis hinsichtlich dieser Umstände, so liegt ein Tatbestandsirrtum gemäß § 16 Abs. 1 StGB vor,[27] wodurch für diesen Fall eine Fahrlässigkeitsbestrafung relevant werden könnte. Insbesondere liegt auch dann ein Tatbestandsirrtum vor, wenn der Täter auf Grund einer unrichtigen Interpretation das Vorliegen einer subventionserheblichen Tatsache im Sinne des § 264 Abs. 7 Nr. 2 StGB verkennt oder eine Bezeichnung als subventionserheblich gemäß § 264 Abs. 7 Nr. 1 StGB falsch versteht oder annimmt, daß die betreffende Tatsache zu Unrecht als subventionserheblich bezeichnet worden ist.[28] Im übrigen kann im Fall der Bezeichnung der subventionserheblichen Tatsache nach § 264 Abs. 7 Nr. 1 StGB in Verbindung mit § 2 SubvG ein Tatbestandsirrtum vorliegen, wenn der Täter die Bezeichnung nicht zur Kenntnis genommen hat. Nicht zum Vorsatz gehört nach den vorangegangenen Ausführungen zum Blankettstraftatbestand das Bewußtsein, im Rahmen des § 264 Abs. 1 Nr. 2 StGB zur Offenbarung der subventionserheblichen Tatsachen verpflichtet zu sein. Ein dahingehender Irrtum stellt sich als ein dem Verbotsirrtum gleichzubehandelnder Gebotsirrtum dar.[29]

Es ergeben sich folglich eine Reihe von Möglichkeiten eines vorsatzausschließenden Irrtums. Indes, so gründlich auch bei den Beratungen nachgewiesen wurde, daß der Irrtum über die Auslegung einer der Subventionierung zugrundeliegenden Rechtsvorschriften häufig dazu führt, daß es beim Betrugstatbestand am Täuschungsvorsatz oder am Vorsatz

---

[26] Vgl. vor allem *Welzel*, Niederschriften Bd. 2, S. 32 f.; *ders.*, MDR 1952, 584 (585 f.); *ders.*, LB, S. 168; *Jescheck*, LB, S. 247 f.; *Maurach/Zipf*, AT 1, S. 340; *Rudolphi* in SK, § 16 Anm. 19; *Schönke/Schröder/Cramer*, § 15 Rdn. 97; *Schroeder* in LK, § 16 Rdn. 38; *Warda*, Abgrenzung, S. 36 ff.; *a. A.*: *R. Lange*, JZ 1956, 73 (75), 1957, 233 (234); *Kohlrausch/Lange*, § 59 Anm. VI; *Tiedemann*, Tatbestandsfunktionen, S. 387 f. Die Gegenmeinung verlangt für den Vorsatz auch das Bewußtsein der Existenz der blankettausfüllenden Norm.

[27] Vgl. *Dreher/Tröndle*, § 264 Rdn. 23; *Lackner*, § 264 Anm. 6 a; *Preisendanz*, § 264 Anm. 7; *Samson* in SK, § 264 Rdn. 90; *Schönke/Schröder/Lenckner*, § 264 Rdn. 63; *Tiedemann* in LK, § 264 Rdn. 99; kritisch bezüglich des Tatbestandsmerkmals Subvention *G. Schmidt*, GA 1979, 121 (124), der unzutreffend zur Annahme einer objektiven Bedingung der Strafbarkeit neigt.

[28] So *Schönke/Schröder/Lenckner*, § 264 Rdn. 63.

[29] Vgl. *Tiedemann* in LK, § 264 Rdn. 99; *Preisendanz*, § 264 Anm. 7.

bezüglich der Rechtswidrigkeit des erstrebten Vermögensvorteils fehlt,[30] so wenig ist dargetan, daß die gleichen Probleme auch nach dem Inkrafttreten des 1. WiKG, das sich nicht nur auf die Schaffung des § 264 StGB beschränkt hat, sondern gleichsam flankierend das bereits zuvor erwähnte Subventionsgesetz enthält, auftreten. Gemäß § 2 SubvG sind alle Tatsachen, die subventionserheblich sind, als solche dem Täter gegenüber zu bezeichnen. Es liegt danach in der Hand der staatlichen Stellen, durch eindeutige Präzisierungen darüber Klarheit zu verschaffen, welche Umstände die Tatbestandsmerkmale des § 264 StGB ausfüllen.[31] Nach den von der herrschenden Meinung[32] zu den Erfordernissen der Bedeutungskenntnis der Tatbestandsmerkmale aufgestellten Grundsätze ist überdies zweifelhaft, ob sich bei Befolgung des in § 2 SubvG enthaltenen gesetzlichen Auftrags bezüglich § 264 StGB überhaupt noch in kriminalpolitisch relevantem Umfang Fallkonstellationen ergeben können, die einen Tatbestandsirrtum mangels Bedeutungskenntnis eines Tatbestandsmerkmals enthalten. Soweit aber bei § 263 StGB trotz Täuschungsvorsatz der Tatbestandsvorsatz wegen eines Irrtums über das Bestehen eines fälligen Anspruchs entfallen kann,[33] ist dieses Problem bei § 264 StGB dadurch gelöst, daß sich der Vorsatz nicht auf das Bestehen oder Nichtbestehen eines Anspruchs zu beziehen braucht.

Als bedeutsame Fälle eines Irrtums mögen danach nur noch die Unkenntnis trotz Bezeichnung der subventionserheblichen Tatsachen und die irrige Annahme, die betreffende Tatsache sei zu Unrecht als subventionserheblich bezeichnet worden, erscheinen. Während aber im ersten Fall, worauf *Blei*[34] zutreffend hingewiesen hat, das Subventionsverfahren so gestaltet werden kann, daß ein Unwissen der betreffenden Tatumstände ausgeschlossen ist, erscheint der zweite Fall so überkonstruiert, daß nicht ernsthaft darauf ein rechtspolitisches Bedürfnis einer *Straf*tatenregelung gestützt werden kann.

---

[30] Vgl. nur *Tiedemann*, Prot., S. 2469; *ders.*, Subventionskriminalität, S. 306; *ders.*, ZStW 87 (1975), 253 (276).

[31] Dies gilt auch bezüglich § 264 Abs. 7 Nr. 2 StGB. Im Hinblick auf das in § 2 SubvG festgelegte Erfordernis der Bezeichnung der subventionserheblichen Tatsachen kommt dieser Bestimmung ohnehin nur sekundäre Bedeutung zu. Wenn die Subventionsvergabestelle deshalb darauf verzichtet, gemäß § 2 SubvG die erforderliche Bezeichnung vorzunehmen, erscheint es zutreffend, dem Subventionsnehmer nicht das Risiko eines — wenn auch leichtfertigen — Mißverständnisses in der Form einer *Straf*androhung anzulasten.

[32] Vgl. nur RGSt. 68, 94 (104); BGHSt. 3, 248 (255); 4, 347 (352); 7, 261 (262 f.), 15, 332 (338); 18, 192 (195); *Dreher/Tröndle*, § 16 Rdn. 11; *Lackner*, § 15 Anm. 15 II 2 b; *Rudolphi* in SK, § 16 Rdn. 23; *Schönke/Schröder/Cramer*, § 15 Anm. 45; *Jescheck*, LB, S. 236 f.; *Maurach/Zipf*, AT 1, S. 334; *Welzel*, LB, S. 75 f.

[33] Zum Meinungsstand bezüglich des Merkmals „rechtswidriger" Vermögensvorteil vgl. oben S. 37 Anm. 34. — Die herrschende Meinung nimmt Tatbestandsirrtum an.

[34] Prot., S. 2506.

Danach erscheint die Gefahr eines Irrtums bei § 264 StGB nicht so gravierend, daß sie nicht durch Verwaltungsmaßnahmen eingeschränkt werden könnte und die notwendig erscheinende Appellfunktion an die Sorgfaltspflicht nicht schon durch einen Ordnungswidrigkeitentatbestand übernommen werden könnte. Es fällt zudem auf, daß in den wenigen differenzierten Begründungen der Notwendigkeit der Leichtfertigkeitsahndung als kriminelles Unrecht weitaus überwiegend allein ein Hinweis auf die Problematik der Arbeitsteilung enthalten ist.[35] Dies ist verständlich, wenn man in Betracht zieht, daß sich die Problematik des Tatbestandsirrtums bei allen Tatbeständen mit zahlreichen normativen Tatbestandsmerkmalen ergibt und deshalb auch bei diesen eine Leichtfertigkeitsbestrafung konsequenterweise diskutiert werden müßte. Insofern ist der Hinweis auf das Erfordernis einer Leichtfertigkeitsbestrafung für den Fall des Irrtums wohl richtigerweise dahin zu verstehen, daß ein Auffangtatbestand für einen *vorgegebenen* Irrtum geschaffen werden sollte. Es handelt sich also um das bereits behandelte Problem des Auffangtatbestands für nicht nachweisbare vorsätzliche Begehung, die hier allerdings nicht offen, sondern in Form eines scheinbaren Rechtsproblems angesprochen wird.

cc) Arbeitsteilung und Subventionserschleichung

Möglicherweise kann sich die Notwendigkeit einer Zuordnung des § 264 Abs. 3 StGB zu den Straftaten jedoch aus dem Problem der Arbeitsteilung bei der Beantragung und Verwendung von Subventionen ergeben. Dieses besteht darin, daß ein Mitarbeiter eines Unternehmens den Subventionsantrag vorsätzlich oder fahrlässig fehlerhaft vorbereitet, jedoch ein Verantwortlicher ohne Kenntnis der Mängel die Beantragung der Subventionierung vornimmt. In diesem Fall hat der Mitarbeiter weder vorsätzlich noch fahrlässig den Tatbestand des § 264 StGB verwirklicht, da nicht er, sondern der Verantwortliche die subventionserheblichen Angaben gegenüber dem Subventionsgeber gemacht hat. Andererseits ist auch der antragstellende Verantwortliche nicht wegen eines vorsätzlich begangenen Subventionsbetrugs strafbar, da er keine Kenntnis von den unrichtigen und unvollständigen Angaben hat. Ein strafbares Verhalten wegen Unterlassens gemäß § 264 Abs. 1 Nr. 2 StGB liegt dann nicht vor, wenn der Subventionsnehmer den Subventionsgeber über subventionserhebliche, mitteilungsbedürftige Umstände in Unkenntnis läßt, weil nur der die subventionierte Maßnahme durchführende Mitarbeiter Kenntnis von dem Wegfall dieser Umstände hat.

---

[35] Vgl. Bericht, S. 8; *Berz*, BB 1976, 1435 (1438); *Müller-Emmert/Maier*, NJW 1976, 1657 (1661); vgl. auch *Tiedemann*, Subventionskriminalität, S. 326.

Tiedemann[36] hat zutreffend darauf hingewiesen, daß § 14 StGB, der als einzige Norm des Strafgesetzbuches in diesen Fällen einschlägig sein könnte, einen anderen Problemkreis erfaßt: Durch diese Vorschrift wird das Rechtsproblem gelöst, ob der tatsächlich Handelnde bestraft werden kann, wenn sich die von ihm verletzte Strafnorm nicht an ihn selbst, sondern an den Vertretenen richtet.[37] Hier geht es dagegen um die Frage, wie der Handelnde zu bestrafen ist, der nur unter Zurechnung der Beteiligung eines anderen den sich auf ihn beziehenden Tatbestand erfüllt, wobei zum einen kein kollusives Zusammenwirken vorliegt und zum anderen jeder für sich gesehen nicht volltatbestandsmäßig handelt. Nach allgemeinen strafrechtlichen Kategorien liegt eine unvorsätzlich begangene Haupttat hinsichtlich des verantwortlich Handelnden vor und eine vorsätzliche oder fahrlässige Beihilfehandlung bei dem Mitarbeiter, die jedoch mangels Haupttat und bezüglich der fahrlässigen Beihilfe auch mangels Strafbarkeit einer solchen straflos ist.

Diese Situation läßt folgende Lösungsmöglichkeiten zu: Zum einen könnte die Beihilfehandlung als solche vertatbestandlicht und einer Ahndung unterworfen werden. Dieser Lösungsweg ist bezüglich bestimmter Beihilfehandlungen in § 379 AO (Steuergefährdung) gewählt worden. Im Zusammenhang mit der Erörterung der Ahndung von Subventionserschleichungen ist eine Parallelvorschrift dazu diskutiert worden,[38] die im Subventionsgesetz loziert werden sollte.[39] Durch die darin erfaßten Beihilfehandlungen wären allerdings nur das Ausstellen von unrichtigen Belegen und die unterlassene oder fehlerhafte Verbuchung von Geschäftsvorfällen inkriminiert worden, während die hier behandelten Mitwirkungshandlungen außer Betracht geblieben wären.[40] Warum diese Möglichkeit nicht erörtert worden ist, ist nicht ersichtlich.[41]

Zum anderen bietet sich an, die Beihilfehandlung straflos zu lassen, aber dem Subventionsnehmer die Pflicht zur Beaufsichtigung des Mitarbeiters aufzuerlegen. § 130 OWiG, der Verletzungen der Aufsichtspflicht in Betrieben und Unternehmen ahndet, ist jedoch nicht einschlä-

---

[36] Subventionskriminalität, S. 349; vgl. auch *ders.*, Gutachten, S. C 55.

[37] Vgl. auch *Roxin* in LK, § 14 Rdn. 1, 3; *Samson* in SK, § 14 Rdn. 2; *Schönke/ Schröder/Lenckner*, § 14 Rdn. 1.

[38] *Göhler* u. a., Prot., S. 2735 ff.

[39] Vgl. Prot., S. 2757, § 7 Subventionsgefährdung.

[40] Aber auch der vorgeschlagene Tatbestand ist nicht Gesetz geworden. Bereits der Sonderausschuß lehnte eine Aufnahme des Vorschlags in seinen Bericht mit der Begründung ab, es bestehe keine große praktische Notwendigkeit für einen Tatbestand Subventionsgefährdung; vgl. *Müller-Emmert*, Prot., S. 2740.

[41] *Tiedemann*, Grundlagen Bd. 13/1, S. 19 (152) lehnt eine Ausweitung der Inkriminierung von Beihilfehandlungen als selbständigen Tatbestand ab.

gig, da die Vorschrift einer Zuwiderhandlung gegen eine Pflicht des Betriebsinhabers, also ein tatbestandsmäßiges und rechtswidriges Verhalten,[42] voraussetzt. Eine Pflicht des Betriebsinhabers verletzt aber nicht der Mitarbeiter im Subventionsverfahren, eine Pflichtverletzung nimmt der Antragsteller — wenn auch unvorsätzlich — schließlich selbst mit der Abgabe des Antrags vor. Dabei wird es ferner auf den Einzelfall ankommen, ob überhaupt eine betriebsbezogene Pflicht vorliegt.[43]

Bei § 264 StGB ist folgende Konzeption[44] der Strafbarkeit von Aufsichtspflichtverletzungen im Zusammenhang mit der Beantragung von Subventionen verfolgt worden: Durch die Ahndung von leichtfertigem Verhalten wird auch ein solches riskantes Verhalten im Hinblick auf den zweckverfehlenden Einsatz von Subventionen erfaßt, das auf einer groben Sorgfaltswidrigkeit beruht. Eine derartige grobe Sorgfaltswidrigkeit stellt die Beantragung einer Subvention dar, wenn der Antragsteller die Angaben im Antrag ohne Überprüfung von einem nicht gehörig beaufsichtigten Mitarbeiter übernimmt. Die Ahndung betrifft also nicht Aufsichtspflichtverletzung, sondern ein grob sorgfaltswidriges Verhalten in bezug auf die Angabe von subventionserheblichen Tatsachen. Die grobe Sorgfaltswidrigkeit resultiert also lediglich aus einer unzureichenden Beaufsichtigung bei der Zusammenstellung der Angaben. Entsprechendes gilt für den Fall des Unterlassens gemäß § 264 Abs. 1 Nr. 2 StGB.

Daß allerdings durch eine Leichtfertigkeitsbestrafung dem Problem der Arbeitsteilung nur bei besonders groben, im Einzelfall zu belegenden Konsequenzen der Arbeitsteiligkeit beizukommen ist, hat bereits *Tiedemann*[45] hervorgehoben. Als Beispiele werden die gröbliche Vernachlässigung der Überprüfungs- und Überwachungspflicht des Antragstellers im Hinblick auf Vorarbeiten von unzuverlässigen oder unerprobten Mitarbeitern genannt.[46] Kriminalpolitische Bedeutung wird

---

[42] *Göhler*, § 130 Rdn. 21; *Rebmann/Roth/Herrmann*, § 130 Rdn. 10; *Rotberg*, § 130 Rdn. 10; *Schünemann*, Unternehmenskriminalität, S. 113 ff.

[43] Was zu den Pflichten im Sinne des § 130 OWiG zählt, ist streitig; vgl. nur *Göhler*, § 130 Rdn. 21 mit weiteren Nachweisen.

[44] Lediglich *Tiedemann*, Subventionskriminalität, S. 350 f. hat diese deutlich ausgeführt und zur allgemeinen Frage der Inkriminierung von Aufsichtspflichtverletzungen (dazu umfassend *Schünemann*, Unternehmenskriminalität, S. 68 ff., 111 ff. und passim) abgegrenzt. Im übrigen Schrifttum wird, soweit überhaupt auf das Problem eingegangen wird, nur knapp auf Schwierigkeiten im Zusammenhang mit der Arbeitsteilung hingewiesen; vgl. *Berz*, BB 1976, 1435 (1438); *Müller-Emmert/Maier*, NJW 1976, 1657 (1661); ferner Bericht, S. 8; *Botz*, Prot., S. 2493 f.

[45] Subventionskriminalität, S. 351.

[46] Vgl. *Dreher/Tröndle*, § 264 Rdn. 24; *Schönke/Schröder/Cramer*, § 264 Rdn. 65; *Tiedemann* in LK, 264 Rdn. 102.

insofern der Leichtfertigkeitsbestrafung kaum zukommen. Es ist schwerlich vorstellbar, daß ein Verantwortlicher die Zusammenstellung der Angaben einem unzuverlässigen oder unerprobten Mitarbeiter überlassen hat, und selbst wenn dies im Einzelfall tatsächlich einmal geschehen sein sollte, wird eine Bestrafung an fast unüberwindlichen Schwierigkeiten des diesbezüglichen Nachweises scheitern. Zu Recht weist *Schubarth*[47] deshalb darauf hin, daß die Problematik der Arbeitsteilung, die sich allgemein stellt, auch nur durch generelle Vorschriften zu bewältigen sein wird.[48]

Für die Beantwortung der hier behandelten Frage nach der Notwendigkeit einer Ahndung der Leichtfertigkeit als kriminelles Unrecht bedeutet dies, daß ein effektiver Vermögensschutz bei Subventionserschleichungen auch unter dem Gesichtspunkt der von § 264 Abs. 3 StGB erfaßten Fälle der Arbeitsteilung keine Straftatenregelung erfordert. Gerade die typischen Fälle der Arbeitsteilung werden mit dieser Vorschrift nicht erfaßt, so daß keine Lücke im Vermögensschutz entsteht, wenn sich die Ahndung auf eine Ordnungswidrigkeitenregelung beschränkt.

dd) Verfahrensgesichtspunkt

Als weiterer Grund für eine einheitliche Ausgestaltung des § 264 StGB als Straftatbestand ist ein Verfahrensgesichtspunkt genannt worden.[49] Eine Zweiteilung der Ahndung führe zu prozessualen Schwierigkeiten. Bei Beginn der Ermittlungen sei meist nicht zu übersehen, ob Vorsatz oder Leichtfertigkeit in Betracht komme. Es bestehe vor allem die Gefahr, daß die Verwaltungsbehörde in großzügiger Handhabung der Schuldform zahlreiche Verfahren vorsätzlicher Begehung an sich ziehe, um einem langwierigen und zweifelhaften Ausgang eines gerichtlichen Verfahrens zuvorzukommen.[50]

Indes resultieren diesbezügliche Bedenken nicht aus Unzulänglichkeiten des Verfahrensrechts[51], sondern aus einer Skepsis gegen die Verwaltungspraxis bei Wirtschaftsordnungwidrigkeiten.[52] Aber gerade

---

[47] ZStW 92 (1980), 80 (103).

[48] Vgl. die neuerlichen Bemühungen im Referentenentwurf zum 2. WiKG, S. 12 f., 158 ff.

[49] *Tiedemann*, Subventionskriminalität, S. 328 f.; *ders.*, Prot., S. 2469.

[50] *Tiedemann*, Subventionskriminalität, S. 329; vgl. ferner *ders.*, Gutachten, S. C 39.

[51] Zur verfahrensrechtlichen Behandlung solcher Fälle vgl. insbesondere §§ 40 ff. OWiG sowie Nr. 269 ff. RiStBV.

[52] Zutreffend weist *Tiedemann*, Gutachten, S. C 39, auf Usancen im Kartellrecht hin, wo Verstöße nicht unmittelbar verfolgt, sondern zunächst nur „abgemahnt“ werden. Ist die Abmahnung erfolgreich, wird das Verfahren eingestellt; vgl. auch *Tiedemann*, ZStW 83 (1971), 792 (794 f.).

die Gefahr des Ansichziehens von Verfahren durch die Verwaltungsbehörde und die sich dadurch ergebenden Risiken im Hinblick auf rechtsstaatliche Erfordernisse besteht bei Subventionserschleichungen nicht, wenn § 6 SubvG unabhängig von der Ahndungszuweisung beibehalten würde. Nach dieser Vorschrift sind Gerichte und Behörden verpflichtet, Tatsachen, die den Verdacht eines Subventionsbetrugs begründen, den Strafverfolgungsbehörden mitzuteilen.[53] Dadurch wäre gewährleistet, daß zunächst die Staatsanwaltschaft die Ermittlungen aufnähme und die Entscheidung darüber behielte, ob das Verfahren gegebenenfalls an die Verwaltungsbehörde abzugeben ist oder abgegeben werden soll.

Wegen der erforderlichen Sachkompetenz würde sich eine Zuständigkeitsordnung für die Ahndung von Ordnungswidrigkeiten im Subventionsverfahren zu den Finanzbehörden anbieten, die ohnehin für Steuerstraftaten und Steuerordnungswidrigkeiten, also auch bezüglich der Erschleichung von indirekten Subventionen, zuständig sind.[54] Zudem hält auch der Gesetzgeber offensichtlich die Finanzbehörden in diesen Fragen für kompetent, wie sich aus § 20 Berlinförderungsgesetz[55] und aus § 5 a Investitionszulagengesetz[56] ergibt. Erschleichungshandlungen im Zusammenhang mit Förderungen nach dem Berlinförderungsgesetz und dem Investitionszulagengesetz unterliegen nämlich der strafrechtlichen Beurteilung nach § 264 StGB, die Ermittlungstätigkeit ist jedoch dessen ungeachtet den Finanzämtern zugewiesen.[57]

d) Gründe für die Zuordnung des Regelungsinhalts von § 264 Abs. 3 StGB zu den Ordnungswidrigkeiten

Haben sich folglich keine Gesichtpunkte ergeben, die einen deutlichen Anhaltspunkt für eine strafrechtliche Ahndung von Leichtfertigkeiten bei Subventionserschleichungen ergeben, so folgt bereits aus dem Grundsatz der Subsidiarität, daß das relativ mildeste Mittel aus den zur Verfügung stehenden Ahndungsmöglichkeiten auszuwählen ist.[58]

---

[53] Vgl. dazu *Sonderausschuß*, Prot., S. 2731; *Carlsen*, Agrarrecht 1978, 297 (299).

[54] Es bietet sich jedoch gleichfalls eine Zuweisung an das Hauptzollamt an; vgl. *Göhler*, Prot., S. 2736.

[55] In der Fassung der Bekanntmachung vom 18. Februar 1976 (BGBl. I, S. 353).

[56] In der Fassung der Bekanntmachung vom 24. Februar 1975 (BGBl. I, S. 528); vgl. auch die Neubekanntmachung vom 3. Mai 1977 (BGBl. I, S. 669).

[57] Zu Zuständigkeitsfragen in diesem Zusammenhang vgl. auch weiterführend *Kohlmann/Giemulla*, DStZ A 1979, 244 ff. — Eine allgemeine Zuweisung der Ermittlungen bei Subventionserschleichungen an die Finanzämter hatte bereits *Tiedemann*, Tagungsberichte, Anlage 1, Anhang 2, S. 2, IX vorgeschlagen; vgl. auch *ders.*, Grundlagen Bd. 13/1, S. 19 (152).

[58] Vgl. nur *Rudolphi* in SK, vor § 1 Rdn. 14.

Darüber hinaus spricht aber auch aus gesetzessystematischer Sicht gegen eine Leichtfertigkeitsinkriminierung als kriminelles Unrecht, daß das Strafgesetzbuch bis zur Einführung des § 264 StGB ein fahrlässiges Vermögensdelikt nicht kannte.[59] Der Notwendigkeit einer Begründung, warum es nunmehr erforderlich sein soll, den Vermögensschutz *straf*rechtlich auch auf grob sorgfaltswidrige Angriffe auszuweiten, ist neuerdings[60] mit dem Hinweis ausgewichen worden, bei § 264 StGB gehe es nicht um Vermögensschutz. Dieser Auffassung wurde bereits bei der Untersuchung des Rechtsguts des § 264 StGB entgegengetreten.[61] Bemerkenswert erscheint, daß auf das Argument der Andersartigkeit des staatlichen Vermögens immer dann zurückgegriffen wird,[62] wenn es gesetzessystematisch neue Wege zu rechtfertigen gilt, wie den des abstrakten Gefährdungsdelikts als Vermögensschutzdelikt im Strafgesetzbuch oder die Leichtfertigkeitsbestrafung bei einem Vermögensdelikt. Durch diese Argumentation wird aber von vornherein die Einsicht verstellt, daß im Bereich des vermögensbezogenen Handelns Verhaltensbeschränkungen erfolgen, die über die bis dahin existenten weit hinausgehen. Schon bei der Ausgestaltung des § 264 StGB als abstraktes Gefährdungsdelikt ist von Befürwortern darauf verwiesen worden, daß das geltende Recht in den §§ 399, 400 AktG, 82 GmbHG, 147 GenG, 17, 18 RechnungslegungsG, 4 UWG und 35 DepotG einen Vermögensschutz durch Gefährdungstatbestände kennt. Bei keinem dieser auf Vermögensschutz ausgerichteten abstrakten Gefährdungsdelikte wird aber die fahrlässige Begehung geahndet. Daß dadurch der Gesetzessystematik innewohnende, gefestigte Grundsätze allzu unbedenklich übergangen worden sind, scheint zwischenzeitlich bereits erkannt worden zu sein. So berichtet *Tiedemann*[63], daß § 264 StGB auf einer ministeriellen Tagesordnung zur Beseitigung von investitionshemmenden Maßnahmen aufgeführt worden sei.

Ein derartig geringer Unwertgehalt, wie er in § 264 Abs. 3 StGB enthalten ist,[64] wird auch ansonsten lediglich als Ordnungswidrigkeit eingestuft. Ist das Ordnungswidrigkeitenrecht ohnehin eine Domäne der abstrakten Gefährdungsdelikte[65], so gilt dies erst recht für die leicht-

---

[59] Vgl. die diesbezügliche Kritik von *Blei*, Prot., S. 2505; *Dreher/Tröndle*, § 264 Rdn. 24; *Dreher*, GA 1972, 61; *Junge*, Prot., S. 2520; *Wirtschaftsverbände*, Prot., S. 2622; kritisch zur Fahrlässigkeitsbestrafung im Bereich des Betrugstatbestands bereits *Franzheim*, GA 1972, 353 (355 f.); *R. Lange*, Rätsel, S. 142.

[60] Vgl. *Tiedemann* in LK, § 264 Rdn. 101.

[61] Vgl. oben 1. Abschnitt, II. 1.

[62] So insbesondere *Tiedemann* in LK, § 264 Rdn. 13, 101; vgl. ferner während der Beratungen des Gesetzes *ders.*, Subventionskriminalität S. 324, 327; *ders.*, Tagungsberichte, Anlage 1, S. 26 f.

[63] Beiträge, S. 69 (84).

[64] Vgl. oben 2. Abschnitt, II. 2.

fertige abstrakte Gefährdung. Auch der Umstand, daß bei § 264 StGB die vorsätzliche Tatbegehung allein zutreffend als Straftatbestand ausgestaltet werden kann, wirkt nicht präjudiziell zuungunsten einer Ordnungswidrigkeitenlösung bezüglich der leichtfertigen Begehung. Eine Aufteilung in vorsätzliche Straftat und fahrlässige Ordnungswidrigkeit ist ein geläufiges Mittel der Gesetzestechnik und wird allgemein als „unechter Mischtatbestand" bezeichnet.[66] Gerade im Steuerstrafrecht und Steuerordnungswidrigkeitenrecht ist von dieser Zweiteilung Gebrauch gemacht worden. Während § 370 AO (Steuerhinterziehung) Straftatbestand ist, wird die dazu korrespondierende leichtfertige Begehung in § 378 AO (Leichtfertige Steuerverkürzung) als Ordnungswidrigkeit verfolgt.

Bei diesem Tatbestand, der anders als § 264 Abs. 3 StGB nicht Gefährdungs-, sondern Verletzungsdelikt ist, wird mit Geldbuße bestraft, wer leichtfertig insbesondere unrichtige oder unvollständige Angaben über steuerlich erhebliche Tatsachen macht oder die Finanzbehörde pflichtwidrig über steuerlich erhebliche Tatsachen in Unkenntnis läßt. Damit sind hinsichtlich der indirekten Subventionen, also der Subventionierung mittels Steuervergünstigung, inhaltlich die gleichen Regelungen wie durch § 264 Abs. 3 StGB getroffen, wobei der Tatbestand der leichtfertigen Steuerverkürzung nur bei Eintritt eines Erfolgs des Handelns oder Unterlassens erfüllt ist.

Während aber einerseits herausgestellt wird, § 264 StGB sei in Anlehnung an die Regelungen des Steuerrechts geschaffen, da es unangemessen wäre, „im Bereich der direkten Subventionierung hinter dem Strafschutz, der im Bereich der indirekten Subventionierung besteht, zurückzubleiben",[67] soll andererseits bezüglich der Leichtfertigkeitsahndung geradezu das Umgekehrte gelten. Die Tatsituation von leichtfertiger Subventionserschleichung sei nicht vergleichbar[68], und außerdem sei auch die Einordnung der leichtfertigen Steuerverkürzung als Ordnungswidrigkeit unzutreffend.[69]

Die leichtfertige Steuerverkürzung ist erst durch das 2. AOStrafÄndG vom 12. 8. 1968[70] von einer Straftat in eine Ordnungswidrigkeit umgewandelt worden. Dabei wurde zwar deutlich hervorgehoben, daß durch

---

[65] Vgl. *Göhler/Buddendiek/Lenzen,* Lexikon, Einf. Rdn. 19.

[66] Vgl. nur die Nachweise bei *Göhler,* vor § 1 Rdn. 36 und *Göhler/Buddendiek/Lenzen,* Lexikon, „Mischtatbestände".

[67] So RegE, S. 17.

[68] Vgl. RegE, S. 27; Bericht, S. 8; *Göhler/Wilts,* DB 1976, 1609 (1615); *Tiedemann,* Subventionskriminalität, S. 328; *ders.,* ZStW 87 (1975), 253 (276); *ders.,* Prot., S. 2469.

[69] *Tiedemann,* Prot., S. 2469; ferner bereits *ders.,* Gutachten, S. C 38 f.

[70] BGBl. I, S. 953.

die leichtfertige Steuerverkürzung als Erfolgsdelikt der gleiche Schaden wie bei vorsätzlichem Handeln entstehe, jedoch sei der der Vorschift zugrunde liegende Vorwurf geringer. Außerdem sollte dadurch berücksichtigt werden, daß das Strafrecht grundsätzlich keine fahrlässigen Vermögensdelikte kennt.[71] Bemerkenswert erscheint ferner, daß die leichtfertige Steuerverkürzung schon als Straftat lediglich mit einer Geldstrafe und nicht wie § 264 Abs. 3 StGB auch mit Freiheitsstrafe bedroht war.

Es braucht hier nicht entschieden zu werden, ob § 378 AO tatsächlich zu Unrecht zur Ordnungswidrigkeit herabgestuft worden ist. Entscheidend ist nur, daß der Gesetzgeber bei der Reform der Reichsabgabenordnung, die die Abgabenordnung vom 16. 3. 1976[72] zum Ergebnis hatte, in Kenntnis der diesbezüglichen Kritik die Ordnungswidrigkeitenzuordnung beibehalten hat. Dadurch ist zum Ausdruck gekommen, daß die Wertentscheidung bewußt zugunsten einer Ordnungswidrigkeit ausgefallen ist. Deshalb bedarf es eines überzeugenden Grundes, warum das anerkannte[73] Erfordernis der Gleichheit der Ahndung von Erschleichungen bei direkten und bei indirekten Subventionen hinsichtlich der Leichtfertigkeitsinkriminierung nicht mehr gesehen wird. Die Notwendigkeit einer Begründung ist insbesondere auch deshalb von besonderer Bedeutung, weil es — wie auch im Referentenentwurf[74] ausdrücklich hervorgehoben wird — oft eine Frage des Zufalls ist, ob eine Subvention als direkte oder als indirekte Subvention ausgereicht wird.

Der Grund dafür, daß bei der unterschiedlichen Zuordnung von Leichtfertigkeitstaten in § 264 Abs. 3 StGB und § 378 AO kein Wertungswiderspruch bestehen soll, liegt nach Auffassung der Vertreter einer Straftatenregelung[75] darin, daß bei Inanspruchnahme von direkten Subventionen mit dem aktiven Zuarbeiten auf den Erhalt einer Subvention eine besondere Pflichtenstellung bewußt eingegangen werde. Der steuerlichen Abgabe- und Erklärungspflicht unterliege dagegen jeder ohne eigenes Zutun. Der Subventionsempfänger werde in die Erfüllung öffentlicher Aufgaben integriert, um Gemeinwohlziele wirksamer zu realisieren, als dies mit den vorhandenen Mitteln der öffentlichen Verwaltung möglich ist. Ihm obliege daher eine gegenüber der für jedermann geltenden Pflichtenstellung im Steuerrecht besondere Sorgfaltspflicht.

[71] So BT-Drs. V/1812, S. 20; vgl. ferner nur *Kohlmann*, vor § 377 AO 1977 Rdn. 7; *Henneberg*, BB 1968, 906 (909); *Loose*, DStZ A 1968, 265 (266).

[72] BGBl. I, S. 613.

[73] RegE, S. 17.

[74] S. 27.

[75] Zu dieser Frage äußern sich: RegE, S. 27; Bericht, S. 8; *Göhler/Wilts*, DB 1976, 1609 (1615); *Tiedemann*, Prot., S. 2469; *ders.*, Subventionskriminalität, S. 328; *ders.*, ZStW 87 (1975), 253 (275).

Zum einen sind damit aber Unterschiede in der technischen Verfahrensabwicklung bei der Subventionierung in direkter oder indirekter Weise zu Unrecht als Handlungswertunterschiede betrachtet worden. Entscheidend für eine Subventionierung ist, unabhängig davon, ob sie als Finanzhilfe oder Steuervergünstigung erfolgt, daß der betreffenden Behörde ein subventionserheblicher Sachverhalt zur Kenntnis gebracht wird. Deshalb entscheidet auch der Steuerpflichtige positiv darüber, ob er durch Angaben auf diesen Sachverhalt aufmerksam macht und in den Genuß einer staatlichen Vergünstigung kommt oder ob er sie unterläßt. Bei Steuervergünstigungen mag zwar der Anreiz größer sein, die eröffneten Möglichkeiten auszuschöpfen, um dadurch die Steuerlasten zu verringern. Auch werden dem einzelnen die Chancen der Wahrnehmung von Steuervergünstigungen eher im Zusammenhang mit Informationen über die Steuerpflicht zur Kenntnis kommen als die Möglichkeit der Inanspruchnahme von Finanzhilfen, da dies häufig ein mühsames Aufsuchen der vereinzelten Subventionsregelungen erfordert. Unterschiede in der praktischen Möglichkeit des Zugangs zu einer Subvention und auch ein dadurch vielleicht geförderter Anreiz, Manipulationen vorzunehmen, lassen die Pflichtenstellung des Subventionsnehmers unberührt. Diese Umstände könnten zu voneinander abweichenden rechtspolitischen Entscheidungen Anlaß geben. Jedoch soll sich die Notwendigkeit der differenzierten Behandlung gerade aus der unterschiedlichen *Pflichtenstellung* ergeben.

Zum anderen ist bei dem Hinweis auf die andersartige Pflichtenstellung verkannt worden, daß nicht der allgemein Steuerpflichtige mit dem Subventionsnehmer zu vergleichen ist, sondern der Subventionsnehmer bei Inanspruchnahme von (direkten) Finanzhilfen mit dem Subventionsnehmer bei Inanspruchnahme von Steuervergünstigungen. Bezüglich letzterer besteht aber die gleiche Pflichtenstellung im Hinblick auf die Mitwirkung zur Erreichung der angestrebten Ziele wie bei den Subventionsnehmern hinsichtlich direkter Subventionen. Warum der eine bei leichtfertigem Handeln lediglich mit Geldbuße bedroht werden soll, während der andere mit bis zu drei Jahren Freiheitsstrafe bestraft werden kann, ist nicht ersichtlich. Da es zudem dem Zufall überlassen ist, ob eine Subvention als direkte oder indirekte Förderung ausgestaltet wird,[76] sieht offenbar der Gesetzgeber auch selbst keinen Unterschied in der Pflichtenstellung des Subventionsnehmers.

Überdies bleibt außer Betracht, daß nicht nur der Subventionsnehmer ein Interesse an einer Subventionierung hat, sondern daß auch der

---

[76] Vgl. nur Referentenentwurf, S. 27.

Staat auf die Vornahme von Maßnahmen im Allgemeininteresse angewiesen ist. Im Referentenentwurf[77] ist dies zwar ausdrücklich formuliert worden, daraus ist jedoch der Schluß gezogen worden: *Weil* die Subventionsnehmer zur wirksameren Realisierung von Gemeinwohlzielen in die Erfüllung öffentlicher Aufgaben mittels der Subventionsgewährung integriert werden, obliegt ihnen eine besondere Sorgfaltspflicht. Diese Folgerung wäre nur nachvollziehbar, wenn die Integration des Subventionsnehmers *allein* in dessen Interesse läge. Wenn sich der Staat jedoch aus eigenem Interesse des Subventionsnehmers bedient, muß er bei Nachlässigkeiten Nachsicht üben. Insofern ähnelt die Situation der im allgemeinen Steuerrecht, wo der Staat ebenfalls den einzelnen zu dem Staat förderlichen Maßnahmen, nämlich der Steuererhebung, bei der Ermittlung der tatsächlichen steuererheblichen Tatsachen einsetzt.

Bei groben Nachlässigkeiten des Subventionsnehmers ist eine so folgenreiche und rigide Pönalisierung, wie sie § 264 Abs. 3 StGB vorsieht, insbesondere auch deshalb verfehlt, weil der Staat hier mit seiner Strafgewalt viel härter reagiert, als bei eigenen Bediensteten. Wenn nämlich bezüglich der Pflichtenstellung und damit auch hinsichtlich der Ahndungserfordernisse darauf abgestellt wird, daß der Subventionsnehmer in die Erfüllung öffentlicher Aufgaben integriert ist, so gilt dies erst recht für die Bediensteten im öffentlichen Dienst. Während sich aber der Subventionsnehmer bei Fehlleistungen auf Grund grober Nachlässigkeit der Strafdrohung des § 264 Abs. 3 StGB ausgesetzt sieht, fehlt es an einer entsprechenden Ahndungsmöglichkeit beim öffentlich Bediensteten im Falle der leichtfertigen Fehlleitung öffentlicher Mittel. Dessen Bestrafung ist allenfalls unter den Voraussetzungen des § 266 StGB bei vorsätzlichem Handeln möglich. Auch wenn inzwischen eine Diskussion um die Ausweitung des strafrechtlichen Schutzes gegen den zweckverfehlenden Einsatz öffentlicher Mittel durch Bedienstete geführt wird,[78] ändert dies nichts daran, daß zur Zeit die Subventionsnehmer einer strengeren Pflicht unterworfen sind als die Bediensteten im öffentlichen Dienst. Dieser Wertungswiderspruch kann nur dadurch gemindert werden, daß die Leichtfertigkeitsahndung in § 264 Abs. 3 StGB zur Ordnungswidrigkeit herabgestuft wird. Daß die Inpflichtnahme der Subventionsnehmer so übersteigert ist, daß Auswirkungen auf die Bereitschaft, sich in staatliche Subventionsmaßnahmen integrieren zu lassen, nicht mehr auszuschließen sind, wird möglicherweise inzwischen auch schon von staatlicher Seite erkannt, wenn § 264 StGB

---

[77] S. 27.

[78] Vgl. nur *Kohlmann/Brauns*, Fehlleitung, S. 11 ff.; *Volk*, Gutachten, S. 3 ff.; *ders.*, Bewirtschaftung, S. 1 ff.; *Bund der Steuerzahler*, Amtsuntreue, S. 6 ff.; nunmehr umfassend dazu *Neye*, Untreue, S. 1 ff.; 97 ff.; 100 ff.; 106 ff.

in den Zusammenhang mit „investitionshemmenden Maßnahmen“ gebracht wird.[79]

4. Ergebnis

Eine besondere, hervorgehobene Pflichtenstellung des Subventionsnehmers bei direkten Subventionen gegenüber derjenigen bei indirekten Subventionen liegt nicht vor. Die Notwendigkeit der Gleichbehandlung von leichtfertigem Verhalten bei Subventionierungen erfordert bei lediglich formell voneinander abweichend gestalteten Verfahren deshalb entweder in beiden Fällen eine Straftaten- oder Ordnungswidrigkeitenzuordnung. Im Hinblick auf den geringen Unrechts- und Schuldgehalt von leichtfertigen Sorgfaltswidrigkeiten gegenüber dem Rechtsgut Vermögen und im Hinblick auf das Fehlen eines besonderen kriminalpolitischen Bedürfnisses für eine Leichtfertigkeitsahndung als *kriminelles* Unrecht ist unter Berücksichtigung des Subsidiaritätsgrundsatzes sowie der Gesetzessystematik allein eine Ordnungswidrigkeitenzuordnung zutreffend. Die Ausgestaltung des § 264 Abs. 3 StGB als Straftatbestand ist verfehlt.

III. Die Vereinbarkeit des § 264 Abs. 6 und Abs. 7 StGB mit dem Bestimmtheitsgrundsatz

1. Der materielle Subventionsbegriff des § 264 Abs. 6 StGB

Bedenken gegen den Tatbestand des § 264 StGB ergeben sich schließlich unter dem Gesichtspunkt des Bestimmtheitsgrundsatzes bezüglich des in § 264 Abs. 6 StGB enthaltenen materiellen Subventionsbegriffs. Während noch der Referentenentwurf[1] in § 265 c StGB und der Regierungsentwurf[2] in § 264 Abs. 6 StGB von einem formellen Subventionsbegriff ausgingen, enthielten die späteren Vorschläge[3] einen materiellen Subventionsbegriff. Der Unterschied liegt darin, daß nach der formellen Subventionsbestimmung nur dann eine Subvention im Sinne des § 264 StGB vorliegen sollte, wenn dies in einem entsprechenden Subventionsgesetz ausdrücklich festgelegt war, während bei einer materiellen Subventionsbestimmung durch Subsumtion unter die gesetzlich festgelegte Definition im Einzelfall ermittelt werden muß, ob die staatliche Leistung eine Subvention im Sinne des § 264 StGB darstellt. § 264

---

[79] Vgl. den Hinweis bei *Tiedemann*, Beiträge, S. 69 (84), wonach § 264 StGB auch von ministerieller Seite mit „investitionshemmenden Maßnahmen“ in Verbindung gebracht wird.

[1] S. 3 f., 29 f.

[2] S. 4, 22.

[3] Vgl. § 201 Abs. 5 AE; Bundesministerium der Justiz, Prot., S. 2688 („Formulierungshilfe“); Bericht, S. 27.

Abs. 6 StGB der Gesetz gewordenen Fassung bestimmt, daß die Subvention eine Leistung aus öffentlichen Mitteln nach Gemeinschafts-, Bundes- und Landesrecht darstellt, die an Betriebe oder Unternehmen vergeben wird, und zwar ohne marktmäßige Gegenleistung mit dem Ziel der Wirtschaftsförderung. Damit hat sich der Gesetzgeber für einen materiellen Subventionsbegriff in § 264 Abs. 6 StGB entschieden.

Entscheidend für die zunächst erfolgte *formelle* Festlegung der dem Tatbestand Subventionsbetrug zugrunde gelegten Subventionen war die Auffassung, daß durch einen bloßen Rückgriff auf den Begriff „Subvention" keine hinreichend klare Abgrenzung zwischen Subventionen und Entschädigungen zu erreichen gewesen wäre.[4] Diese Ansicht hatte insbesondere *Götz*[5] in den Beratungen nachdrücklich vertreten. In der Tat hat sich weder die Rechtsprechung[6] noch das Schrifttum[7] bislang über einen allgemeingültigen Subventionsbegriff verständigen können. Aber auch die sich aus diesem Grund anbietende Möglichkeit eines speziell für das Strafrecht verbindlich definierten Subventionsbegriffs ist noch im Regierungsentwurf[8] ausdrücklich verworfen worden.[9] Der Versuch, die sich aus einer solchen Definition ergebenden Abgrenzungsprobleme zu regeln, stoße auf unüberwindliche Schwierigkeiten.

Im Verlauf der Beratungen des Sonderausschusses haben sich allerdings die Standpunkte grundlegend geändert.[10] *Tiedemann*[11] hat auf die Gefahr der Ungleichbehandlung von Subventionserschleichungen hingewiesen, die daraus erwächst, daß sich angesichts der Notwendigkeit einer Bezeichnung der einzelnen Vergünstigungen als Subvention Interessengruppen für ein Unterlassen der entsprechenden Festlegung einsetzen könnten. Auch schien nicht ausgeschlossen, daß auf Seiten der zur Bezeichnung Berechtigten von vornherein die Neigung vorhanden ist, das Vergabeverfahren von strafrechtlichen Zwängen freizuhalten und selbst gewisse Unregelmäßigkeiten in Kauf zu nehmen.[12]

---

[4] RegE, S. 22.

[5] Vgl. Tagungsberichte, Anlage 2, S. 64 ff.; *ders.*, Subventionserschleichung, S. 52 ff.; *ders.*, Prot., S. 2500; vgl. ferner *ders.*, Schad-Festschrift, S. 225 (230 f.).

[6] Vgl. nur BVerwG NJW 1959, 1098; BVerfGE 17, 210 (216); OVG des Saarlandes DÖV 1959, 708; BGH NJW 1959, 1429.

[7] Vgl. etwa *Friauf*, DVBl. 1966, 729 (731); *Götz*, Wirtschaftssubventionen, S. 13 ff.; *Ipsen*, Subventionierung, S. 6 ff.; *ders.*, VVDStRL Heft 25, 257 (276 ff.); *Meinhold*, Handwörterbuch der Sozialwissenschaften, S. 238; *Rüfner*, Formen, S. 194 ff.; *Stern*, JZ 1960, 518 (521); *Tiedemann*, Subventionskriminalität, S. 21 ff.; *Zacher*, VVDStRL Heft 25, 308 (317); *Zuleeg*, Rechtsform, S. 13 ff.

[8] S. 22.

[9] Ebenso später noch *Götz*, Prot., S. 2500 sowie zuvor *ders.*, Subventionserschleichung, S. 52 ff.

[10] Vgl. insbesondere die Darstellung von *Göhler*, Prot., S. 2663 ff.

[11] Prot., S. 2472, 2480.

[12] Bericht, S. 10.

Ferner wurde nunmehr argumentiert, durch einen formellen Subventionsbegriff würde der Tatbestand in einem verfassungsrechtlich bedenklichen Maße an Bestimmtheit verlieren, so daß auch insofern ein materieller Subventionsbegriff Abhilfe schaffen könnte.

Die Kritiker[13] der materiellen Festlegung der von § 264 StGB zu erfassenden Subventionen haben Bedenken, ob sich insbesondere die Tatbestandsmerkmale „wenigstens zum Teil ohne marktmäßige Gegenleistung" und zur „Förderung der Wirtschaft dienen" hinreichend bestimmt festlegen lassen. Im Schrifttum nimmt die Erläuterung des § 264 Abs. 6 StGB einen breiten Raum ein, hat aber überwiegend[14] zum Ergebnis, daß eine Eingrenzung der einzelnen Tatbestandsmerkmale möglich erscheint. Dabei wird allerdings deutlich, daß teilweise erst eine subtile Auslegung Klarheit verschaffen kann. Für die Frage der Bestimmtheit des materiellen Subventionsbegriffs kommt es deshalb darauf an, welche Anforderungen das Bestimmtheitsgebot des Art. 103 Abs. 2 GG an einen Straftatbestand stellt.

Das Bestimmtheitsgebot des Art. 103 Abs. 2 GG erfordert, daß auf Grund des Tatbestands vorhersehbar ist, welches Verhalten mit Strafe bedroht ist.[15] Soweit eine sachgerechte Regelung dies erfordert, kann allerdings auf die Verwendung normativer Begriffe nicht verzichtet werden. Dabei ist die gesetzlich zutreffende Tatbestandsfassung an dem Leitgedanken einer bestmöglichen materiellen Gerechtigkeit bei einer höchstmöglichen Rechtssicherheit zu orientieren.[16] In welchem Umfang auf allgemeine Begriffe, die nicht allgemeingültig festgelegt werden können und deshalb in besonderem Ausmaß der richterlichen Auslegung unterliegen, zurückgegriffen werden darf, hängt von den Besonderheiten des jeweiligen Straftatbestands und von den Gesamtumständen ab, die zu der gesetzlichen Regelung geführt haben. Insofern sind auch rechts- und kriminalpolitische Erwägungen für die Frage der Bestimmtheit einer Tatbestandsfassung von Bedeutung.[17] Danach ist bezüglich

---

[13] Vgl. *Götz*, Schad-Festschrift, S. 225 (229 ff.); *Heinz*, GA 1977, 193 (211 f.); *Lackner*, § 264 Anm. 2 c aa; *Löwer*, JZ 1979, 621 (624 ff.); *Samson* in SK, § 264 Rdn. 33 ff.

[14] Vgl. *Dreher/Tröndle*, § 264 Rdn. 6 ff.; *Lackner*, § 264 Anm. 2; *Schönke/Schröder/Cramer*, § 264 Rdn. 6 ff.; *Tiedemann* in LK, § 264 Rdn. 20 ff.; *Berz*, BB 1976, 1435 (1436); *Carlsen*, Agrarrecht 1978, 267 ff.; *Diemer-Nicolaus*, Schmidt-Leichner-Festschrift, S. 31 (42 ff.); *Göhler/Wilts*, DB 1976, 1609 (1610 ff.); *G. Schmidt*, GA 1979, 121 ff.; *a. A.*: Samson in SK, § 264 Rdn. 34, 37; *Heinz*, GA 1977, 193 (211 f.).

[15] BVerfGE 11, 234; 14, 245 (251); 26, 41 (42 f.); 28, 175 (183); 47, 109; 48, 48 (56); BGHSt. 23, 167 (171); st. Rspr.; *Baumann*, LB, S. 115; *Jescheck*, LB, S. 107 f.; *H. Mayer*, AT, S. 86; *Welzel*, LB, S. 23; *Tröndle* in LK, § 1 Rdn. 12 ff.; *Schönke/Schröder/Eser*, § 1 Rdn. 20 ff. jeweils mit weiteren Nachweisen.

[16] Vgl. *Lenckner*, JuS 1968, 304 (305); vgl. ferner zur Verwendung normativer Begriffe im Straftatbestand *Kohlmann*, Bestimmtheit, S. 259 ff.

des einzelnen Straftatbestands festzustellen, ob der Gesetzgeber soweit wie *möglich* bestimmte Begriffe verwendet hat.[18]

Entgegen der im Bericht des Sonderausschusses[19] dargelegten Auffassung wäre ein höherer Grad an Bestimmtheit der von § 264 StGB zu erfassenden Subventionen durch einen formellen Subventionsbegriff erreicht worden. Wenn dagegen der Sonderausschuß meint, verfassungsrechtliche Bedenken bestünden gerade bezüglich der Bestimmtheit des *formellen* Subventionsbegriffs, weil die komplizierte formelle Regelung schwer durchschaubar sei, wird Bestimmtheit im Sinne von Art. 103 Abs. 2 GG mit Erkennbarkeit der Regelung durch den Täter verwechselt: Die formelle Bestimmung der Subventionen läßt keinen Zweifel, auf welche öffentliche Leistungen sich § 264 StGB bezieht, lediglich die Erkenntnis, welche Subventionen solche im Sinne des § 264 StGB sind, ist nicht unmittelbar der Strafvorschrift zu entnehmen.[20]

Ein Verzicht auf den durch einen formellen Subventionsbegriff erreichbaren höheren Grad an Bestimmtheit gegenüber einem materiellen Subventionsbegriff wäre jedoch zulässig, wenn nur durch die zuletzt genannte Regelung das Gesetzesziel erreicht würde. Die Zielsetzung der Gesetzesinitiative war, Erschleichungshandlungen bezüglich direkter Subventionen effektiver strafrechtlich zu erfassen, als dies durch den allgemeinen Betrugstatbestand geschieht.

Während es in der Theorie möglich erscheint, enumerativ festzulegen, welche Leistungen (direkte) Subventionen sind und deshalb § 264 StGB unterfallen sollen, haben sich bei der Vorbereitung der Durchführung einer solchen formellen Bezeichnung fast unüberwindliche praktische Schwierigkeiten gezeigt.[21] Diese liegen vornehmlich nicht einmal in der juristischen Abgrenzung von Subventionen gegenüber anderen staatlichen Leistungen, sondern in dem politischen Interessenkonflikt darüber, ob die eine oder andere Subvention unter den Strafschutz fallen soll oder nicht, sowie in der geradezu unüberschaubaren Menge von Einzelsubventionen, die alle eine formelle Festlegung erfordern würden.[22] Gesetzesziel war es aber, alle direkten (Wirtschafts-)Subventionen durch § 264 StGB zu erfassen und nicht, sich auf einige politisch ausgewählte zu beschränken.

---

[17] Vgl. *Tröndle* in LK, § 1 Rdn. 13.

[18] Vgl. *Schönke/Schröder/Eser*, § 1 Rdn. 23; *Kohlmann*, Bestimmtheit, S. 252 ff.; *Lenckner*, JuS 1968, 304 (305).

[19] S. 10.

[20] Vgl. *Samson* in SK, § 264 Rdn. 26; *Löwer*, JZ 1979, 621 (624).

[21] *Göhler*, Prot., S. 2664.

[22] *Göhler*, Prot., S. 2663.

Stellte sich aber eine enumerative Aufzählung aller dieser Subventionen als kaum zu verwirklichen heraus, wäre das Gesetzesziel durch einen formellen Subventionsbegriff nicht erreicht worden. Es hätte die Gefahr der Ungleichbehandlung bei der Ahndung von Subventionsdelinquenz gedroht. Für die nicht formell als Subvention gekennzeichneten Subventionen wäre bei Erschleichungshandlungen Betrug gemäß § 263 StGB in Betracht gekommen, während im Falle der formellen Festlegung § 264 StGB mit seiner weitergehenden Strafbarkeit insbesondere auch § 264 Abs. 3 StGB anzuwenden gewesen wäre. Wenn auf Grund dieser Erkenntnis dem Tatbestand § 264 StGB eine materielle Bestimmung der von der Vorschrift zu erfassenden Subventionen zugrunde gelegt worden ist, hat der Gesetzgeber eine Tatbestandsfestlegung vorgenommen, die allein gewährleistet, daß (direkte) Wirtschaftssubventionen entsprechend der Zielsetzung des Gesetzes gleichmäßig von § 264 StGB erfaßt werden. Damit hat er sich im übrigen einer Gesetzestechnik bedient, die im Strafgesetzbuch stets Anwendung findet, wenn eine enumerative Aufzählung der dem Tatbestand zugrunde zu legenden Tatumstände nicht möglich ist.[23] Auch ist die vom Gesetzgeber gewählte Formulierung des materiellen Subventionsbegriffs in § 264 Abs. 6 StGB nicht weniger bestimmt als eine andere denkbare Definition. Im Ergebnis stimmen aus diesen Gründen auch Kritiker der gesetzgeberischen Entscheidung einem materiellen Subventionsbegriff zu.[24]

2. Die „subventionserheblichen Tatsachen" gemäß § 264 Abs. 7 StGB

Ist der materielle Subventionsbegriff des § 264 Abs. 6 StGB somit im Sinne des Art. 103 Abs. 2 GG hinreichend bestimmt, so ergeben sich jedoch hinsichtlich der diesen Begriff zugrundelegenden fortführenden Festlegung der „subventionserheblichen Tatsachen" in § 264 Abs. 7 Nr. 1 StGB i. V. m. § 2 SubvG Bedenken. Subventionserheblich sind gemäß § 264 Abs. 7 Nr. 1, 2. Alternative StGB Tatsachen, die „auf Grund eines Gesetzes" als subventionserheblich bezeichnet sind. In § 2 Abs. 1 SubvG wird der Subventionsgeber verpflichtet, gleich welche Rechtsgrundlage für die Vergabe der Subventionen existiert, die subventionserheblichen Tatsachen zu bezeichnen.

Überwiegend[25] wird die Formulierung „auf Grund eines Gesetzes" infolge der Anlehnung an die staatsrechtliche Terminologie als Ver-

[23] Zu den Anwendungsfällen normativer Tatbestandsmerkmale im Strafgesetzbuch vgl. *Kohlmann*, Begriff, S. 261 ff.

[24] Vgl. *Samson* in SK, § 264 Rdn. 26; *Löwer*, JZ 1979, 621 (626).

[25] *Dreher/Tröndle*, § 264 Rdn. 18; *Göhler*, Prot., S. 2672; *Löwer*, JZ 1979,

weisung auf eine Ermächtigung gesehen, wobei § 2 SubvG als eine solche Ermächtigung verstanden wird. Bei einem solchen Verständnis des § 264 Abs. 7 Nr. 2, 2. Alternative StGB i. V. m. § 2 SubvG müßte jedoch, worauf *Löwer*[26] und *Tiedemann*[27] zutreffend hinweisen, in dem Fall, in dem sich nicht schon aus einer gesetzlichen Regelung im Sinne des Art. 103 Abs. 2 GG die Subventionserheblichkeit der bezeichneten Tatsachen ergibt, die Bezeichnung im Sinne des § 2 SubvG durch den Subventionsgeber strafbarkeitskonstitutiv sein. Eine solche Regelung ist jedoch mit dem Erfordernis der *gesetzlichen* Bestimmung der Strafbarkeit gemäß Art. 103 Abs. 2 GG nicht vereinbar.[28]

Zu Recht deutet deshalb *Tiedemann*[29] § 2 SubvG dahin, daß diese Vorschrift nicht die Konstituierung, sondern ausschließlich die deklaratorische Bezeichnung der Vergabevoraussetzungen regeln will. Der Subventionsgeber ist lediglich verpflichtet, verdeutlichend eine bereits gesetzlich im Sinne des Art. 103 Abs. 2 GG erfolgte inhaltliche Festlegung der subventionserheblichen Tatsachen zu bezeichnen. Daß eine solche Auslegung zwingend ist, wird unverkennbar, wenn man bedenkt, daß zu den zur Bezeichnung nach § 2 SubvG verpflichteten Subventionsgebern nicht nur Behörden, sondern auch andere Stellen und Personen, also auch Banken und gegebenenfalls Privatpersonen, zu zählen sind. Wäre § 2 SubvG als Ermächtigung zu einer Bezeichnung mit konstitutiver Wirkung zu verstehen, würde dadurch gegebenenfalls auf eine Privatperson delegiert, strafbarkeitsbegründende Umstände festzulegen. Dies wäre eine Blankettstrafgesetzkonstruktion, die unter keinem Gesichtspunkt verfassungsrechtlichen Grundsätzen entsprechen würde.[30]

In den Beratungen des Sonderausschusses ist dementsprechend zum Ausdruck gekommen, daß die Funktion des § 264 Abs. 7 Nr. 1 StGB allein darin liegt, die gesetzlich subventionserheblichen Tatsachen dadurch besser erkennbar zu machen, daß die Verwaltung angehalten werden sollte, diese als solche zu bezeichnen.[31]

Göhler[32] hat ausdrücklich klargestellt, daß nur subventionserheblich sein soll, was im Gesetz als subventionserheblich bezeichnet wird, sowie die Umstände, von denen nach dem Gesetz die Bewilligung oder Ab-

---

621 (629 f.); *Maurach/Schroeder*, BT 1, S. 433; *Schönke/Schröder/Lenckner*, § 264 Rdn. 34.

[26] JZ 1979, 621 (629 ff.).

[27] in LK, § 264 Rdn. 47.

[28] *Löwer*, JZ 1979, 621 (630).

[29] in LK, § 264 Rdn. 47.

[30] Diese Fallkonstellation ist in der Begründung zum Regierungsentwurf, S. 28, nicht bedacht. Vgl. auch *Tiedemann* in LK, § 264 Rdn. 47.

[31] Vgl. *Göhler*, Prot., S. 2670 ff.

[32] Prot., S. 2672.

lehnung der Subvention abhängig ist.[33] *Lampe*[34] hält deshalb auch die Regelung des § 264 Abs. 7 Nr. 1 StGB für überflüssig. Wenn es darum gehe, daß der Gesetzgeber an sich selbst appellieren wolle, größere Klarheit für das Subventionsvergabeverfahren zu schaffen, sei nicht klar, warum dazu nicht der innere Dienstweg beschritten werde.

Die bloße deklaratorische Natur der Bezeichnung von Tatsachen als subventionserheblich wird zudem dadurch offensichtlich, daß nach allgemeiner Auffassung im Einzelfall an Hand des Gesetzes zu überprüfen ist, ob sich aus dem Gesetz selbst die Subventionserheblichkeit der vom Subventionsgeber bezeichneten Tatsachen entnehmen läßt.[35]

Zutreffend ist § 264 Abs. 7 StGB danach wie folgt zu verstehen: § 264 Abs. 7 StGB erfordert stets eine gesetzliche Festlegung der subventionserheblichen Tatsachen. Eine solche kann ausdrücklich erfolgen (Fall des § 264 Abs. 7 Nr. 1, 1. Alternative StGB) oder sich aus der gesetzlichen Regelung inhaltlich ergeben (Fall des § 264 Abs. 7 Nr. 2). § 264 Abs. 7 Nr. 1, 2. Alternative StGB enthält lediglich eine ergänzende Klarstellung der durch § 264 Abs. 7 Nr. 2 StGB erfaßten Kategorie: „Auf Grund eines Gesetzes ... als subventionserheblich bezeichnet" bezieht sich auf den Fall, daß das Gesetz die subventionserheblichen Tatsachen nicht selbst bezeichnet (dann läge § 264 Abs. 7 Nr. 1, 1. Alternative StGB vor), sondern diese lediglich hinreichend deutlich erkennen läßt (also § 264 Abs. 7 Nr. 2 StGB) und der Subventionsgeber seine Verpflichtung zur Bezeichnung nach § 2 SubvG ausgeübt hat.[36] Nur durch ein solches Verständnis der systematischen Zusammenhänge innerhalb des § 264 Abs. 7 StGB sowie zwischen § 264 Abs. 7 und § 2 SubvG ist gewährleistet, daß die Subventionserheblichkeit von Tatsachen stets von einer *gesetzlichen* Regelung abhängig ist und der diesbezüglichen Bezeichnung durch den Subventionsgeber nur der Charakter zukommen kann, der sich im verfassungsrechtlich zulässigen Rahmen hält, nämlich deklaratorischer Art ist. Die von *Löwer*[37] geltend gemachten Bedenken gegenüber der Vereinbarkeit der getroffenen Regelung mit Art. 103 Abs. 2 GG beruhen deshalb allein darauf, daß § 2 SubvG unzutreffend als Ermächtigung zur konstitutiven Kennzeichnung von subventionserheblichen Tatsachen verstanden wird.

---

[33] Vgl. auch *Göhler*, Prot., S. 2523: „Die Verwaltungsbehörde hat es also nicht frei in der Hand, (die subventionserheblichen Angaben) ... zu bezeichnen, sondern sie muß sich im Rahmen der gesetzlichen Regelung halten."

[34] Prot., S. 2512 f.

[35] *Dreher/Tröndle*, § 264 Rdn. 18; *Samson* in SK, § 264 Rdn. 44; *Schönke/Schröder/Lenckner*, § 264 Rdn. 34; *Tiedemann* in LK, § 264 Rdn. 48; *Eyrich*, Prot., 2672; *Göhler*, Prot., S. 2673.

[36] Vgl. auch *Samson* in SK, § 264 Rdn. 44; *Schönke/Schröder/Lenckner*, § 264 Rdn. 34.

[37] JZ 1979, 621 (629 ff.).

Zusammenfassend ist festzustellen, daß sowohl § 264 Abs. 6 StGB wie auch § 267 Abs. 7 StGB in Verbindung mit § 2 SubvG den Anforderungen des Bestimmtheitsgrundsatzes gemäß Art. 103 Abs. 2 GG genügen.

Gesamtergebnis und Ausblick

I. Gesamtergebnis

Der im Strafgesetzbuch verwandte Vermögensbegriff umfaßt sowohl das individuelle wie auch das staatliche Vermögen. Dabei handelt es sich nicht nur um einen sprachlich, sondern auch inhaltlich einheitlichen Begriff. Das Vermögen der öffentlichen Haushalte ist nicht wesensmäßig andersartig und deshalb auch nicht in anderer Weise schutzbedürftig als privates Vermögen.

Die im Rahmen des Betrugstatbestands entwickelte Zweckverfehlungslehre erfaßt, gleich wie sie dogmatisch im Betrugstatbestand einzuordnen ist, stets vermögensschädigende und nicht nur dispositionsbeeinträchtigende Angriffe.

Das Rechtsgut des § 264 StGB ist allein das staatliche Vermögen. Andere als Rechtsgüter benannte Schutzrichtungen, wie etwa die „Planungs- und Dispositionsfreiheit des Staates im Wirtschaftsbereich", das „Subventionswesen" oder das „Allgemeininteresse an einer wirkungsvollen staatlichen Wirtschaftsförderung durch Subventionen" werden durch den Vermögensschutz miterfaßt und stellen lediglich Schutzreflexe dar.

Die Tatbestandsbezeichnung „Subventionsbetrug" erfaßt den Inhalt der Regelungen des § 264 StGB nicht zutreffend.

§ 264 StGB ist ein abstraktes Gefährdungsdelikt. Das von der Vorschrift erfaßte Unrecht besteht in dem sorgfaltswidrigen, riskanten Verhalten des Subventionsnehmers gegenüber dem staatlichen Vermögen. Der Tatbestand bezieht sich bei einer am Rechtsgut Vermögen orientierten einschränkenden Auslegung des Tatbestandsmerkmals „vorteilhaft" nur auf Verhalten mit Unrechts- und Schuldgehalt.

Die zwingende Notwendigkeit der Ausgestaltung des § 264 StGB als abstraktes Gefährdungsdelikt ist bislang nicht dargetan. Insofern bedarf es weitergehender rechtstatsächlicher Untersuchungen.

Die Ahndung von leichtfertigem Verhalten als *Straf*tat gemäß § 264 Abs. 3 StGB führt zu Wertungswidersprüchen und läßt sich mit den bislang vorgebrachten kriminalpolitischen Gesichtspunkten nicht begründen. Diese lassen im Hinblick auf die erforderliche Gleichbehandlung von Subventionserschleichungen bei direkten und indirekten Subventionen allenfalls eine Ordnungswidrigkeitenregelung angemessen erscheinen.

Der materielle Subventionsbegriff in § 264 Abs. 6 StGB sowie die Festlegung der Subventionserheblichkeit von Tatsachen gemäß § 264 Abs. 7 StGB entsprechen den Erfordernissen des Bestimmtheitsgrundsatzes, Art. 103 Abs. 2 GG.

II. Ausblick

Durch § 264 Abs. 6 StGB ist die Anwendbarkeit des Straftatbestands „Subventionsbetrug“ auf sogenannte Wirtschaftssubventionen beschränkt. Die darüber hinaus ausgereichten direkten Subventionen, z. B. Sozial-, Kultur- und Grundlagenforschungssubventionen, unterfallen weiterhin der Strafbarkeit des § 263 StGB. Zur Begründung für diese Aufspaltung ist angeführt worden, ein Bedürfnis für eine Einbeziehung dieser Subventionsbereiche bestehe nicht, da deliktisches Verhalten in diesen Fällen nach den bisherigen Erfahrungen mit dem allgemeinen Betrugstatbestand zu erfassen sei. Die typischen besonderen Beweisschwierigkeiten bestünden hier nicht. Zudem sei die Ausdehnung des Leichtfertigkeitstatbestands in diesem Bereich besonders problematisch und unvertretbar, da dieser Personenkreis nicht von Berufs wegen mit entsprechenden Vorgängen so vertraut sei wie Personen des Wirtschaftsbereichs.[1]

Demgegenüber[2] ist geltend gemacht worden, daß die Differenzierung zwischen Wirtschaftssubventionen und anderen Subventionen eigenartig anmute und geeignet sei, eine bestimmte gesellschaftliche Gruppe durch die besonders auf sie ausgerichtete Strafvorschrift zu diskriminieren. Strukturell seien keine Unterschiede in den Verhaltensweisen bei Subventionserschleichung zu sehen, gleich auf welche Art der Subventionierung sie sich beziehe. In der Tat waren für die Entscheidung, welche direkten Subventionen durch § 264 StGB erfaßt werden sollten, allein Überlegungen, die darauf gerichtet waren, ob die Ahndung von Subventionserschleichungen in dem betreffenden Bereich *praktische* Schwierigkeiten bereitete, entscheidend.[3]

---

[1] So Bericht, S. 11; vgl. ferner *Tiedemann*, Subventionskriminalität, S. 332; *ders.*, Wirtschaftsstrafrecht Bd. 1, S. 113; *ders.*, Prot., S. 2470; *Borchers*, Prot., S. 2483; *Göhler*, Prot., S. 2644, 2653; *Götz*, Prot., S. 2498, 2500; *v. Schoeler*, Prot., S. 2500; *Wilts*, Prot., S. 2646, 2656; Tagungsberichte, S. 71; RegE, S. 23.

[2] *Otto*, JZ 1975, 293 (294); *Botz*, Prot., S. 2491, 2496; *Eyrich*, Prot., S. 2640 f., 2649; *Hintzen*, Prot., S. 2525.

[3] Vgl. *Göhler*, Prot., S. 2675, 2664 f.; vgl. auch RegE, S. 23, der noch die Einbeziehung von Kultur- und Grundlagenforschungssubventionen als erforderlich betrachtet. Vgl. ferner die Diskussion im Sonderausschuß mit einer Reihe von Vorschlägen, Prot., S. 2653 ff., 2640 f., 2643 f.

Die Aufspaltung der Ahndung von Subventionen nach zwei unterschiedlichen Tatbeständen ist nicht nur gesetzessystematisch unbefriedigend, sondern auch rechtspolitisch zweifelhaft. Ist bereits bei einer Strafverfolgung nach einem für Wirtschaftsstraftäter und andere Personen einheitlichen Tatbestand festgestellt worden, daß Ungleichbehandlungen zugunsten der Wirtschatftstäter bezüglich einer Einstellung des Verfahrens und bei einer Bestrafung vorkommen,[4] so wird diese Gefahr noch vergrößert, wenn unterschiedliche Strafvorschriften für im wesentlichen gleiche Sachverhalte Anwendung finden. Es ist auch nicht auszuschließen, daß umgekehrt gerade die Bestrafung nach § 264 StGB außer Verhältnis hart ausfallen wird. Erst die Verfolgung von allen Subventionserschleichungen unter dem gleichen rechtlichen Gesichtspunkt könnte zur Herausbildung einer nach dem verwirklichten Unrecht abgestuften Rechtsprechung führen. Insofern wäre die Schaffung eines einheitlichen, alle direkten Subventionen gleichartig erfassenden Tatbestands wünschenswert. Ein Beispiel dafür bieten die Regelungen der Abgabenordnung. Voraussetzung für eine solche einheitliche Ausgestaltung des § 264 StGB — de lege ferenda — wäre jedoch die Umgestaltung des § 264 Abs. 3 StGB in eine Ordnungswidrigkeit. Dabei sollte ein solcher Ordnungswidrigkeitentatbestand auf Wirtschaftssubventionen beschränkt sein, da bezüglich der übrigen Finanzhilfen kein kriminalpolitisches Bedürfnis für eine diesbezügliche Strafausweitung besteht. Ferner wäre in diesem Zusammenhang die Möglichkeit gegeben, bei entsprechenden Ergebnissen der vorzunehmenden rechtstatsächlichen Untersuchungen § 264 StGB als konkretes Gefährdungsdelikt oder als Verletzungsdelikt mit Versuchsstrafbarkeit erneut zu diskutieren.

[4] Vgl. nur *Wassermann*, Beiträge, S. 27 (41); *Opp*, Wirtschaftskriminalität, S. 153 f.

Literaturverzeichnis

Albrecht, Dietrich: Subventionen, Problematik und Entwicklungen, Bonn 1978. (zitiert: Subventionen)

Amelung, Knut: Rechtsgüterschutz und Schutz der Gesellschaft, Frankfurt/Main 1972. (zitiert: Rechtsgüterschutz)

— Irrtum und Zweifel des Getäuschten beim Betrug, GA 1977, S. 1 ff.

Arzt, Gunther: Der Ruf nach Recht und Ordnung, Ursachen und Folgen der Kriminalitätsfurcht in den USA und in Deutschland, Tübingen 1976. (zitiert: Recht)

— Strafrecht, Besonderer Teil, LH 3: Vermögensdelikte (Kernbereich), Bielefeld 1978. (zitiert: LH 3)

— Leichtfertigkeit und recklessness, in: Gedächtnisschrift für Horst Schröder, hrsg. von Walter Stree, Theodor Lenckner, Peter Cramer, Albin Eser, München 1078, S. 119 ff. (zitiert: Schröder-Gedächtnisschrift)

Baumann, Hans/*Boorberg,* Wolfgang: Strafbare Inanspruchnahme von Investitionszulagen?, BB 1980, S. 567 ff.

Baumann, Jürgen: Haltet den Dieb!, DAR 1962, S. 93 ff.

— Über die notwendigen Veränderungen im Bereich des Vermögensschutzes, JZ 1972, S. 1 ff.

— Die Subventionskriminalität, Vorarbeiten für das 6. Strafrechtsreformgesetz, NJW 1974, S. 1364 f.

— Strafrecht, Allgemeiner Teil, 8. Auflage, Bielefeld 1977. (zitiert: LB)

Beker, Manfred: Betrug bei Neuabschluß von Verträgen und Antrag auf Investitionszulage (§ 4b Investitionszulagegesetz)? Eine Erwiderung auf den Beitrag von Schmidt-Hieber/Küster in FR 1979, S. 426 ff., FR 1979, S. 557 ff.

Berthold, Ursula: Zur Theorie der Subventionen, Bern, Stuttgart 1967. (zitiert: Subventionen)

Berz, Ulrich: Das Erste Gesetz zur Bekämpfung der Wirtschaftskriminalität, BB 1976, S. 1435 ff.

Bleckmann, Albert: Subventionsrecht, Stuttgart, Berlin, Köln, Mainz 1978. (zitiert: Subventionsrecht)

Blei, Hermann: Aufsätze in Zeitschriften, JA 1972, S. 235 f.

— Das erste Gesetz zur Bekämpfung der Wirtschaftskriminalität, JA 1976, S. 741 ff., 807 ff.

— Strafrecht, I. Allgemeiner Teil, 17. Auflage, München 1977.
(zitiert: Strafrecht I)

— Strafrecht, II. Besonderer Teil, 11. Auflage, München 1978.
(zitiert: Strafrecht II)

Binding, Karl: Lehrbuch des Gemeinen Deutschen Strafrechts, Besonderer Teil, Erster Band, 2. Auflage, Leipzig 1902.
(zitiert: Lehrbuch BT 1)

— Die Normen und ihre Übertretung. Eine Untersuchung über die rechtmäßige Handlung und die Arten des Delikts, Vierter Band, Die Fahrlässigkeit, Leipzig 1919.
(zitiert: Normen Bd. 4)

— Die Normen, Bd. 1, 4. Auflage, Leipzig 1922.
(zitiert: Normen Bd. 1)

Bockelmann, Paul: Anmerkung zu BGHSt. 2, 325, NJW 1952, S. 896 ff.

— Literaturbericht, Strafrecht — Besonderer Teil, ZStW 66 (1954), S. 111 ff.

— Literaturbericht, Besonderer Teil, ZStW 69 (1957), S. 269 ff.

— Betrug verübt durch Schweigen in: Festschrift für Eberhard Schmidt zum 70. Geburtstag 1961, hrsg. von Paul Bockelmann und Wilhelm Gallas, Göttingen 1961, S. 437 ff.
(zitiert: Eb. Schmidt-Festschrift)

— Strafrecht, Allgemeiner Teil, 3. Auflage, München 1979.
(zitiert: AT)

— Strafrecht, Besonderer Teil/1 (Vermögensdelikte), München 1976.
(zitiert: BT 1)

Boldt: Anmerkung zu RGSt. 75, 60, DR 1941, S. 1147 ff.

Borst, Kurt: Der zukünftige Betrugsbegriff, JW 1935, S. 1221 ff.

Brehm, Wolfgang: Zur Dogmatik des abstrakten Gefährdungsdelikts, Juristische Studien, Bd. 48, Tübingen 1973.
(zitiert: Gefährdungsdelikt)

Bund der Steuerzahler (Hrsg.): Die Amtsuntreue, Die Bestrafung der öffentlichen Verschwendung und der Mißwirtschaft mit Steuergeldern, 2. Auflage, Wiesbaden 1976.
(zitiert: Amtsuntreue)

Canaris, Claus-Wilhelm: Systemdenken und Systembegriff in der Jurisprudenz entwickelt am Beispiel des deutschen Privatrechts, Berlin 1969.
(zitiert: Systemdenken)

Carlsen, Claus: Subventionsbetrug und Subventionsgesetze, Agrarrecht 1978, S. 267 ff., 297 ff.

Cramer, Peter: Der Vollrauschtatbestand als abstraktes Gefährdungsdelikt, Tübingen 1962.
(ziziert: Gefährdungsdelikt)

— Grenzen des Vermögensschutzes im Strafrecht, OLG Hamburg NJW 1966, S. 1525, JuS 1966, S. 472 ff.

— Vermögensbegriff und Vermögensschaden im Strafrecht, Berlin, Zürich 1968.
(zitiert: Vermögensbegriff)

— Kausalität und Funktionalität der Täuschungshandlung im Rahmen des Betrugstatbestandes, JZ 1971, S. 415 f.

Dahs, Hans jr.: Bewältigung großer Strafprozesse — um welchen Preis?, NJW 1974, S. 1538 ff.

Diemer-Nicolaus, Emmy: Der Subventionsbetrug, in: Festschrift für Erich Schmidt-Leichner, hrsg. von Rainer Hamm, Walter Matzke, München 1977, S. 31 ff.
(zitiert: Schmidt-Leichner-Festschrift)

Dreher, Eduard: Rezension Tiedemann, Klaus, Die Verbrechen in der Wirtschaft; Neue Aufgaben für Strafjustiz und Strafrechtsreform, Karlsruhe 1970, GA 1972, S. 61 f.

— Die Behandlung der Bagatellkriminalität, in: Festschrift für Hans Welzel zum 70. Geburtstag am 25. 3. 1974, hrsg. von Günter Stratenwerth, Armin Kaufmann, Gerd Geilen, Hans Joachim Hirsch, Hans-Ludwig Schreiber, Günther Jakobs und Fritz Loos, Berlin, New York 1974, S. 917 ff.
(zitiert: Welzel-Festschrift)

Dreher, Eduard/*Tröndle,* Herbert: Strafgesetzbuch und Nebengesetze, 39. Auflage, München 1980.
(zitiert: Dreher/Tröndle)

Dreiss, Wolfgang/*Eitel-Dreiss,* Monika: Erstes Gesetz zur Bekämpfung der Wirtschaftskriminalität (vom 29. Juli 1976 [BGBl. I, S. 2034]), Bergisch Gladbach 1977.
(zitiert: Wirtschaftskriminalität)

Dunkel, Wolfgang: Erfordernis und Ausgestaltung des Merkmals „Vermögensbetreuungspflicht" im Rahmen des Mißbrauchstatbestandes der Untreue (§ 266 Abs. 1, 1. Alternative StGB), Bochum 1976.
(zitiert: Vermögensbetreuungspflicht)

— Nochmals: Der Scheckkartenmißbrauch in strafrechtlicher Sicht, GA 1977, S. 329 ff.

Eckstein, Ernst: Strafrechtliche Studien, GS 78 (1911), S. 137 ff.

Ellscheid, G.: Das Problem der bewußten Selbstschädigung beim Betrug, GA 1971, S. 161 ff.

Engisch, Karl: Untersuchungen über Vorsatz und Fahrlässigkeit im Strafrecht, Berlin 1930.
(zitiert: Untersuchungen)

— Sinn und Tragweite juristischer Systematik, Studium generale 1957, S. 173 ff.

Exner, Franz: Das Wesen der Fahrlässigkeit. Eine strafrechtliche Untersuchung, Leipzig, Wien 1910.
(zitiert: Fahrlässigkeit)

Finger, August: Begriff der Gefahr und Gemeingefahr im Strafrecht, in: Festgabe für Reinhard von Frank zum 70. Geburtstag, 16. August 1930, hrsg. von August Hegler, Bd. 1, Tübingen 1930, S. 230 ff.
(zitiert: Frank-Festgabe Bd. 1)

Frank, Reinhard: Studien zum Polizeistrafrecht, Gießener Universitätsprogramm 1879.
(zitiert: Studien)

— Das Strafgesetzbuch für das Deutsche Reich, 18. Auflage, Tübingen 1931. (zitiert: Frank)

Franzen, Klaus/*Gast,* Brigitte: Steuerstrafrecht mit Ordnungswidrigkeiten, München 1969.
(zitiert: Franzen/Gast, 1. Aufl.)

Franzen, Kurt/ *Gast-de Haan,* Brigitte/*Samson,* Erich: Steuerstrafrecht mit Steuerordnungswidrigkeiten, 2. Auflage, München 1978.
(zitiert: Franzen/Gast/Samson)

Franzheim, Horst: Zur Strafbarkeit des Komplicen- und Dirnenlohnbetruges — Ein Beitrag zum Begriff des Vermögensschadens, GA 1960, S. 269 ff.

— Neue Wege im Kampf gegen die Wirtschaftskriminalität, ZRP 1969, S. 203 ff.

— Gedanken zur Neugestaltung des Betrugstatbestandes einschließlich seines Vorfeldes unter besonderer Berücksichtigung der Wirtschaftskriminalität, GA 1972, S. 353 ff.

Franzke, H. U.: Welche Mittel empfehlen sich aus der Sicht des Subventionsvermittlers, um Fälle des Subventionsschwindels besser verhindern und strafrechtlich wirksamer bekämpfen zu können?, in: Tagungsberichte der Sachverständigenkommission zur Bekämpfung der Wirtschaftskriminalität — Reform des Wirtschaftsstrafrechts — Bd. 4, vierte Arbeitstagung, Bonn 1973, Anlage 3.
(zitiert: Tagungsberichte, Anlage 3)

Friauf, Karl Heinrich: Bemerkungen zur verfassungsrechtlichen Problematik des Subventionswesens, DVBl. 1966, S. 729 ff.

Frisch, Wolfgang: Funktion und Inhalt des „Irrtums" im Betrugstatbestand, in: Festschrift für Paul Bockelmann zum 70. Geburtstag am 7. Dezember 1978, hrsg. von Arthur Kaufmann, Günter Bemmann, Detlef Krauß, Klaus Volk, München 1979, S. 647 ff.
(zitiert: Bockelmann-Festschrift)

Frotscher, Werner: Rezension von Henke, Richter, Voigt, Das Recht der Wirtschaftssubventionen als öffentliches Vertragsrecht, NJW 1980, S. 441 f.

Gail, Winfrid/*Grothe,* Armin: Anschaffung oder Herstellung von Wirtschaftsgütern bei der Investitionszulage, BB 1975, S. 551 ff.

Gallas, Wilhelm: Der Betrug als Vermögensdelikt, in: Festschrift für Eberhard Schmidt zum 70. Geburtstag, hrsg. von Paul Bockelmann und Wilhelm Gallas, 2. Auflage, Göttingen 1961, S. 401 ff.
(zitiert: Eb. Schmidt-Festschrift)

— Abstrakte und konkrete Gefährdung, in: Festschrift für Ernst Heinitz zum 70. Geburtstag, hrsg. von Hans Lüttger, Hermann Blei und Peter Hanau, Berlin 1972, S. 171 ff.
(zitiert: Heinitz-Festschrift)

— Zur Struktur des strafrechtlichen Unrechtsbegriffs, in: Festschrift für Paul Bockelmann zum 70. Geburtstag am 7. Dezember 1978, hrsg. von Arthur Kaufmann, Günter Bemmann, Detlef Krauß, Klaus Volk, München 1979, S. 155 ff.
(zitiert: Bockelmann-Festschrift)

Gerland, Heinrich B.: Deutsches Reichsstrafrecht, 2. Auflage, Berlin, Leipzig 1932.
(zitiert: Lehrbuch)

Giehring, Heinz: Prozeßbetrug im Versäumnis- und Mahnverfahren — zugleich ein Beitrag zur Auslegung des Irrtumsbegriffs in § 263 StGB, GA 1973, S. 1 ff.

Göhler, Erich: Rohskizze für den Entwurf einer gesetzlichen Regelung zur Bekämpfung von Zuwiderhandlungen bei der Erlangung von Finanzhilfe, in: Tagungsberichte der Sachverständigenkommission zur Bekämpfung der Wirtschaftskriminalität — Reform des Wirtschaftsstrafrechts — Bd. 4, vierte Arbeitstagung, Bonn 1973, Anlage 14.
(zitiert: Tagungsberichte, Anlage 14)

— Gesetz über Ordnungswidrigkeiten, erläutert von Erich Göhler unter Mitarbeit von Hans Buddendiek, 6. Auflage, München 1980.
(zitiert: Göhler)

Göhler, Erich/*Buddendiek*, Hans/*Lenzen*, Karl: Lexikon des Nebenstrafrechts, in: Erbs/Kohlhaas, Strafrechtliche Nebengesetze, Registerband, München, Stand 1. Januar 1980.
(zitiert: Lexikon)

Göhler, Erich/*Wilts*, Walter: Das Erste Gesetz zur Bekämpfung der Wirtschaftskriminalität, DB 1976, S. 1609 ff., 1657 ff.

Götz, Volkmar: Recht der Wirtschaftssubventionen, München, Berlin 1966.
(zitiert: Wirtschaftssubventionen)

— Welche Mittel empfehlen sich aus verwaltungsrechtlicher Sicht, um Fälle des Subventionsschwindels besser verhindern und strafrechtlich wirksamer bekämpfen zu können?, in: Tagungsberichte der Sachverständigenkommission zur Bekämpfung der Wirtschaftskriminalität — Reform des Wirtschaftsstrafrechts — Bd. 4, vierte Arbeitstagung, Bonn 1973, Anlage 2.
(zitiert: Tagungsberichte, Anlage 2)

— Bekämpfung der Subventionserschleichung, Köln, Berlin, Bonn, München 1974.
(zitiert: Subventionserschleichung)

— Subvention und subventionserhebliche Tatsachen, in: Weimar, Robert (Hrsg.), Festschrift für Franz Schad (Theorie und Praxis Bd. 2), Düsseldorf 1978, S. 225 ff.

Graeber, Heinz: Subventionsbetrügereien in der EWG, in: Grundlagen der Kriminalistik, Bd 13/1, Wirtschaftskriminalität, Weiße-Kragen-Kriminalität, Hrsg. Herbert Schäfer, Hamburg 1974, S. 423 ff.
(zitiert: Grundlagen Bd. 13/1)

Grünhut, Max: Der strafrechtliche Schutz wirtschaftlicher Interessen, in: Die Reichsgerichtspraxis im deutschen Rechtsleben, Festgabe der juristischen Fakultäten zum 50jährigen Bestehen des Reichsgerichts (1. Oktober 1929), hrsg. von Otto Schreiber, 5. Band, Strafrecht und Strafprozeß, Berlin und Leipzig 1929, S. 116 ff.
(zitiert: Reichsgericht-Festgabe)

Gurski, Hans: Außenhandelskriminalität, insbesondere die Subventionserschleichung, in: Die Verbrechen in der Wirtschaft, Neue Aufgaben für Strafjustiz und Strafrechtsreform, hrsg. von Klaus Tiedemann, 2. Auflage, Karlsruhe 1972, S. 29 ff.
(zitiert: Verbrechen)

— Die kriminogenen Wirkungen der europäischen Marktwirtschaft, in: Grundlagen der Kriminalistik, Bd. 13/1, Wirtschaftskriminalität, Weiße-Kragen-Kriminalität, Hrsg. Herbert Schäfer, Hamburg 1974, S. 493 ff. (zitiert: Grundlagen Bd. 13/1)

Gutmann, Alexander: Der Vermögensschaden beim Betrug im Licht der neueren höchstrichterlichen Rechtsprechung, MDR 1963, S. 3 ff., 91 ff.

Habenicht, Gerhard: Mißbräuche beim Handel mit Eiauslauf, in: Grundlagen der Kriminalistik, Bd. 2, Wirtschaftskriminalität und Wirtschaftskriminalistik, Hrsg. Herbert Schäfer, Hamburg 1967, S. 383 ff. (zitiert: Grundlagen Bd. 2)

Haft, Fridjof: Die Lehre vom bedingten Vorsatz unter besonderer Berücksichtigung des wirtschaftlichen Betrugs, ZStW 88 (1976), S. 365 ff.

Hafter, Ernst: Schweizerisches Strafrecht, Besonderer Teil, Erste Hälfte: Delikte gegen Leib und Leben, gegen die Ehre, gegen das Vermögen, Berlin 1937. (zitiert: Strafrecht)

Hall, Alfred: Über die Leichtfertigkeit. Ein Vorschlag de lege ferenda, in: Festschrift für Edmund Mezger zum 70. Geburtstag, hrsg. von Karl Engisch, Reinhard Maurach, München, Berlin 1954, S. 229 ff. (zitiert: Mezger-Festschrift)

Hardwig, Werner: Beiträge zur Lehre vom Betruge, GA 1956, S. 6 ff.

Heck, Philipp: Das Problem der Rechtsgewinnung. Gesetzesauslegung und Interessenjurisprudenz. Begriffsbildung und Interessenjurisprudenz. Studien und Texte zur Theorie und Methodologie des Rechts, hrsg. von Josef Esser, Bd. 2, Bad Homburg, Berlin, Zürich 1968. (zitiert: Begriffsbildung)

Hedtkamp, Günter: Lehrbuch der Finanzwissenschaft, Neuwied, Berlin 1968. (zitiert: Finanzwissenschaft)

Heimann-Trosien, Georg: Bearbeitung der Einleitung, in: Leipziger Kommentar, Strafgesetzbuch, hrsg. von Paulheinz Baldus und Günther Willms, Erster Band, 9. Auflage, Berlin, New York 1974.

Heinz, Wolfgang: Die Bekämpfung der Wirtschaftskriminalität mit strafrechtlichen Mitteln — unter besonderer Berücksichtigung des 1. WiKG, GA 1977, S. 193 ff., 225 ff.

Helfer, Christian: Das Kavaliersdelikt, MSchrKrim 50 (1967), S. 175 ff.

Henke, Wilhelm: unter Mitarbeit von Richter, Eva und Voigt, Roland, Das Recht der Wirtschaftssubventionen als öffentliches Vertragsrecht, Tübingen 1979. (zitiert: Wirtschaftssubventionen)

Henkel: Anmerkung zu RG Urt. v. 29. 9. 1938, 2 D 472/38, ZAkDR 1939, S. 133 f.

Henneberg, E.: Die Neuregelung des Steuerstrafrechts, BB 1968, S. 906 ff.

Herbst, Leonore: Überlegungen zu einer Ordnung des Subventionsrechts, DÖV 1973, S. 617 ff.

Herzberg, Rolf Dietrich: Die Unterlassung im Strafrecht und das Garantenprinzip, Berlin, New York 1972. (zitiert: Unterlassung)

— Bewußte Selbstschädigung beim Betrug, MDR 1972, S. 93 ff.

— Konkurrenzverhältnisse zwischen Betrug und Erpressung — BGHSt. 23, 294, JuS 1972, S. 570 ff.

— Funktion und Bedeutung des Merkmals „Irrtum“ in § 263 StGB, GA 1977, S. 289 ff.

v. Hippel, Robert: Deutsches Strafrecht, Bd. 2, Das Verbrechen, Allgemeine Lehren, Berlin 1930.
(zitiert: Strafrecht II)

Hirsch, Hans Joachim: Die Lehre von den negativen Tatbestandsmerkmalen, Bonn 1960.
(zitiert: Tatbestandsmerkmale)

— Ehre und Beleidigung, Grundfragen des strafrechtlichen Ehrenschutzes, Karlsruhe 1967.
(zitiert: Ehre)

— Literaturbericht, Strafrecht — Besonderer Teil (I. Teil), ZStW 81 (1969), S. 917 ff.

— Hauptprobleme einer Reform der Delikte gegen die körperliche Unversehrtheit, ZStW 83 (1971), S. 140 ff.

— Literaturbericht, Strafrecht — Besonderer Teil (I. Teil), ZStW 84 (1972), S. 380 ff.

— Zur Problematik des erfolgsqualifizierten Delikts, GA 1972, S. 65 ff.

— Bearbeitung der Vorbemerkungen zu § 51 StGB, in: Leipziger Kommentar, Strafgesetzbuch, hrsg. von Paulheinz Baldus und Günther Willms, Erster Band, 9. Auflage, Berlin, New York 1974.
(zitiert: Hirsch in LK)

— Einwilligung und Selbstbestimmung, in: Festschrift für Hans Welzel zum 70. Geburtstag am 25. März 1974, hrsg. von Günter Stratenwerth, Armin Kaufmann, Gerd Geilen, Hans Joachim Hirsch, Hans-Ludwig Schreiber, Günther Jakobs und Fritz Loos, Berlin, New York 1974, S. 775 ff.
(zitiert: Welzel-Festschrift)

— Zur Behandlung der Bagatellkriminalität in der Bundesrepublik Deutschland unter besonderer Berücksichtigung der Stellung der Staatsanwaltschaft, ZStW 92 (1980), S. 218 ff.

Hirschberg, Rudolf: Der Vermögensbegriff im Strafrecht, Berlin 1934.
(zitiert: Vermögensbegriff)

Hoppenz, Rainer: Die dogmatische Struktur des Betrugstatbestands, dargestellt an Hand der Fälle der Erschleichung von Aktien im Rahmen der Privatisierung von Bundesvermögen, iur. Diss. Freiburg i. Br. 1968.
(zitiert: Struktur)

Horn, Eckhard: Konkrete Gefährdungsdelikte, Köln 1973.
(zitiert: Gefährdungsdelikte)

Hübner, Engelbert: Bearbeitung des § 266 StGB, in: Leipziger Kommentar, Strafgesetzbuch, Großkommentar, hrsg. von Hans-Heinrich Jescheck, Wolfgang Ruß, Günther Willms, 10. Auflage, 18. Lieferung, Berlin, New York 1979.
(zitiert: Hübner in LK)

Hünerfeld, Peter: Tagungsbericht. Die Diskussionsbeiträge der Strafrechtslehrertagung 1972 in Kiel, ZStW 85 (1973), S. 438 ff.

v. Ihering, Rudolf: Der Geist des römischen Rechts auf den verschiedenen Stufen seiner Entwicklung, Zweiter Teil, Zweite Abteilung, 8. Auflage, Darmstadt 1954.
(zitiert: Geist)

Ipsen, Hans Peter: Öffentliche Subventionierung Privater, Berlin, Köln 1956.
(zitiert: Subventionierung)

— Verwaltung durch Subvention, in: Veröffentlichungen der Vereinigung der Deutschen Staatsrechtslehrer (VVDStRL), Heft 25, Berlin 1967, S. 257 ff.

Irmer, Kurt: Zur Kriminologie des Steuerstraftäters, in: Grundlagen der Kriminalistik, Bd. 2, Wirtschaftskriminalität und Wirtschaftskriminalistik, Hrsg. Herbert Schäfer, Hamburg 1967, S. 399 ff.
(zitiert: Grundlagen)

Jahn, Gerhard: Kommission zur Reform des Wirtschaftsstrafrechts gegründet, in: Recht, Information des Bundesministers der Justiz, Nr. 5, vom 3. August 1972, S. 33 ff.
(zitiert: Recht)

Jarass, Hans D.: Das Recht der Wirtschaftssubventionen, JuS 1980, S. 115 ff.

Jecht, Hans: „Überhöhte" Preisforderung und Betrugstatbestand, GA 1963, S. 41 ff.

Jescheck, Hans-Heinrich: Das Deutsche Wirtschaftsstrafrecht, JZ 1959, S. 457 ff.

— Lehrbuch des Strafrechts, Allgemeiner Teil, 3. Auflage, Berlin 1978.
(zitiert: LB)

Jung, Heike: Das Erste Gesetz zur Bekämpfung der Wirtschaftskriminalität (1. WiKG), JuS 1976, S. 757 ff.

Kaufmann, Armin: Das fahrlässige Delikt, Zeitschrift für Rechtsvergleichung (ZfRV) 1964, S. 41 ff.

— Zum Stande der Lehre vom personalen Unrecht, in: Festschrift für Hans Welzel zum 70. Geburtstag am 25. März 1974, hrsg. von Günter Stratenwerth, Armin Kaufmann, Gerd Geilen, Hans Joachim Hirsch, Hans-Ludwig Schreiber, Günther Jakobs und Fritz Loos, Berlin, New York 1974, S. 393 ff.
(zitiert: Welzel-Festschrift)

Kaufmann, Arthur: Das Schuldprinzip, Heidelberg 1961.
(zitiert: Schuldprinzip)

— Unrecht und Schuld beim Delikt der Volltrunkenheit, JZ 1963, S. 425 ff.

— Subsidiaritätsprinzip und Strafrecht, in: Festschrift für Heinrich Henkel, Grundfragen der gesamten Strafrechtswissenschaft, hrsg. von Claus Roxin, in Verbindung mit Hans-Jürgen Bruns und Heribert Jäger, Berlin, New York 1974, S. 89 ff.
(zitiert: Henkel-Festschrift)

Kempermann, Eugen: Wesen und Unrechtsgehalt des Betruges, ZStW 57 (1938), S. 126 ff.

Klein, Ernst Ferdinand/*Kleinschrod*, G. Aloys/*Konopak*, Chr. Gottlieb (Hrsg): Archiv des Criminalrechts, Bd. 3, Halle 1801.
(zitiert: Archiv)

Klein, Werner: Millionenbetrügereien durch Erschleichen von Subventionsgeldern, Die Polizei 1963, S. 134 ff.

Kleinknecht, Theodor: Strafprozeßordnung, 34. Auflage, München 1979.

Klug, Ulrich: Bearbeiter in: Hachenburg, Max, Kommentar zum Gesetz betreffend die Gesellschaften mit beschränkter Haftung, 2. Band (§§ 35—84 GmbHG), 6. Auflage, Berlin 1959.
(zitiert: Klug, GmbHG)

— Aktienstrafrecht, Kommentar zu den §§ 288—304 des Aktiengesetzes, Berlin 1964, aus: Großkommentar zum Aktiengesetz, Band 2, 2. Auflage, Berlin 1964.
(zitiert: Klug, AktG)

Körner, Waldemar: Die mißbräuchliche Erlangung der Gasölbetriebsbeihilfe. Ein Beitrag zur Subventionskriminalität, iur. Diss. Mainz 1968.
(zitiert: Subventionskriminalität)

— Der Subventionsbetrug, in: Wirtschaftskriminalität — Sachverständigengutachten, Referate und Diskussionsbeiträge zur Arbeitstagung der Deutschen Kriminologischen Gesellschaft 1968 in Frankfurt/Main, Kriminologische Schriftenreihe, Bd. 43, Hamburg 1969, S. 31 ff.
(zitiert: Sachverständigengutachten)

Köttgen, Arnold: Subventionen als Mittel der Verwaltung, DVBl. 1953, S. 485 ff.

Kohlmann, Günter: Der Begriff des Staatsgeheimnisses (§ 93 StGB und § 99 Abs. 1 StGB a. F.) und das verfassungsrechtliche Gebot der Bestimmtheit von Strafvorschriften (Art. 103 Abs. 2 GG), Köln—Marienburg 1969.
(zitiert: Bestimmtheit)

— Steuerstraf- und Steuerordnungswidrigkeitenrecht einschließlich Verfahrensrecht, Kommentar zu den §§ 369—412 AO 1977, 2. Auflage, Köln—Marienburg 1978, Stand: August 1980.
(zitiert: Kohlmann)

— Zur strafrechtlichen Erfassung der Fehlleitung öffentlicher Mittel, Gutachten erstattet für den Bund der Steuerzahler, Wiesbaden 1979.

Kohlmann, Günter/*Brauns*, Uwe: „Neuabschluß" von „Altverträgen" zwecks Inanspruchnahme von Investitionszulage nach § 4 b InvZulG — Betrug?, FR 1979, S. 279 ff.

— Nochmals: Betrug bei der Inanspruchnahme von Investitionszulage, Erwiderung auf Schmidt-Hieber/Küster, FR 1979, S. 426 ff., FR 1979, S. 479 f.

Kohlmann, Günter/*Giemulla*, Elmar: Die Zuständigkeit der Finanzbehörden bei der Ermittlung von Verstößen gegen das Investitionszulagengesetz, DStZ A 1979, S. 244 ff.

Kohlrausch, Eduard: Vermögensverbrechen im Wandel der Rechtsprechung und der Gesetzgebung, in: Festschrift für Franz Schlegelberger zum 60. Geburtstag, Beiträge zum Recht des neuen Deutschland, hrsg. von Erwin Bumke, Wilhelm Hedemann, Gustav Wilke, Berlin 1936, S. 203 ff.
(zitiert: Schlegelberger-Festschrift)

Kohlrausch, Eduard/*Lange*, Richard: Strafgesetzbuch mit Erläuterungen zu Nebengesetzen, 43. Auflage, Berlin 1961.

Krauß, Detlef: Erfolgsunwert und Handlungsunwert im Unrecht, ZStW 76 (1964), S. 19 ff.

Krelle, Wilhelm: Volkswirtschaftliche Gesamtrechnung, 2. Auflage, Berlin 1967.
(zitiert: Gesamtrechnung)

Krümpelmann, Justus: Die Bagatelldelikte, Untersuchungen zum Verbrechen als Steigerungsbegriff, Berlin 1966.
(zitiert: Bagatelldelikte)

Küper, Wilfried: § 255 StGB: Abgrenzung von Betrug und räuberischer Erpressung, NJW 1970, S. 2253 f.

Lach, Kurt: Aktuelle Erscheinungsformen der Wirtschaftskriminalität, in: Grundfragen der Wirtschaftskriminalität, Arbeitstagung im Bundeskriminalamt vom 27. Mai bis 1. Juni 1963, Hrsg. Bundeskriminalamt, Wiesbaden 1963, S. 75 ff.
(zitiert: BKA 1963)

Lackner, Karl: Das konkrete Gefährdungsdelikt im Verkehrsstrafrecht, Berlin 1967.
(zitiert: Gefährdungsdelikt)

— Bearbeitung der §§ 263, 265, 265 a StGB, in: Leipziger Kommentar, Strafgesetzbuch, Großkommentar, hrsg. von Hans-Heinrich Jescheck, Wolfgang Ruß, Günther Willms, 10. Auflage, 18. Lieferung, Berlin, New York 1979.
(zitiert: Lackner in LK)

— Strafgesetzbuch mit Erläuterungen, 13. Auflage, München 1980.
(zitiert: Lackner)

Lampe, Ernst-Joachim/*Lenckner*, Theodor/*Stree*, Walter/*Tiedemann*, Klaus/*Weber*, Ulrich: Alternativ-Entwurf eines Strafgesetzbuches, Besonderer Teil, Straftaten gegen die Wirtschaft, Tübingen 1977.
(zitiert: Alternativentwurf [AE])

Lange, Richard: Ordnungswidrigkeit als Vergehen, GA 1953, S. 3 ff.

— Ordnungswidrigkeiten bei den Ordnungswidrigkeiten, NJW 1953, S. 687 ff.

— Der Strafgesetzgeber und die Schuldlehre, JZ 1956, S. 73 ff.

— Die Magna Charta der anständigen Leute, JZ 1956, S. 519 ff.

— Nur eine Ordnungswidrigkeit?, JZ 1957, S. 233 ff.

— Der Strafanspruch des Staates und die Grenzen der Strafbarkeit, in: Probleme der Strafrechtsreform, Schriftenreihe der Friedrich-Naumann-Stiftung Nr. 5, Stuttgart 1963, S. 75 ff.
(zitiert: Strafanspruch)

— Das Rätsel Kriminalität. Was wissen wir vom Verbrechen?, Frankfurt/Main, Berlin 1970.
(zitiert: Rätsel)

— Strafrechtsreform, Reform im Dilemma, München, Wien 1972.
(zitiert: Strafrechtsreform)

— Bearbeitung der §§ 221, 222 StGB, in: Leipziger Kommentar, Strafgesetzbuch, hrsg. von Paulheinz Baldus und Günther Willms, 9. Auflage, 2. Band, Berlin, New York 1974.
(zitiert: Lange in LK)

Larenz, Karl: Methodenlehre der Rechtswissenschaft, 4. Auflage, Berlin, Heidelberg, New York 1979.
(zitiert: Methodenlehre)

Laumann, Wolfgang: Koreferat zu dem Referat von Prof. Dr. Tiedemann über Subventionsschwindel, gehalten anläßlich der 4. Arbeitstagung der Sachverständigenkommission zur Bekämpfung der Wirtschaftskriminalität in Bad Kreuznach, in: Tagungsberichte der Sachverständigenkommission zur Bekämpfung der Wirtschaftskriminalität — Reform des Wirtschaftsstrafrechts — Bd. 4, vierte Arbeitstagung, Bonn 1973, Anlage 4.
(zitiert: Tagungsberichte, Anlage 4)

Lenckner, Theodor: Zum Problem des Vermögensschadens (§§ 253, 263 StGB) beim Verlust nichtiger Forderungen. Zugleich eine Besprechung des Urteils des OLG Hamburg vom 8. 6. 1966 — 1 Ss 97/65, JZ 1967, S. 105 ff.

— Wertausfüllungsbedürftige Begriffe im Strafrecht und der Satz „nullum crimen sine lege", JuS 1968, S. 249 ff., 304 ff.

— Kausalzusammenhang zwischen Täuschung und Vermögensschaden bei Aufnahme eines Darlehens für einen bestimmten Verwendungszweck, NJW 1971, S. 599 ff.

— Strafgesetzgebung in Vergangenheit und Gegenwart, in: Tradition und Fortschritt im Recht, Festschrift gewidmet der Tübinger Juristenfakultät zu ihrem 500jährigen Bestehen 1977 von ihren gegenwärtigen Mitgliedern, hrsg. von Joachim Gernhuber, Tübingen 1977, S. 239 ff.
(zitiert: Tübinger Juristenfakultät-Festschrift)

v. Liszt, Franz: Lehrbuch des Deutschen Strafrechts, 25. Auflage, Berlin, Leipzig 1927.
(zitiert: Lehrbuch)

Löwe/Rosenberg: Die Strafprozeßordnung und das Gerichtsverfassungsgesetz, Großkommentar, Dritter Band, 23. Auflage, Berlin, New York 1978.
(zitiert: Löwe/Rosenberg/Bearbeiter)

Löwer, Wolfgang: Rechtspolitische und verfassungsrechtliche Bedenken gegenüber dem Ersten Wirtschaftskriminalitätsgesetz, JZ 1979, S. 621 ff.

Lohmeyer, Heinz: Das Erste Gesetz zur Bekämpfung der Wirtschaftskriminalität, Stuttgart, Wiesbaden 1978.
(zitiert: Wirtschaftskriminalität)

Loose, Gerhard: Die Reform des Steuerstrafrechts, DStZ A 1968, S. 265 ff.

Lüderssen, Klaus: Die strafrechtsgestaltende Kraft des Beweisrechts, ZStW 85 (1973), S. 288 ff.

Luthmann, Walter: Zur Frage der Untreue im Rahmen der rechts- oder sittenwidrigen Abmachungen, NJW 1960, S. 419 f.

Maiwald, Manfred: Zum fragmentarischen Charakter des Strafrechts, in: Festschrift für Reinhart Maurach zum 70. Geburtstag, hrsg. von Friedrich-Christian Schroeder und Heinz Zipf, Karlsruhe 1972, S. 9 ff.
(zitiert: Maurach-Festschrift)

— Der Begriff der Leichtfertigkeit als Merkmal erfolgsqualifizierter Delikte, GA 1974, S. 257 ff.

Mattes, Heinz: Die Problematik der Umwandlung der Verkehrsübertretungen in Ordnungswidrigkeiten, ZStW 82 (1970), S. 25 ff.

Maunz, Theodor/*Dürig,* Gunter/*Herzog,* Roman/*Scholz,* Rupert: Grundgesetz, Kommentar, Bd. 1, Art. 1—19, München, Stand: August 1979.
(zitiert: Maunz/Dürig/Herzog/Scholz)

Maurach, Reinhart: Die Systematik des Besonderen Teils eines neuen Strafgesetzbuches, in: Materialien zur Strafrechtsreform 1. Band, Gutachten der Strafrechtslehrer, Bonn 1954, S. 231 ff.
(zitiert: Materialien Bd. 1)

— Die strafrechtliche Beurteilung des unberechtigten Erwerbs von Volkswagenaktien, NJW 1961, S. 625 ff.

— Deutsches Strafrecht, Allgemeiner Teil, 4. Auflage, Karlsruhe 1971.
(zitiert: AT, 4. Auflage)

Maurach, Reinhart/*Gössel*, Karl Heinz/*Zipf*, Heinz: Strafrecht, Allgemeiner Teil, Teilband 2, Erscheinungsformen des Verbrechens und Rechtsfolgen der Tat, 5. Auflage, Heidelberg, Karlsruhe 1978.
(zitiert: AT 2)

Maurach, Reinhart/*Schroeder*, Friedrich-Christian: Strafrecht, Besonderer Teil, Teilband 1, Straftaten gegen Persönlichkeits- und Vermögenswerte, 6. Auflage, Heidelberg, Karlsruhe 1977.
(zitiert: BT 1)

Maurach, Reinhart/*Zipf*, Heinz: Strafrecht, Allgemeiner Teil, Teilband 1, 5. Auflage, Karlsruhe 1977.
(zitiert: AT 1)

Mayer, Hellmuth: Die Untreue im Zusammenhang der Vermögensverbrechen, München, Berlin, Leipzig 1926.
(zitiert: Untreue)

— Strafrecht, Allgemeiner Teil, Stuttgart, Köln 1953.
(zitiert: AT)

— Die Untreue, in: Materialien zur Strafrechtsreform, 1. Band, Gutachten der Strafrechtslehrer, Bonn 1954, S. 333 ff.
(zitiert: Materialien Bd. 1)

Mayer, Max Ernst: Der allgemeine Teil des Deutschen Strafrechts, Lehrbuch, Heidelberg 1915.
(zitiert: LB)

Meinhold, Wilhelm: Subventionen, in: Handwörterbuch der Sozialwissenschaften, Tübingen, Göttingen 1959, 10. Bd., S. 236 ff.
(zitiert: Handwörterbuch der Sozialwissenschaften)

Merkel, Adolf: Kriminalistische Abhandlungen, II. Die Lehre vom strafbaren Betruge, Leipzig 1867.
(zitiert: Lehre)

Meyer, Dieter: Nochmals: Ist die Begebung ungedeckter Schecks mittels Scheckkarte durch ihren berechtigten Inhaber strafbar?, MDR 1971, S. 893 ff.

— Die mißbräuchliche Benutzung der Scheckkarte — Betrug oder Untreue? — BGHSt. 24, 386, JuS 1973, S. 214 ff.

Mezger, Edmund: Strafrecht, II. Besonderer Teil, 7. Auflage, München und Berlin 1960.
(zitiert: Strafrecht II, 7. Auflage)

Möhrenschlager, Manfred: Konzentration des Umweltstrafrechts, ZRP 1979, S. 97 ff.

Möller, Ferdinand: Gemeindliche Subventionsverwaltung, Stuttgart 1963.
(zitiert: Subventionsverwaltung)

— Kommunale Wirtschaftsförderung, Stuttgart, Köln 1963.
(zitiert: Wirtschaftsförderung)

Mohrbotter, Kurt: Die Stoffgleichheit beim Betrug, Göttingen 1966.
(zitiert: Stoffgleichheit)

Mühl, Wolfgang: Die neuen steuerpolitischen und verwandten Konjunkturmaßnahmen, BB 1975, S. 53 ff.

Müller-Emmert, Adolf/*Maier*, Bernhard: Das Erste Gesetz zur Bekämpfung der Wirtschaftskriminalität, NJW 1976, S. 1657 ff.

Nagler, Johannes: Bezugscheine als Objekte von Vermögensverbrechen, ZAkDR 1941, S. 294 ff.

Naucke, Wolfgang: Zur Lehre vom strafbaren Betrug. Ein Beitrag zum Verhältnis von Strafrechtsdogmatik und Kriminologie, Berlin 1964.
(zitiert: Betrug)

Neye, Hans-Werner: Untreue im öffentlichen Dienst, Köln u. a. 1981.
(zitiert: Untreue)

Niggemeyer, B.: Überblick über die gegenwärtigen Probleme der Wirtschaftskriminalität, in: Grundfragen der Wirtschaftskriminalität, Arbeitstagung im Bundeskriminalamt Wiesbaden vom 27. Mai bis 1. Juni 1963, Hrsg. Bundeskriminalamt Wiesbaden, 1963, S. 7 ff.
(zitiert: BKA 1963)

Noll, Peter: Gesetzgebungslehre, Reinbek bei Hamburg 1973.
(zitiert: Gesetzgebungslehre)

Oehler, Dietrich: Wurzel, Wandel und Wert der strafrechtlichen Legalordnung, Münsterische Beiträge zur Rechts- und Staatswissenschaft, Heft 1, Berlin 1950.
(zitiert: Wurzel)

Opp, Karl-Dieter: Soziologie der Wirtschaftskriminalität, München 1972.
(zitiert: Wirtschaftskriminalität)

Otto, Harro: Die Struktur des strafrechtlichen Vermögensschutzes, Berlin 1970.
(zitiert: Vermögensschutz)

— Literaturbericht, JZ 1975, S. 293 f.

— Personales Unrecht, Schuld und Strafe, ZStW 87 (1975), S. 539 ff.

— Die strafrechtliche Bekämpfung unlauterer Einflußnahmen auf öffentliche Versteigerungen durch Scheingebote, NJW 1979, S. 681 ff.

Preisendanz, Holger: Strafgesetzbuch, Lehrkommentar, 30. Auflage, Berlin 1978.

Rabl, Kurt O.: Der Gefährdungsvorsatz, Strafrechtliche Abhandlungen, Heft 307, Breslau—Neukirch 1933.
(zitiert: Gefährdungsvorsatz)

Rebmann, Kurt/*Roth*, Werner/*Herrmann*, Siegfried: Gesetz über Ordnungswidrigkeiten (OWiG), Band 1, Stuttgart, Köln, Stand: Januar 1979.
(zitiert: Rebmann/Roth/Herrmann)

Recknagel, Henning: Gesetzgeberisches Ermessen. Eine Untersuchung zur Stellung des Bundesgesetzgebers, iur. Diss. Köln 1975.
(zitiert: Ermessen)

Rotberg, Hans Eberhard: Ordnungswidrigkeitengesetz, Kommentar, 5. Auflage, München 1975.
(zitiert: Rotberg)

Roxin, Claus: Bearbeitung des § 14 StGB, in: Leipziger Kommentar, Strafgesetzbuch, Großkommentar, hrsg. von Hans-Heinrich Jescheck, Wolfgang Ruß, Günther Willms, 10. Auflage, 14. Lieferung, Berlin, New York 1979. (zitiert: Roxin in LK)

Rudolphi, Hans-Joachim: Inhalt und Funktion des Handlungsunwertes im Rahmen der personalen Unrechtslehre, in: Festschrift für Reinhart Maurach zum 70. Geburtstag, hrsg. von Friedrich-Christian Schroeder und Heinz Zipf, Karlsruhe 1972, S. 51 ff. (zitiert: Maurach-Festschrift)

Rudolphi, Hans-Joachim/*Horn*, Eckhard/*Samson*, Erich/*Schreiber*, Hans-Ludwig: Systematischer Kommentar zum Strafgesetzbuch, Bd. I, Allgemeiner Teil (§§ 1—79 b), 2. Auflage, Frankfurt/Main 1977; Bd. II, Besonderer Teil (§§ 80—358), Frankfurt/Main, 5. Lieferung, Stand: Dezember 1978. (zitiert: Bearbeiter in SK)

Rüfner, Wolfgang: Formen öffentlicher Verwaltung im Bereich der Wirtschaft. Untersuchungen zum Problem der leistenden Verwaltung, Berlin 1967. (zitiert: Formen)

Sauer, Wilhelm: System des Strafrechts, Besonderer Teil, Köln, Berlin 1954. (zitiert: BT)

Schaffstein, Friedrich: Tatbestandsirrtum und Verbotsirrtum, in: Göttinger Festschrift für das Oberlandesgericht Celle. Zum 250jährigen Bestehen des Oberlandesgerichts Celle, dargebracht von der Rechts- und Staatswissenschaftlichen Fakultät der Georg-August-Universität zu Göttingen, Göttingen 1961, S. 175 ff. (zitiert: OLG Celle-Festschrift)

— Handlungsunwert, Erfolgsunwert und Rechtfertigung bei den Fahrlässigkeitsdelikten, in: Festschrift für Hans Welzel zum 70. Geburtstag am 25. März 1974, hrsg. von Günter Stratenwerth, Armin Kaufmann, Gerd Geilen, Hans Joachim Hirsch, Hans-Ludwig Schreiber, Günther Jakobs und Fritz Loos, Berlin, New York 1974, S. 557 ff. (zitiert: Welzel-Festschrift)

Schetting, Gerd: Rechtspraxis der Subventionierung. Eine Untersuchung zur normativen Subventionspraxis in der Bundesrepublik Deutschland, Berlin 1973. (zitiert: Rechtspraxis)

Schienle, Theodor: Die Leistungserschleichung, § 265 a StGB, Strafrechtliche Abhandlungen, Heft 384, Breslau—Neukirch 1938. (zitiert: Leistungserschleichung)

Schlüchter, Ellen: Der Grenzbereich zwischen Bankrottdelikten und unternehmerischen Fehlentscheidungen, Tübingen 1977. (zitiert: Bankrottdelikte)

Schmidhäuser, Eberhard: Strafrecht, Allgemeiner Teil, Lehrbuch, 2. Auflage, Tübingen 1975. (zitiert: LB)

— Strafrecht, Besonderer Teil, Grundriß, Tübingen 1980. (zitiert: BT)

Schmidt, Eberhard: Literatur, JZ 1952, S. 542 f.

— Strafzweck und Strafzumessung in einem künftigen Strafgesetzbuch, in: Materialien zur Strafrechtsreform 1. Band, Gutachten der Strafrechtslehrer, Bonn 1954.
(zitiert: Materialien Bd. 1)

— Empfiehlt es sich, die Dreiteilung der strafbaren Handlungen beizubehalten? Nach welchen Gesichtspunkten ist das kriminelle Unrecht vom Verwaltungsunrecht abzugrenzen?, in: Niederschriften über die Sitzungen der Großen Strafrechtskommission, 1. Band, Grundsatzfragen, Bonn 1956, S. 333 ff.
(zitiert: Niederschriften Bd. 1)

— Einführung in die Geschichte der deutschen Strafrechtspflege, 3. Auflage, Göttingen 1965.
(zitiert: Einführung)

— Straftaten und Ordnungswidrigkeiten, Erinnerungen an Arbeiten der Wirtschaftsstrafrechtskommission (1947—1949), in: Festschrift für Adolf Arndt zum 65. Geburtstag, hrsg. von Horst Ehmke, Carlo Schmid, Hans Scharoun, Frankfurt 1969, S. 415 ff.
(zitiert: Arndt-Festschrift)

Schmidt, Frank-Richard: Zum Begriff des Vermögensschadens beim Betrugstatbestand, iur. Diss. Göttingen 1970.
(zitiert: Vermögensschaden)

Schmidt, Gerold: Zum neuen Subventionsvergabegesetz, DVBl. 1978, S. 200 ff.

— Zum neuen strafrechtlichen Begriff der „Subvention" in § 264 StGB, GA 1979, S. 121 ff.

Schmidt-Hieber, Werner: Verfolgung von Subventionserschleichungen nach Einführung des § 264 StGB, NJW 1980, S. 322 ff.

Schmidt-Hieber, Werner/*Küster,* Erwin: Betrug bei der Inanspruchnahme von Investitionszulage nach § 4 b InvZulG durch „Neuabschluß" von Verträgen, FR 1979, S. 426 ff.

Schmidt-Leichner, Erich: Die Verteidigung in Wirtschaftsstrafsachen, in: Die Verbrechen in der Wirtschaft. Neue Aufgaben für Strafjustiz und Strafrechtsreform, hrsg. von Klaus Tiedemann, 2. Auflage, Karlsruhe 1972, S. 145 ff.
(zitiert: Verbrechen)

Schmölders, Günter: Steuermoral, in: Handwörterbuch der Sozialwissenschaft, zugleich Neuauflage des Handwörterbuchs der Staatswissenschaften, hrsg. von Erwin v. Beckerath u. a., 10. Band, Tübingen, Göttingen 1959, S. 119 ff.
(zitiert: Handbuch der Sozialwissenschaft Bd. 10)

Schneidewin, Karl: Die Systematik des Besonderen Teils eines neuen Strafgesetzbuches, in: Materialien zur Strafrechtsreform, 1. Band, Gutachten der Strafrechtslehrer, Bonn 1954, S. 173 ff.
(zitiert: Materialien Bd. 1)

Schönke, Adolf/*Schröder,* Horst: Strafgesetzbuch, Kommentar, bearbeitet von Theodor Lenckner, Peter Cramer, Albin Eser, Walter Stree, 20. Auflage, München 1980.
(zitiert: Schönke/Schröder/Bearbeiter)

Schoreit, Armin: Die sogenannten Ordnungswidrigkeiten, GA 1967, S. 225 ff.

Schroeder, Friedrich-Christian: Die Fahrlässigkeitsdelikte, Vorbeugung und Behandlung der Täter, ZStW 91 (1979), S. 257 ff.

— Bearbeitung der §§ 15—18 StGB, in: Leipziger Kommentar, Strafgesetzbuch, Großkommentar, hrsg. von Hans-Heinrich Jescheck, Wolfgang Ruß, Günther Willms, 10. Auflage, 21. Lieferung, Berlin, New York 1980. (zitiert: Schroeder in LK)

Schröder, Horst: Aufbau und Grenzen des Vorsatzbegriffs, in: Festschrift für Wilhelm Sauer zu seinem 70. Geburtstag am 24. Juni 1949, Berlin 1949, S. 207 ff. (zitiert: Sauer-Festschrift)

— Grenzen des Vermögensschadens beim Betrug, NJW 1962, S. 721 f.

— Anmerkung zu OLG Hamburg JR 1962, S. 430, JR 1962, S. 431 f.

— Abstrakt-konkrete Gefährdungsdelikte?, JZ 1967, S. 522 ff.

— Die Gefährdungsdelikte im Strafrecht, ZStW 81 (1969), S. 7 ff.

Schubarth, Martin: Das Verhältnis von Strafrechtswissenschaft und Gesetzgebung im Wirtschaftsstrafrecht, ZStW 92 (1980), S. 80 ff.

Schünemann, Bernd: Neue Horizonte der Fahrlässigkeitsdogmatik? Zur Stellung der individuellen Sorgfaltswidrigkeit und des Handlungserfolges im Verbrechensaufbau, in: Festschrift für Friedrich Schaffstein zum 70. Geburtstag am 28. Juli 1975, hrsg. von Gerald Grünwald, Olaf Miehe, Hans-Joachim Rudolphi und Hans-Ludwig Schreiber, Göttingen 1975, S. 159 ff. (zitiert: Schaffstein-Festschrift)

— Moderne Tendenzen in der Dogmatik der Fahrlässigkeits- und Gefährdungsdelikte, JA 1975, S. 435, 511, 575, 647, 715, 787 ff.

— Unternehmenskriminalität und Strafrecht. Eine Untersuchung der Verantwortlichkeit der Unternehmen und ihrer Führungskräfte nach geltendem und geplantem Straf- und Ordnungswidrigkeitenrecht, Köln, Berlin, Bonn, München 1979. (zitiert: Unternehmenskriminalität)

Sieber, Ulrich: Computerkriminalität und Strafrecht, Köln, Berlin, Bonn, München 1977. (zitiert: Computerkriminalität)

Stern, Klaus: Rechtsfragen der öffentlichen Subventionierung Privater, JZ 1960, S. 518 ff., 557 ff.

Stratenwerth, Günter: Strafrecht, Allgemeiner Teil I, Die Straftat, 2. Auflage, Köln, Berlin, Bonn, München 1976. (zitiert: LB)

Stree, Walter: Beteiligung an einer Schlägerei, BGHSt. 16, 130, JuS 1962, S. 93 ff.

— In dubio pro reo, Tübingen 1962. (zitiert: in dubio)

Temme, J. D. H.: Die Lehre vom strafbaren Betruge nach preußischem Rechte, Berlin 1841. (zitiert: Betrug)

Tenckhoff, Jörg: Die leichtfertige Herbeiführung qualifizierter Tatfolgen, ZStW 88 (1976), S. 897 ff.

Terstegen, Otto: Die sog. „Weiße-Kragen-Kriminalität" unter besonderer Berücksichtigung des Entwurfs, in: Strafrechtspflege und Strafrechtsreform, Arbeitstagung im Bundeskriminalamt Wiesbaden vom 20. März bis 25. März 1961, Hrsg. Bundeskriminalamt Wiesbaden, 1961, S. 81 ff.
(zitiert: BKA 1961)

Tiedemann, Klaus: Tatbestandsfunktionen im Nebenstrafrecht. Untersuchungen zu einem rechtsstaatlichen Tatbestandsbegriff, entwickelt am Problem des Wirtschaftsstrafrechts, Tübingen 1969.
(zitiert: Tatbestandsfunktionen)

— Zur Reform der Vermögens- und Wirtschaftstatbestände, ZRP 1970, S. 256 ff.

— Wirtschaftsstrafrecht als Aufgabe, in: Die Verbrechen in der Wirtschaft. Neue Aufgaben für Strafjustiz und Strafrechtsreform, hrsg. von Klaus Tiedemann, Karlsruhe 1970, S. 9 ff.
(zitiert: Verbrechen 1. Auflage)

— Literaturbericht, Nebenstrafrecht einschließlich Ordnungswidrigkeitenrecht, ZStW 83 (1971), S. 792 ff.

— Welche strafrechtlichen Mittel empfehlen sich für eine wirksamere Bekämpfung der Wirtschaftskriminalität?, Gutachten, in: Verhandlungen des 49. Deutschen Juristentages Bd. 1, Gutachten, Teil C, hrsg. von der Ständigen Deputation des Deutschen Juristentages, München 1972.
(zitiert: Gutachten)

— Wirtschaftskriminalität als Problem der Gesetzgebung, in: Die Verbrechen in der Wirtschaft. Neue Aufgaben für Strafjustiz und Strafrechtsreform, hrsg. von Klaus Tiedemann, 2. Auflage, Karlsruhe 1972, S. 9 ff.
(zitiert: Verbrechen)

— Erscheinungsformen und strafrechtspolitische Behandlung der Subventionserschleichung, in: Tagungsberichte der Sachverständigenkommission zur Bekämpfung der Wirtschaftskriminalität — Reform des Wirtschaftsstrafrechts — Bd. 4, vierte Arbeitstagung, Bonn 1973, Anlage 1.
(zitiert: Tagungsberichte, Anlage 1)

— Kriminologische und kriminalistische Aspekte der Subventionserschleichung, in: Grundlagen der Kriminalistik, Band 13/1, hrsg. von Herbert Schäfer, Hamburg 1974, S. 19 ff.
(zitiert: Grundlagen Bd. 13/1)

— Die Fortentwicklung der Methoden und Mittel des Strafrechts unter besonderer Berücksichtigung der Entwicklung der Strafgesetzgebung, ZStW 86 (1974), S. 303 ff.

— Der Subventionsbetrug, ZStW 86 (1974), S. 897 ff.

— Subventionskriminalität in der Bundesrepublik, Erscheinungsformen, Ursachen, Folgerungen, Reinbek bei Hamburg 1974.
(zitiert: Subventionskriminalität)

— Der Entwurf eines Ersten Gesetzes zur Bekämpfung der Wirtschaftskriminalität, ZStW 87 (1975), S. 253 ff.

— Wirtschaftsstrafrecht und Wirtschaftskriminalität, Bd. 1, Allgemeiner Teil, Bd. 2, Besonderer Teil, Reinbek bei Hamburg 1976.
(zitiert: Wirtschaftsstrafrecht Bd. 1, Bd. 2)

— Plädoyer für ein neues Wirtschaftsstrafrecht, ZRP 1976, S. 49 ff.

— Erscheinungsformen der Wirtschaftskriminalität und Möglichkeiten ihrer strafrechtlichen Bekämpfung, ZStW 88 (1976), S. 231 ff.

— Bearbeitung der §§ 264, 265 b StGB, in: Leipziger Kommentar, Strafgesetzbuch, Großkommentar, hrsg. von Hans-Heinrich Jescheck, Wolfgang Ruß, Günther Willms, 10. Auflage, 18. Lieferung, Berlin, New York 1979.
(zitiert: Tiedemann in LK)

— Internationale und vergleichende Aspekte der Wirtschaftskriminalität, Hrsg. Schimmelpfeng GmbH, Frankfurt/Main 1979, S. 69 ff.

— Strafbare Erschleichung von Investitionszulagen durch Aufhebung und Neuabschluß von Lieferverträgen?, NJW 1980, S. 1557 ff.

Tröndle, Herbert: Bearbeitung der §§ 1—12 StGB, in: Leipziger Kommentar, Strafgesetzbuch, Großkommentar, hrsg. von Hans-Heinrich Jescheck, Wolfgang Ruß, Günther Willms, 10. Auflage, 1. Lieferung, Berlin, New York 1978.
(zitiert: Tröndle in LK)

Vermander, Eduard: Unfallsituation und Hilfspflicht im Rahmen des § 330 c StGB, Tübingen 1969.
(zitiert: Hilfspflicht)

Volk, Klaus: Welche typischen Fallgruppen fehlerhafter Mittelzuwendung lassen sich aus Berichten der Rechnungshöfe bilden? Reicht der Straftatbestand der Untreue aus, um strafwürdige Fälle zu erfassen? Welche Ansatzpunkte zu einer Reform gibt es?, Gutachten erstattet im Auftrag des Herrn Bundesministers der Justiz, Dezember 1978, vervielfältigt im Bundesministerium der Justiz, Bonn 1979.
(zitiert: Gutachten)

— Bewirtschaftung öffentlicher Mittel und Strafrecht, Konstanz 1979 (unveröffentlichtes Gutachten)
(zitiert: Bewirtschaftung)

Volz, Manfred: Unrecht und Schuld abstrakter Gefährdungsdelikte, iur. Diss. Göttingen 1968.
(zitiert: Gefährdungsdelikte)

Wach, Adolf: Die Normen und ihre Übertretung, GS 25 (1873), S. 432 ff.

— Legislative Technik, in: Vergleichende Darstellung des deutschen und ausländischen Strafrechts, Allgemeiner Teil, Bd. VI, Berlin 1908, S. 1 ff.
(zitiert: VDA Bd. 6)

Wanjeck: Ein Beitrag zur Lehre von der Brandstiftung und Überschwemmung nach heutigem Deutschen Strafrecht, GS 31 (1879), S. 1 ff.

Warda, Heinz-Günter: Die Abgrenzung von Tatbestands- und Verbotsirrtum bei Blankettstrafgesetzen, Berlin 1955.
(zitiert: Abgrenzung)

Wassermann, Rudolf: Strategien zur Eindämmung der Wirtschaftskriminalität, in: Beiträge über Wirtschaftskriminalität, Hrsg. Schimmelpfeng GmbH, Frankfurt/Main 1979, S. 27 ff.
(zitiert: Beiträge)

Wax, Peter: Zur Bekämpfung der Wirtschaftskriminalität. Die Beschlüsse der strafrechtlichen Abteilung des 49. Deutschen Juristentages in Düsseldorf, DRiZ 1973, S. 37 ff.

Weidemann, Jürgen: Die funktionale Beziehung zwischen Irrtum und Schaden beim Betrug, GA 1967, S. 238 ff.

— Das Kompensationsproblem beim Betrug, iur. Diss. Bonn 1972.
(zitiert: Kompensationsproblem)

Welzel, Hans: Zur Abgrenzung des Tatbestandsirrtums von Verbotsirrtümern, MDR 1952, S. 584 ff.

— Zum Schadensbegriff bei Betrug und Erpressung, NJW 1953, S. 652 f.

— Die Verbotsirrtümer im Nebenstrafrecht, JZ 1956, S. 238 ff.

— Anmerkung zum Beschluß des BGH vom 25. 9. 1956 — 5 StR 219/56, JZ 1957, S. 130 ff.

— Fahrlässigkeit und Verkehrsdelikt. Zur Dogmatik der fahrlässigen Delikte, Juristische Studiengesellschaft Karlsruhe, Schriftenreihe Heft 49, Karlsruhe 1961.
(zitiert: Fahrlässigkeit)

— Das Deutsche Strafrecht. Eine systematische Darstellung, 11. Auflage, Berlin 1969.
(zitiert: LB)

— Zur Dogmatik im Strafrecht, in: Festschrift für Reinhart Maurach zum 70. Geburtstag, hrsg. von Friedrich-Christian Schroeder und Heinz Zipf, Karlsruhe 1972, S. 3 ff.

Wessels, Johannes: Strafrecht, Allgemeiner Teil, Die Straftat und ihr Aufbau, 9. Auflage, Heidelberg, Karlsruhe 1979.
(zitiert: AT)

— Strafrecht, Besonderer Teil — 2, Straftaten gegen Vermögenswerte, 4. Auflage, Karlsruhe 1980.
(zitiert: BT 2)

Wimmer, August: Straftat und Ordnungswidrigkeit, NJW 1957, S. 1169 ff.

Wolff, Ernst A.: Ehre und Beleidigung. Zugleich eine Besprechung des gleichnamigen Buches von H. J. Hirsch, ZStW 81 (1969), S. 886 ff.

Wolff, Hans J./*Bachof*, Otto: Verwaltungsrecht I, 9. Auflage, München 1974.
(zitiert: Verwaltungsrecht I)

— Verwaltungsrecht III, 4. Auflage, München 1978.
(zitiert: Verwaltungsrecht III)

Zacher, Hans F.: Verwaltung durch Subvention, in: Veröffentlichungen der Vereinigung der Deutschen Staatsrechtslehrer (VVDStRL), Heft 25, Berlin 1967, S. 308 ff.

Zeidler, Hans-Wilhelm: Zur Phänomenologie der Wirtschaftskriminalität, in: Grundlagen der Kriminalistik, Bd. 13/1, Wirtschaftskriminalität, Weiße-Kragen-Kriminalität, Hrsg. Herbert Schäfer, Hamburg 1974, S. 155 ff.
(zitiert: Grundlagen Bd. 13/1)

Zielinski, Diethart: Handlungs- und Erfolgsunwert im Unrechtsbegriff. Untersuchungen zur Struktur von Unrechtsbegründung und Unrechtsausschluß, Berlin 1973.
(zitiert: Erfolgsunwert)

Zimmerl, Leopold: Aufbau des Strafrechtssystems, Tübingen 1930.
(zitiert: Aufbau)

Zirpins, Walter/*Terstegen*, Otto: Wirtschaftskriminalität. Erscheinungsformen und ihre Bekämpfung, Lübeck 1963.
(zitiert: Wirtschaftskriminalität)

Zitzmann, Bernd: Das Gesetz zur Änderung des Investitionszulagengesetzes und anderer Gesetze, BB 1978, S. 1562 ff.

Zuleeg, Manfred: Die Rechtsform der Subventionen, Berlin 1965. (zitiert: Rechtsform)

Zybon, Adolf: Wirtschaftskriminalität als gesamtwirtschaftliches Problem, München 1972. (zitiert: Wirtschaftskriminalität)

Materialien

Bericht: Bericht und Antrag des Sonderausschusses für die Strafrechtsreform zu dem von der Bundesregierung eingebrachten Entwurf eines Ersten Gesetzes zur Bekämpfung der Wirtschaftskriminalität (1. WiKG), BT-Drs. 7/5291, 3. 6. 1976. (zitiert: Bericht)

E 1960: Entwurf eines Strafgesetzbuches (StGB), E 1960, mit Begründung, BR-Drs. 270/60.

E 1962: Entwurf eines Strafgesetzbuches (StGB), E 1962, (mit Begründung) — Bundestagsvorlage.

Protokolle: Beratungen des Sonderausschusses für die Strafrechtsreform, 7. Wahlperiode, 79. bis 90. Sitzung, S. 2467 ff. (zitiert: Prot.)

Referentenentwurf: Referentenentwurf eines Ersten Gesetzes zur Bekämpfung der Wirtschaftskriminalität, Bundesminister der Justiz, Az. 4000/1 Te-0-20 441/74, 15. Mai 1974. (zitiert: Referentenentwurf)

Referentenentwurf: Referentenentwurf eines Zweiten Gesetzes zur Bekämpfung der Wirtschaftskriminalität (2. WiKG), Bundesminister der Justiz, 20. Oktober 1978. (zitiert: Referentenentwurf 2. WiKG)

Regierungsentwurf: Entwurf eines Ersten Gesetzes zur Bekämpfung der Wirtschaftskriminalität (1. WiKG), Gesetzentwurf der Bundesregierung, BT-Drs. 7/3441, 1. 4. 1975 (entspricht BR-Drs. 7/75). (zitiert: RegE)

Tagungsberichte: Tagungsberichte der Sachverständigenkommission zur Bekämpfung der Wirtschaftskriminalität — Reform des Wirtschaftsstrafrechts — Bd. 4, vierte Arbeitstagung in der Zeit vom 24. bis 28. September 1973 in Bad Kreuznach, Bonn 1973. (zitiert: Tagungsberichte)

Verhandlungen: Verhandlungen des neunundvierzigsten Deutschen Juristentages, Bd. 2, Sitzungsberichte, Teil M, Welche strafrechtlichen Mittel empfehlen sich für die wirksamere Bekämpfung der Wirtschaftskriminalität?, hrsg. von der Ständigen Deputation des Deutschen Juristentages, München 1972. (zitiert: Sitzungsbericht)

Namenverzeichnis

Sachregister

FSC
www.fsc.org
MIX
Papier | Fördert
gute Waldnutzung
FSC® C083411

Kolibri 360 GmbH
Ferdinand-Jühlke-Straße 7
99095 Erfurt, Deutschland
produktsicherheit@kolibri360.de

Druck:
CPI Druckdienstleistungen GmbH
im Auftrag der
Kolibri 360 GmbH
Ferdinand-Jühlke-Str. 7
99095 Erfurt